o mistério das
coincidências

EDUARDO R. ZANCOLLI

o mistério das coincidências

Uma aventura guiada pela sincronicidade

Prefácio de
DEEPAK CHOPRA

Tradução
Luiz Carlos Cabral

CIP-BRASIL. CATALOGAÇÃO-NA-FONTE
SINDICATO NACIONAL DOS EDITORES DE LIVROS, RJ.

Zancolli, Eduardo R., 1952-
Z31m O mistério das coincidências: uma aventura guiada pela sincronici-
dade/Eduardo R. Zancolli; [prefácio de Deepak Chopra]; tradução: Luis
Carlos Cabral. – Rio de Janeiro: Best*Seller*, 2009.

Tradução de: El misterio de las coincidencias
ISBN 978-85-7684-232-3

1. Coincidência. I. Título.

	CDD – 153.44
09-1614	CDU – 159.964

Texto revisado segundo o novo Acordo Ortográfico da Língua Portuguesa.

Título original norte-americano
EL MISTERIO DE LAS COINCIDENCIAS
Copyright © 2004 by Del Nuevo Extremo
Copyright da tradução © 2009 by Editora Best Seller Ltda.

Capa: Julio Moreira
Imagem da capa: Stockxpert/Jkart
Editoração eletrônica: DFL

Todos os direitos reservados. Proibida a reprodução,
no todo ou em parte, sem autorização prévia por escrito da editora,
sejam quais forem os meios empregados.

Direitos exclusivos de publicação em língua portuguesa para o Brasil
adquiridos pela
EDITORA BEST SELLER LTDA.
Rua Argentina, 171, parte, São Cristóvão
Rio de Janeiro, RJ — 20921-380
que se reserva a propriedade literária desta tradução

Impresso no Brasil

ISBN 978-85-7684-232-3

PEDIDOS PELO REEMBOLSO POSTAL
Caixa Postal 23.052
Rio de Janeiro, RJ – 20922-970

A Mercedes, sem dúvida...

Ao escrever este trabalho tornei realidade uma promessa que por muitos anos não tive coragem de cumprir. As dificuldades do problema e suas derivações me pareciam enormes. Assumi agora minhas dúvidas e encarei o tema, e isto se deve especialmente ao fato de minhas experiências com o fenômeno da sincronicidade multiplicarem a si mesmas ao longo das décadas.

Carl Gustav Jung[40]

Parece que agora a maioria das pessoas se sente capaz de falar de suas experiências espirituais sem se importar com a vergonha ou o medo de ser criticada. Os céticos ainda abundam, mas a balança da opinião provavelmente foi alterada, de modo que já não é tão comum o proverbial sentimento do ridículo como reação instintiva. Já optáramos outrora por ocultar dos demais, e até mesmo esconder de nós mesmos, nossas experiências com a sincronicidade; temíamos ser objeto de piadas, não queríamos que rissem de nós.

James Redfield[46]

Agradecimentos

Do fundo de minha alma desejo manifestar minha maior gratidão a todos os que influíram e participaram da publicação deste livro, que não é nada além da experiência de uma alma.

Em primeiro lugar, à **Mãe Terra**, que está continuamente nos fornecendo seus átomos e inteligência para formar esses corpos que permitem hospedar a consciência.

A **Mercedes**, minha grande e amada companheira, que me ajudou a poder viver e escrever o que conto aqui.

A meus filhos, **Pablo** e **Carolina**, dois seres maravilhosos que estão constantemente me ensinando a partir de suas procuras.

A meus pais, **Eduardo** e **Aurora**, que em meus primeiros anos me incentivaram a seguir pelo caminho da inquietação.

A meu grande mestre em sincronicidade, **Deepak Chopra**, um desses seres que me deslumbram continuamente, despertando minha máxima admiração e respeito.

A **Rupert Sheldrake,** por ter me ensinado o que eram os "campos".

A todos os Mestres que me ensinaram através de seus pensamentos, escritos e orais.

A meus guias espirituais durante anos: **Juan Carlos Pennacca** e **Célia Ausgutaskas.**

A minha querida irmã **Adriana,** grande entusiasta da sincronicidade desde que ouviu falar do tema pela primeira vez. Isso a levou a organizar encontros nos quais aprendi a colocar em palavras o que sentia e intuía...

A **Martín Asconapé, Pity Iñurrigarro, Body Sammartino** e **José María Rotella,** amigos íntimos que me acompanharam no caminho da sincronicidade.

Ao doutor **Carlos Martínez Bouquet,** por aquela conversa sobre "Os senhores do destino".

A **Enrique Mariscal,** por ter facilitado, através da "serendipidade" (achado valioso imprevisto), a publicação deste livro.

A **Miguel Lambré,** Presidente da Editora, que criou o tema das coincidências com significado.

A **Verônica Podestá,** que me acompanhou e incentivou na fase de publicação.

A **Carmen Amorín, Marta Harriague, Panchito Alconada Aramburu, Anita Pueyrredón, Rita Agote, Horacio Achaval, Martín, Paula** e **Matías Asconapé**, por terem lido o livro quando começava, presenteando-me com a retroalimentação para fazer as mudanças necessárias.

A **Stella Toquero**, que traduziu parte do livro para o inglês.

A **Miguel de Torre Borges** e **Mónica Ploese**, por suas correções literárias, e a **Luciana Braini**, por sua criatividade no desenho da capa e do interior da edição original.

A minhas secretárias **Gabriela Borda** e **Fabiana Díaz Ponti** e a minha instrumentadora **Marcela Kohler**, por terem me ajudado em vários momentos da redação.

Finalmente, à própria sincronicidade, por ter me "cravado impiedosamente suas garras", levando-me a sentir essa maravilhosa paixão durante os últimos quatro anos.

Sumário

Prefácio por Deepak Chopra — 15

Introdução Os "dois mundos" e as lágrimas... — 17

Capítulo 1 Um sonho da adolescência se torna realidade... — 19

Capítulo 2 A experiência tibetana... — 41

Capítulo 3 Revelações da sincronicidade... — 137

Capítulo 4 Machu Picchu e o xamã... — 173

Capítulo 5 Ruínas de Machu Picchu Encontro imaginário com o conhecimento... — 187

Capítulo 6 Dança com o Espírito e outras histórias... — 195

Capítulo 7 Mundo virtual ou realidade? Jamyang aparece novamente... — 211

14　O mistério das coincidências

Capítulo 8 A revelação do mistério das
coincidências...　　　　　　　　　　219

Capítulo 9 Epílogo...　　　　　　　　　293

Apêndice 1. Aplicações da física quântica
à vida diária　　　　　　　297
2. O "Campo do universo" de onde
tudo nasce...　　　　　　307

Bibliografia e leitura recomendada...　　　327

Prefácio

Deepak Chopra

Sou amigo do doutor Zancolli há muitos anos. Compartilhamos maravilhosas experiências de sincrodestino. O doutor Zancolli tem uma mentalidade extremamente científica; ao mesmo tempo, aprofunda-se nas tradições místicas, tanto as do cristianismo como as do Oriente. Muitas das histórias que compartilha em seu livro são experiências que ele viveu, algumas das quais vivenciamos juntos.

A mentalidade científica e o treinamento de base do doutor Zancolli, juntamente a suas experiências como médico e terapeuta moderno, qualificam-no como um grande expoente sobre os domínios intangíveis da realidade e de como eles se manifestam em nossa vida.

Tenho certeza de que se sentirão extremamente iluminados ao ler o material contido neste livro. O que torna este texto uma fonte muito valiosa é o fato de o doutor Zancolli não se limitar a descrever seus próprios insights; ele apresenta, também, uma meticulosa e tenaz pesquisa a respeito dos grandes filósofos e cientistas contemporâneos.

Recomendo com muita convicção este livro às pessoas que tentam compreender os estados mais elevados da consciência.

16   O mistério das coincidências

É uma obra que pode mudar suas vidas e lhes oferecer uma perspectiva extremamente necessária de nosso mundo.

Deepak Chopra
Autor de *Como conhecer Deus*

Introdução

Os "dois mundos" e as lágrimas...

Creio que aconteceu em meados da década de 1990. Depois de uma sessão de meditação, ao recuperar os sentidos, notei que havia lágrimas em meus olhos. Senti claramente que acabara de sofrer uma profunda mobilização nascida na alma.

— Como está? — perguntou-me Celia, com quem compartilhara o "aqui e agora" da meditação. Fez a pergunta em um tom de voz suave, como se soubesse que algo muito forte acontecera dentro de mim.

"Como é difícil unir os mundos!", foi a resposta automática, provinda do plano intuitivo, não do racional. Até as regiões mais secretas do meu ser sentiram a grande impossibilidade e o fracasso da minha tentativa cotidiana de unir os "dois mundos", mundos que vivenciava de forma separada.

Tocar em profundidade o objetivo da minha alma levou as lágrimas a brotarem novamente em meus olhos. A realidade interior conseguira "conectar-se" com o mundo físico.

Meus pais contam que fui deixado, poucos dias depois do meu nascimento, uma noite inteira na sala de jantar com as portas fechadas. Queriam que me acostumasse e não chorasse mais nos prolongados períodos de descanso no escuro.

Apesar de ter sido tratado sempre com muito amor durante toda minha vida, aquele era um costume da época. A partir daquele momento, e a memória não me trai, foram raras as ocasiões em que recordo chorar em meus 47 anos. Contam também que a partir de então não chorei mais. Talvez naquela noite tenha esgotado quase todas as lágrimas destinadas a esta vida. Mas naquela meditação o sentimento profundo de fracassar ao tentar unir os "dois mundos" provavelmente espremera algum pequeno reservatório que ainda continha lágrimas.

Aqueles "dois mundos" — o exterior material (a "realidade" física externa) e o interior espiritual — aparentemente eram incompatíveis entre si de acordo com meu desempenho habitual. O mundo espiritual trazia-me mais problemas. Levava-me a sentir muitas coisas que geralmente não me animava a contar aos demais. Talvez, simplesmente, por medo do ridículo.

O conteúdo desta história não passa de um simples relato sobre como os fatos se sucederam para a união desses "dois mundos" na vida de um ser comum, um típico profissional das ciências médicas. Tudo aconteceu como se uma força exterior muito poderosa tivesse organizado acontecimentos externos "especiais" para produzir as respostas demandadas pela minha alma. Os fatos pareciam quase mágicos, e conectavam-se entre eles de forma quase detetivesca, como no roteiro de um filme. Todo esse caminho desencadeou, depois de 40 anos de vida, uma nova visão, totalmente inesperada e desconhecida; uma visão que me foi apresentada, aos poucos, por "misteriosas coincidências".

Capítulo 1

Um sonho da adolescência se torna realidade...

Schopenhauer (...) assinala que quando a pessoa chega a uma idade avançada e evoca sua vida, esta parece ter seguido uma ordem e um plano, como se fosse criada por um romancista. Acontecimentos que na época pareciam acidentais e irrelevantes manifestavam-se como fatores indispensáveis à construção de uma trama coerente.

Quem compôs essa trama? Schopenhauer sugere que, assim como nossos sonhos abrangem aspectos de nós mesmos desconhecidos por nossa consciência, toda nossa vida é composta pela vontade que há dentro de nós. E assim como pessoas conhecidas por acaso transformaram-se em agentes decisivos na estruturação de nossa vida, nós também servimos inadvertidamente como agentes, dando sentido a vidas alheias.

A totalidade desses elementos une-se como em uma grande sinfonia, e tudo se estrutura inconscientemente (...) O sonho grandioso de um único sonhador, onde todos os personagens do sonho também sonham...

Todos os elementos mantêm uma relação mútua, e assim não podemos culpar ninguém por nada. É como se houvesse uma intenção única atrás de tudo isso, uma intenção que sempre adquire certo sentido, embora nenhum de nós saiba qual é ou se viveu a vida que se propunha a viver.

Joseph Campbell[9]

Outubro de 1997: A conexão tibetana

— Ligou um senhor que veio dos Estados Unidos. Chama-se Ron Moore e tem uma empresa que constrói hospitais. Quer saber se pode marcar uma reunião com ele — irrompeu no consultório Gabriela, minha secretária, em uma tarde cheia de pacientes.

Não tinha muito tempo disponível devido a grande quantidade de compromissos assumidos previamente. Pacientes com consultas marcadas, cirurgias e a preparação de algumas palestras para a semana seguinte. Apesar disso, achei que poderia encontrar o senhor Ron Moore, desde que ele pudesse se adaptar aos poucos horários que eu ainda tinha livres.

— Por favor, diga-lhe que estou um pouco atarefado. Se ele puder, poderemos almoçar amanhã ao meio-dia, no restaurante ao lado do consultório — disse a Gabriela.

Na manhã seguinte, Ron Moore voltou a telefonar.

— Doutor, ligou o senhor com quem almoçará. Disse que conseguiu ajustar seus horários e que às 13h estará na porta do restaurante. Deixou uma indicação para que possa reconhecê-lo: estará de paletó azul e gravata colorida. De minha parte, descrevi como o senhor está vestido hoje — disse Gabriela.

Encontramo-nos na hora programada. Apresentamo-nos com um aperto de mãos e trocamos um daqueles sorrisos típicos que dirigimos aos outros no primeiro encontro. Era uma pessoa que não chegava aos 60 anos, de 1,80m de altura, cabelo castanho não muito espesso e olhos azuis. Devia pesar aproximadamente 90 quilos. Seu olhar era penetrante e

Um sonho da adolescência se torna realidade... **21**

observador. Parecia ser uma daquelas pessoas que desconfiam ou analisam quem está na frente delas antes de se "abrir". Chamou-me muito a atenção o fato de, ao ouvir algo que parecia confiável, mudar instantaneamente de atitude, e surgia, então, um maravilhoso sorriso, acompanhado de bondade em seus olhos.

Contou-me como fundara nos Estados Unidos uma empresa que possuía 120 hospitais dedicados à cirurgia de pacientes ambulatoriais. Vendera-os há pouco tempo a outra firma, que se dedicava fundamentalmente à reabilitação. Assim, ficara com boa parte de seu tempo livre para tentar novos projetos. Visitava a Argentina para ouvir opiniões e estudar a possibilidade de levar a cabo o mesmo que fizera nos Estados Unidos.

A conversa foi amena e interessante. Falei das minhas impressões sobre o mercado local e de suas diferenças em relação ao norte-americano, com o qual eu tinha contato pessoal três ou quatro vezes por ano.

Depois de ouvir minhas várias considerações, Ron aparentava desânimo. Começava a compreender as diferenças existentes entre a Argentina e os Estados Unidos. Os empréstimos e a construção eram muito caros, e os valores pagos pelos honorários médicos e os gastos com salas de cirurgia, muito inferiores. Começava a compreender que na Argentina, por todos os motivos, seria quase impossível desenvolver seu projeto, desenhado para ter médicos como sócios.

De fato, eu tinha dificuldade em entender o que Ron fazia na Argentina. Parecia não ter se informado adequadamente antes de viajar. Viera cheio de esperanças, mas certamente começava a perceber que não atingiria seu objetivo. Eu também não entendia por que telefonara agendando uma entrevista com um cirurgião especializado em traumatologia do membro superior. Seria mais lógico entrevistar sanitaristas ou médicos dedicados à administração hospitalar. Tudo era muito estranho.

Terminamos o almoço, durante o qual só tratamos de temas relacionados à possibilidade de desenvolver seu projeto na Argentina. Contei-lhe que meu grande amigo de infância, Martín, comprara uma velha fábrica, localizada em um terreno imenso, e que estudávamos a possibilidade de construir ali um hospital traumatológico. O projeto chegava a 20 milhões de dólares, e paramos por falta de investidores e de crédito.

— Você pode me mostrar o lugar? — perguntou Ron.

— Com todo prazer — respondi. Ainda me restava uma hora livre antes de começar a atender meus pacientes marcados para a tarde. — Se quiser, podemos ir agora mesmo.

Saímos do restaurante com a intenção de ir ao estacionamento. Subitamente, um pensamento invadiu minha mente. Talvez fosse melhor buscar no meu consultório a planta do hospital projetada para nós. A opinião de Ron sobre o projeto poderia ser útil e, certamente, nos obrigaria a fazer muitas alterações.

— Tenho de subir um minuto para buscar umas plantas. Quer me acompanhar?

— Não, tudo bem. Espero aqui — respondeu, observando o movimento dos automóveis e das pessoas que caminhavam pela rua. Como a maioria dos norte-americanos que me coubera receber, comentou que se surpreendera ao descobrir que Buenos Aires era uma capital de estilo europeu.

Estava entrando no edifício quando ouvi de novo sua voz.

— Acho que é melhor subir com você — disse com um sorriso e olhos bondosos.

Ao chegar ao consultório, apresentei-o a Gabriela e depois entramos na minha sala. Esta, como sempre, era um caos de papéis e livros. Apesar disso, logo encontrei as plantas, coisa comum em meus movimentos dentro do caos. Paradoxalmente, quando não encontrava o que procurava era porque alguém resolvera arrumar minha sala.

Com as plantas na mão, percebi que Ron olhava, fixa e atentamente, para um ponto específico da sala.

— O que é isso? — perguntou, aparentemente muito interessado.

Acompanhei seu olhar e percebi que se detivera em um dos cantos do escritório desordenado. Era um objeto tibetano. Comparando-o a um objeto ocidental, parecia uma antiga chaleira estilizada, construída em bronze. Um pequeno orifício na parte superior serviria para introduzir nele a haste de uma pluma de pavão real. O resto da pluma ficava à vista, fora do objeto, exibindo um "olho" de cor turquesa em sua parte central.

— É um objeto ritual tibetano no qual se coloca água benta. É usado em bênçãos e purificações. A ponta da pluma serve para lançar pequenas gotas em várias direções. Tem uma função semelhante à da pia batismal dos cristãos — tentei explicar.

— Perdão, mas isso eu já sei. Para me expressar melhor, quero saber o que você faz com esse objeto — disse Ron, surpreso.

— Realmente não sei. "Chegaram" a mim vários objetos rituais tibetanos, aparentemente muito antigos, durante várias viagens que fiz aos Estados Unidos devido a minha profissão. Alguns são de Nova York, outro é de Miami, e o restante é de Carmel by the Sea, na Califórnia. Experimentei algo muito estranho com eles. Ao entrar nas lojas, senti como se esses objetos me "chamassem", e nos apaixonamos mútua e imediatamente. Era como se tivessem "alma", e sua alma tivesse se conectado à minha. Como nos "víamos" pela primeira vez, eu não sabia que eram tibetanos ou qual era sua função, até perguntar depois ao vendedor — continuei. — Simplesmente, sentia que alguma "frequência especial" estabelecia uma relação de amor e conexão mútua.

— Mas você sabe por que estão em seu poder? — perguntou, como se conhecesse uma resposta que eu ignorava.

— Na realidade, não. Naqueles momentos, senti uma necessidade imperiosa de comprá-los. Não sei o que significa tê-los e também não compreendo por que alguns objetos me atraem e criam uma espécie de "força gravitacional" entre nós. Também me surpreende que vários outros objetos, também tibetanos, tenham passado diante de meus olhos sob total indiferença — respondi, tentando colocar em palavras sensações do mundo interior.

Então aconteceu uma coisa totalmente inesperada. Olhando-me nos olhos, com um sorriso que parecia nascer diretamente de sua alma, tirou a carteira do bolso traseiro da calça e dela uma fotografia. Para minha estupefação completa a foto mostrava Ron abraçado com Sua Santidade, o Dalai Lama.

Fiz, instintivamente, uma reverência, juntando as mãos em posição de oração diante do coração, ao mesmo tempo em que reclinava a cabeça. Fomos envolvidos por um longo silêncio enquanto nos olhávamos profundamente nos olhos. Era um daqueles silêncios que podem ser facilmente interpretados pela intuição como relacionados com o sagrado.

— E essa foto? — perguntei inocentemente, quebrando aquele majestoso silêncio no qual as palavras pareciam sobrar.

— Bem, eu sou budista — respondeu Ron. — Sou membro da direção de um comitê norte-americano dedicado a arrecadar fundos para libertar o Tibete da invasão chinesa. Uma vez por ano, reunimos artistas budistas de Hollywood pró-Tibete e organizamos banquetes nos quais as pessoas pagam entrada. Esses fundos são utilizados para divulgar a situação atual do Tibete. Richard Gere, Uma Thurman e muitos outros colaboram com sua presença.

— Aaaahhh! — foi a única coisa que consegui dizer.

— Quero contar-lhe mais uma coisa. Sou muito amigo do autor do livro *Sete anos no Tibete** — continuou Ron. — É

---

* Livro baseado na história real de um alpinista que durante a Segunda Guerra Mundial foge de um campo de prisioneiros e se refugia em Lhasa, onde se torna tutor do Dalai Lama. Filme homônimo lançado em 1997, nos Estados Unidos, com Jean-Jacques Arnoud como diretor e Brad Pitt no papel principal. (*N. do R.*)

uma pessoa maravilhosa. Tem um olhar muito especial. A bondade aflora continuamente dele. Gostaria de apresentá-lo algum dia durante uma de suas viagens aos Estados Unidos.

— Não posso acreditar no que estou ouvindo! — disse com admiração.

—Também tenho um filho, Mark, que é budista e vive em Dharamshala — continuou Ron com entusiasmo, observando minha crescente surpresa.

— Onde fica Dharamshala? — perguntei com certa timidez.

— No norte da Índia, aos pés do Himalaia. O Tibete fica exatamente do outro lado das montanhas. É o lugar que o governo da Índia cedeu ao Dalai Lama para seu exílio. Ali funciona a sede do governo tibetano — explicou Ron. — Em Dharamshala há uma pequena casa de saúde, o Delek Hospital, que atende a comunidade tibetana. Consegui enviar-lhe como voluntários, por uma semana ao ano, um gastroenterologista e um oftalmologista dos Estados Unidos.

— Eu poderia ir como voluntário? — perguntei-lhe impetuosa e impensadamente.

— Claro, seria uma honra — disse Ron, sem saber que estava reabrindo uma porta muito especial dentro do mundo dos meus sonhos. — E quanto tempo gostaria de ficar?

— Um mês — respondi quase intuitivamente e sem pensar nas consequências de deixar a família e os pacientes durante esse período. — Qual é a melhor época do ano para ir pra lá?

—Acho que abril ou maio — respondeu Ron.

— Então irei em maio — garanti.

— Bem, o que você precisa fazer então é entrar em contato comigo em Dallas assim que eu voltar — disse Ron com uma expressão de grande felicidade. — Vou conversar com Mark e com o diretor médico do Delek Hospital para tomar todas as providências necessárias.

Despedimo-nos com um grande abraço após visitarmos a antiga fábrica de Martín. Juntando as mãos em posição de oração, disse-lhe: "Namaskâr"; ele respondeu: "Namasté." Pareceu-me apropriado despedir-me com um "Namaskâr", porque sabia que significava algo parecido com "saúdo a divindade que há em você". Não sabia o significado de sua resposta. E tampouco perguntei naquele momento. Ainda estava muito emocionado.

As horas passavam desde que me despedira de Ron, e continuava com a mesma sensação, como se as células de meu corpo tivessem mudado de comportamento. Uma cócega suave percorria todo meu organismo. Certamente, uma vibração, mais rápida do que a habitual, mobilizara todas as células, levando-as a um estado que podia ser perceptível. Depois que nos separamos, não parou de reverberar em mim tudo o que acontecera naquele encontro. As imagens repetiam-se sem parar. Ao mesmo tempo, um tipo de felicidade embriagava meu corpo e minha mente.

De imediato, minha memória foi invadida por um acontecimento que só agora compreendia. Lamentava não tê-la comentado com Ron, já que a partir daquele momento o fato começou crescentemente a ocupar minha atenção.

28 O mistério das coincidências

Não entendia como aquele fato tão particular se associava ao que ocorrera durante o encontro com Ròn, mas tinha certeza a respeito de uma coisa: se não tivesse acontecido, a relação com ele provavelmente não teria passado de uma simples conversa sobre temas relacionados à saúde. Quando pensava no que acontecera, parecia se tratar de algo diferente do que acontece rotineiramente. Fora premeditado? Era o roteiro de um filme?

Aconteceu dois dias antes da minha reunião com Ron. Estava com Mercedes, no *living* de nossa casa. De repente, ela ficou perplexa, olhando algo.

— O que é isso? — perguntou-me em um tom de voz mais alto do que o normal. A pergunta insinuava alguma recriminação.

Olhei para o lugar que Mercedes apontava e identifiquei o objeto causador daquela reação.

— Um objeto ritual tibetano. Creio que se chama bompa. É usado como vasilha de água benta — respondi pausadamente e com um sorriso, tentando conter sua ansiedade.

— Jogue-o fora — exclamou energicamente. Sua voz não denotava nenhuma dúvida. Parecia quase uma ordem, uma coisa que não era comum em seu comportamento.

— Por quê? — perguntei, esperando alguma resposta que não podia ter outra origem além de uma superstição.

— Você não vê que há uma pluma de pavão real com um olho no centro? — respondeu, como se colocasse em palavras lógicas alguma sensação interna que não provinha da razão.

— Sim, estou vendo. E daí? — perguntei inocentemente.

— Pavão real dá azar. Por favor, jogue-o fora. Se não jogar, certamente vai acontecer alguma desgraça em nossa família. Conheço pessoas que tinham imagens de pavões reais em casa e passaram por grandes tragédias — insistiu, de forma quase suplicante, claramente angustiada.

— Mer, por que você está me dizendo isso hoje? Não entendo. Essa bompa está ali há três anos. Nunca saiu dali. Não compreendo como você não a viu antes. Esteve aqui todo esse tempo, e não nos aconteceu nada. São apenas superstições. Parece-me que você está "chamando" a desgraça.

— Pouco me importa. Você tem de tirá-la de qualquer jeito de casa — replicou, quase de forma irracional e guiada por alguma força que parecia descontrolar sua mente lógica.

— Bem, vou satisfazê-la. Vou tirá-la de casa, mas não a jogarei fora. Irá para o consultório — eu disse, tentando não contrariar sua intuição.

— Não, não a leve para o consultório. Tenho certeza de que você vai perder seus clientes! — exclamou em seguida, acompanhando suas palavras com um sorriso. Era como se tivesse se dado conta de que levara muito longe seus falsos argumentos para conseguir me convencer.

Rimos juntos. Nós dois sabíamos que se comportava de maneira atípica. Suas características habituais, a racionalidade e o julgamento equilibrado, pareciam ter desaparecido repentinamente.

— Mer, vou levá-la para o consultório. Por favor, não falemos mais desse assunto — foi minha resposta final para acabar com a discussão. No dia seguinte, como prometera, transferi a bompa para o consultório.

Depois do encontro com Ron, refleti sobre o que acontecera, tentando estabelecer algum tipo de conexão entre os dois fatos. Um dia depois de transferir a bompa para o consultório, reuni-me com Ron com objetivos aparentemente médicos, mas acabara colocando o Tibete no caminho do meu futuro. A observação de Mercedes, depois de três anos de total indiferença em relação a um objeto colocado no meio do *living*, parecia realmente guiada por alguma "força" além do nível de sua consciência. Aquela "força" escolhera o momento adequado. Se tivesse feito a observação alguns dias depois da vinda de Ron, não teria me ligado à nova aventura. Precisou acontecer naquele exato momento, porque eu encontraria aquela pessoa especial, e isso me conectaria ao Tibete. Ninguém mais do que aquela "força" podia saber tudo isso e tudo o que aconteceria depois, coisa que eu ainda desconhecia.

Era para reavivar um velho sonho? Aquele sonho da adolescência estava conectado em outro plano da realidade a tudo o que estava acontecendo? Estava tudo aquilo conectado a uma mudança em meu destino, uma mudança que ainda não se manifestara? Esta parecia a explicação mais lógica para a aparente coincidência. Uma pergunta pressionava-me: era casualidade? Ou se tratava da "causalidade da casualidade", administrada por uma força que eu desconhecia por completo?

Lembrança de um sonho da adolescência: o Tibete como caminho para o encontro da alma

Foi por volta dos meus 15 anos que, apesar da minha educação católica, tive o primeiro contato com a cultura tibetana. Pelo lado de minha mãe, a relação com o catolicismo era muito forte. Havia antecedentes na família de bispos na Itália, com o nome inscrito na fachada de uma igreja na região da Magna Grécia; o laço mais próximo, este do século XVIII, era a vinda da Itália da bisavó de minha mãe com a imagem da Virgem de Carmen, uma escultura que dera origem a uma igreja administrada, desde então, por monges agostinianos.

Aquela forte experiência com o Tibete, produzida por um livro, parecia agora estar ligada, ao longo do tempo, ao que aconteceria em Dharamshala. Como se nessa história o tempo não se relacionasse aos anos transcorridos entre a adolescência e o presente.

Naquela época, chegou às minhas mãos *O fio da navalha*[56], de William Somerset Maughan. Seu conteúdo despertou um sonho. O livro relatava a vida de um indivíduo cuja única missão na vida era, somente, a busca incansável de seu caminho espiritual. Sua força interior e sua determinação eram tais que ultrapassou todos os obstáculos que a cultura na qual fora criado lhe impunha. Renunciou a um casamento acomodado, que provavelmente lhe garantiria seu futuro profissional e econômico. Abandonou tudo e viajou de sua cidade natal nos Estados Unidos a Paris, onde estudou durante anos, sem cessar, filosofia, metafísica e religiões orientais.

32   O mistério das coincidências

Sua alma não o deixava em paz e obrigava-o a procurar incansavelmente. Obrigava-o a adquirir conhecimentos de forma ininterrupta, como se o dirigisse ao encontro de sua própria verdade. Naquela altura, o personagem acreditava que adquirir conhecimentos era o verdadeiro caminho para a iluminação. Ante a insatisfação com o resultado obtido, ou, talvez, compreendendo que simplesmente esse era o passo prévio indispensável ao que viria depois, resolveu mudar. Viajou ao Oriente. Em uma lamaseria, o convento budista, encontrou um mestre que o guiou em seu caminho espiritual. Assim que estava preparado, sugeriu-lhe que se retirasse em solidão a uma ermida no alto da montanha.

Não recordo se a imagem em minha memória pertence ao livro ou ao filme do mesmo nome, que vi anos depois, mas nunca mais pude afastá-la do mundo dos meus sonhos. O personagem vivia na solidão, exposto à intempérie nas gélidas alturas do Himalaia, quando, de repente e sem causa aparente, seu olhar e suas feições sofreram uma mudança drástica. Seu rosto tornou-se, instantaneamente, um rosto que expressava doçura e transbordava bondade. Assemelhava-se, talvez, aos traços exteriores de alguém que consegue alcançar a santidade e a iluminação. Nesse momento, e como gesto de confirmação de que o amor transcendera o conhecimento, começou a jogar todos os seus livros em uma fogueira. Aquilo simbolizava que não precisava adquirir mais conhecimento. A partir de então, seu amor e sua compaixão em relação a todos os seres sensíveis deixaram de ter limites. Seu olhar era como o de uma pessoa vendo Deus diretamente na tela de sua consciência.

Interpretei aquilo como um caminho heróico. A procura de um verdadeiro "guerreiro". Por alguma razão, aquele livro marcou meus sentimentos e comecei a sentir grande atração por tudo que se referisse ao Tibete. Tive, naquele instante, a certeza intuitiva de que um dia viajaria para procurar alguma coisa naquela região do planeta. Mas durante mais de 30 anos não tivera coragem nem determinação de fazê-lo. Tudo ficara esquecido em algum canto remoto da memória. Parecia apenas uma recordação de um dos tantos sonhos da juventude. Sem dúvida, o Tibete deixara de fazer parte de meu caminho durante todo aquele tempo.

O encontro com Ron e sua sugestão para ir a Dharamshala pareciam o renascimento do sonho. O renascer de um antigo ideal e a revitalização de um "sonho adormecido". Ron conectava-me novamente a ele. E da intuição emergia agora uma emoção prazerosa. Parecia que estava se abrindo um caminho de busca totalmente desconhecido, disponível a todas as possibilidades.

Mas o que eu buscaria naquela cultura mítica?

A morte apresenta-se em idade precoce

A intensa busca do personagem de *O fio da navalha* nascera de uma forte comoção causada pela morte de um companheiro durante a guerra. O amigo morrera para salvar sua vida. Naquele momento, a morte "cravou-lhe suas garras" e não o deixaria em paz pelo resto de seus dias, até que pudesse responder a si mesmo quem era e qual o sentido de sua existência. O que ficava claro na história era que os seres que o cercavam não sentiam a mesma coisa: nem sequer conseguiam entender o que acontecia com ele, talvez porque não tivesse chegado o momento deles. Ou, quiçá, nunca chegasse. Era uma busca estranha.

O que me unia tanto àquela história era, provavelmente, o fato de experimentar uma "relação" similar com a Morte em idade precoce. Meu melhor amigo da época morrera aos 8 anos. A explicação: a falência de seus rins devido a algo de nome estranho, chamado de glomerulonefrite. Vendo-o esgotar suas energias vitais em uma cama, sua morte comoveu-me mais do que posso expressar com palavras. Olhando aquilo retrospectivamente, talvez o associasse também às emoções sentidas aos 4 anos por causa de uma operação malsucedida em um rim de minha mãe. Sem a preparação necessária para entender a Morte em uma idade tão precoce, ela começou a aparecer, implacavelmente e por vários anos, todas as noites durante aquele estado de transição que experimentamos exatamente antes de dormir. Sua imagem vívida era aterradora, angustiante e impossível de ser administrada. A morte me fazia viver, com toda sua dramaticidade, a futura perda de todos os meus entes queridos.

Naquela época, não me animei a contar essas coisas a alguém, não sei se por acreditar que me julgariam louco ou pela certeza de que não conseguiria explicar nada com palavras. Aparecia como uma batalha interior que eu mesmo devia enfrentar, mas era muito jovem para fazer o papel de "guerreiro". Eram sentimentos e emoções muito intensos e angustiantes para que pudessem ser administrados por alguém tão pequeno.

No entanto, algo começou a acontecer, permitindo-me, ao menos, adiar a batalha para quando fosse maior. O que comecei a fazer cada noite para superar o problema era algo que não entendia nem sabia o que era, mas permitia-me superar o sentimento aterrador produzido pela morte e deixava-me conciliar o sono com uma imensa paz. Tampouco contei isso a alguém, porque também era impossível descrevê-lo com palavras. Tentarei agora.

Quando aquelas angustiantes "tenazes" do fim da existência apareciam, eu fechava os olhos com força, obrigando as pálpebras a se encontrarem. Simultaneamente, levava os globos oculares para dentro e para cima, como se tentasse fazê-los encostar nas sobrancelhas. Em poucos segundos, algo maravilhoso acontecia. Sentia como se minha mente saísse do corpo e começasse uma deslumbrante viagem pelo espaço. Não via meu corpo. Nem mesmo sei se estava comigo. Apesar disso, nunca percebi a sensação de sua perda.

Essa "viagem da mente" (ou da alma) começava saindo da atmosfera da Terra e locomovia-se em linha reta pelo espaço escuro, aquele que estava cheio de estrelas distantes. Não recordo olhar alguma vez para trás, para a Terra. A velocidade com que minha mente viajava acelerava-se progressivamente, até alcançar uma velocidade tão extrema que era "dissolutiva" para aquele que estava viajando. Minha mente, depois dessa velocidade máxima, dissolvia-se em todo o espaço,

36   O mistério das coincidências

passando da velocidade máxima ao repouso absoluto e sem lugar definido no espaço. Estava absolutamente quieto, mas em todos os lugares. Sentia que era parte daquele espaço tão particular, mas também que éramos a mesma coisa. O tempo havia desaparecido.

Só muitos anos mais tarde o cinema e a televisão, com seus inovadores efeitos especiais, permitiram-me ver imagens semelhantes à minha experiência. Hoje, descreveria a velocidade crescente como a das naves espaciais quando adquirem o que chamam de "velocidade hiperespacial". Em um curso de controle mental que fiz 28 anos depois, descreveram um exercício que produzia efeitos semelhantes: a viagem astral. E só recentemente, ao estudar explicações científicas sobre a luz, fiquei sabendo que esta, viajando à sua própria velocidade, vê a si mesma em repouso e estendida por todo o espaço. Conseguia transformar a alma em luz?

A despeito das interpretações atuais, esse era o mecanismo que, aprendido não sei como, fazia desaparecer a aterradora Morte de minha mente, permitindo-me dormir sem angústia em idade tão precoce.

Março de 1998: o tibet.com não funciona

Durante os meses seguintes comuniquei-me com Ron várias vezes por fax trocados entre Dallas e Buenos Aires. Disse-me que conversara com seu filho Mark e, este, com o diretor médico do Delek Hospital. Mandou-me um endereço de e-mail para que entrasse em contato com o doutor Tsetan Dorji. Enviei-lhe vários e-mails, mas não houve resposta. Já era março. Faltavam dois meses para a pretendida viagem, e não recebia a confirmação. As dúvidas sobre fazer ou não a viagem eram cada vez maiores.

Decidi falar com Ron ao telefone.

— Olá, Ron.

— Doc, que bom ouvi-lo. Estava pensando em telefonar-lhe nos próximos dias.

— Estou apreensivo. Maio se aproxima e não consigo me comunicar. O que faço? — perguntei ansiosamente.

— Há problemas. Também não estou conseguindo entrar em contato com Mark. São algumas situações políticas complicadas, e você ficará sabendo a respeito delas. Constatei que o tibet.com não está funcionando. Vou fazer o impossível para ajudá-lo — disse Ron, demonstrando seu espírito compassivo.

Uma semana depois recebi sua resposta.

— Olá, Doc, tenho boas notícias. Consegui falar com Mark. Ele se encarregará de tudo. Vai esperá-lo. Você precisa fazer suas reservas e traslados na Índia por meio de uma agência de viagens que se chama Ways Tour. Eles o esperarão em Nova Deli e o levarão a Dharamshala. O escritório deles fica ao lado do restaurante de Mark. Tente insistir com a conexão tibet.com, mas acho que não vai conseguir. De qualquer maneira, está tudo acertado.

— Muito obrigado, Ron. Você me ajudou muito. Há dois dias estava pensando em desistir da viagem — disse-lhe, profundamente grato. — Continuaremos em contato. Até logo.

38 O mistério das coincidências

A resposta de Ron coincidia com uma mudança de atitude ocorrida no dia anterior, depois de uma conversa com Mercedes. Acabara de entender o que havia acontecido naquele dia. Se não mudasse minha atitude, nada aconteceria, já que os acontecimentos não podiam continuar fluindo. Olhando para trás, parecia que mudar de atitude era condição indispensável para continuar avançando. Cada passo tem sua lição, e quando ela não é aprendida é impossível continuar avançando. Como se tudo acontecesse dentro de um jogo de dados.

— Mercedes, estou preocupado. Aprendi que não devemos nos preocupar, mas sim cuidar apenas das coisas do aqui e agora. Mesmo assim, estou realmente preocupado. A viagem ao Tibete está complicada — comentei com ela, demonstrando certa angústia.

— Por quê? — perguntou, sabendo como a conversa se desenvolveria.

— Porque o Delek Hospital não me responde. Escrevi inúmeras vezes e não recebi resposta deles. Parece que meu carma indica que não vou poder satisfazer aquela velha fantasia que renasceu ultimamente — tentei lhe explicar.

— Doc, algum dia você precisará mudar. Em sua vida, você fez tudo baseado na profissão médica. Só fez coisas relacionadas a ela. E sonha com essa viagem desde pequeno. Por que não vai do mesmo jeito? Só para desfrutar, mesmo não trabalhando como médico. Será até muito bom que não precise trabalhar — disse Mercedes, vendo, certamente, mais além da imagem estereotipada que eu construíra de mim mesmo para me relacionar com os demais.

— Obrigado, Mer. Sua opinião me ajuda muito. Vou de qualquer jeito, mesmo não tendo resposta do hospital — disse, compreendendo o significado profundo de suas palavras.

Mercedes mostrara-me algo que eu não tinha no nível da consciência. Talvez tentasse percorrer a vida meramente por meio da imagem de médico. Possivelmente, era verdade. Com essa imagem, sentia-me seguro e acreditava saber quem era. Mas agora se abria um novo caminho. Parecia que só pela "incerteza" e sem minha "imagem habitual" poderia fazer a viagem tão ansiada.

Seria verdade que antes de me livrar da "imagem de médico" o caminho não poderia se abrir? Seria por isso que só recentemente Ron conseguira se comunicar com Dharamshala? Como eu lidaria com esse novo "disfarce", o do peregrino que não sabia o que buscava? Esta era apenas mais uma coincidência, parte de um roteiro geral que eu desconhecia, ou uma condição indispensável para avançar nessa aventura?

Capítulo 2
A experiência tibetana...

Alguns ensinamentos tradicionais sugerem, por exemplo, que a maior parte da humanidade está adormecida. Quando foi perguntado a Idries Shah, um mestre sufi contemporâneo, qual é o erro fundamental do homem, ele respondeu: "Pensar que está vivo quando apenas se encontra adormecido na sala de espera da vida."

Dr. Stephen La Berge[64]

29 de abril de 1998: viagem à Índia

Estava com Martín no aeroporto de Ezeiza, e faltava uma hora para a partida do voo a Nova Deli, via Malásia.

— O que vamos fazer na Índia? — perguntou Martín rindo e em tom de brincadeira. Já comentáramos várias vezes que parecia uma viagem sem destino, sem objetivos.

— Seguramente, encontrar alguma vida passada — respondi, rindo de uma resposta cujo conteúdo só parecia pertencer ao plano da ficção, mas que conferia à viagem algum tipo de sensação de aventura.

42   O mistério das coincidências

Lembrava com clareza da conversa com Martín dois meses antes.

— Martín, acho que vou conhecer o Tibete — eu dissera a meu grande amigo de infância.

— Não posso acreditar! Seu velho sonho! Diga-me como é a viagem — perguntara Martín, realmente surpreso.

Relatei-lhe o encontro com Ron e seus pormenores. A história pareceu-lhe uma experiência estranha, com muitas coincidências, em relação ao que ambos estávamos acostumados a viver cotidianamente.

— E lá você vai passar o dia inteiro no hospital?

— Não, acho que vou só fazer alguns contatos para poder trabalhar em futuras viagens. Gostaria muito de poder ajudar — respondi.

— Se você não vai trabalhar o dia inteiro, gostaria de acompanhá-lo — disse ele com os olhos radiantes.

— Vamos! Seria ótimo se pudéssemos compartilhar. Tenho certeza de que vai ser uma grande experiência.

29 de abril de 1998, aeroporto de Ezeiza: viagem Buenos Aires Kuala Lumpur

Os preparativos e as chances para voltar atrás nas decisões já haviam acabado. Estávamos no aeroporto e partiríamos em uma hora. Não falávamos muito porque, certamente, nós dois sentíamos que teríamos um mês todo pela frente para fazê-lo. Foi nesse "momento desocupado" que peguei lápis e papel

A experiência tibetana... **43**

com a intenção de colocar por escrito tudo o que esperava da viagem.

Esta é a transcrição do que escrevi naquele momento:

Há 30 anos leio sem parar, procurando meu caminho interior e com intensidade inusitada durante os últimos dez. Sinto-me como uma grande biblioteca fria e cheia de dados. Sinto-me, além disso, com uma inteligência muito pequena, já que na maioria das vezes não pude pôr em prática aquilo que li. Isto deve significar que não aprendi a informação obtida: "não a tornei carne."

Talvez nisso se encontre a esperança e a intenção do que vou buscar no Himalaia: transmutar informação em experiência.

Meus olhos poderão, algum dia, brilhar de outra maneira?

Isso não está absolutamente claro no plano racional, mas, no intuitivo, sinto uma atração muito especial pelos tibetanos. Por que vou a Dharamshala e não ao Japão, à China ou à Tailândia? O que sinto pelo Tibete é igual à paixão que podem me despertar outros momentos da história, associados a seus lugares geográficos e suas culturas? Assim como tenho atração ou experimento uma "ressonância" em relação a alguns poucos e particulares "momentos históricos", foi comum sentir uma total indiferença emocional pelo resto da história. Outro "período" muito "sentido" foi o dos cátaros, no sul da França. Mas esta é outra história.

O que tudo isso quer dizer? Que a reencarnação existe e me coube vivê-la nesses "momentos"? Ou que há algo no subconsciente que me conecta a esses momentos, pois é

44 O mistério das coincidências

minha missão aprender com eles conhecimentos específicos para poder utilizá-los nesta vida? Mas se a última possibilidade é a verdadeira, como a programação subconsciente sabe a que "momentos" devo me conectar, se eles nunca ingressaram em minha mente como informação consciente prévia? Qual é, então, a verdadeira inteligência desse subconsciente?

Muitas perguntas e poucas respostas. Poderá esta viagem aclará-las? Parece impossível. Não há dúvida de que esse "subconsciente travesso" fez uma conexão com a cultura tibetana muitas vezes durante esses anos, mas não me esclareceu a razão dessa conexão, nem tampouco qual é seu tempo e seu lugar. Só sei o título geral do que acontece dentro de mim: Forte atração pelo Tibete.

Outros temas que gostaria de desenvolver na viagem:
1. Tentar organizar um sistema de traumatologistas voluntários para o Delek Hospital.
2. Tentar aprender algo sobre o budismo tibetano.
3. Tentar encontrar a razão cármica pela qual o Tibete foi invadido pela China de maneira tão brutal. Se a lei do carma existe, necessariamente deve existir uma causa que levou a tal reação.
4. Aprender o máximo possível sobre as lendas de Shambhala.
5. Tentar ir a Srinagar, Caxemira. Dizem que ali está a tumba de Jesus(?). Que também poderia ser a de São Tomé, o Dídimo. Segundo os pesquisadores, Tomás quer dizer gêmeo, e Dídimo também significa gêmeo. Ou seja, o apóstolo Tomás seria "duas vezes gêmeo". O que quer dizer

tudo isso? De quem era aquela tumba venerada como se fosse a de Jesus?

6. Certamente, o ponto mais difícil. Durante toda a vida intrigou-me profundamente a razão pela qual Jesus e Buda não escreveram seus ensinamentos de seu próprio punho e letra. Não teria sido mais lógico que tivessem feito assim? No cristianismo, lidamos com ensinamentos escritos muito mais tarde, inclusive por seguidores que não viveram com Jesus e seus ensinamentos. Muitos, inclusive, foram tergiversados por interesses de séculos posteriores. Por que seres tão iluminados não deixaram para os tempos futuros seus importantes ensinamentos de seu próprio punho e letra? Ou será que existem e alguém os ocultou? Certamente, será quase impossível conseguir informações sobre este último tema, mas é uma interrogação que permanecerá inalterável até o final de meus dias. Muitas expectativas para uma simples viagem?

Recordações da atração pelo Tibete. Nova York, 1992: Tibet West

Havia algo concreto e real, ou seja, "pertencente ao plano da matéria", que se relacionava com a experiência pessoal e que poderia ser o que unia várias ou mesmo todas as peças do quebra-cabeça. Essa pista era a conexão com os objetos tibetanos aos quais me "unira" nos últimos anos.

Um budista contou-me que os objetos tendem a "procurar" as pessoas. Uma vez me disseram que, para isso, seguiam um padrão: só os recebe em custódia quem tem alguma relação com eles. Então, por que cabia a mim tê-los sob minha proteção? Pareciam muito antigos e alguns eram muito grandes em relação a outros de sua espécie, tão grandes como os que são colocados nos altares das principais lamaserias. Uma pergunta agoniava-me: aqueles objetos cumpriam alguma função que eu não percebia no plano consciente?

Eu vira no filme *O pequeno Buda** os testes que os lamas faziam para reconhecer reencarnações anteriores. A pessoa em questão devia identificar os objetos que lhe teriam pertencido em uma vida passada, reconhecê-los entre muitos idênticos. Se aquilo era verdade, devia existir uma conexão especial com aqueles objetos com os quais voltávamos a nos "reunir".

Era isso o que acontecia no meu caso com as relíquias tibetanas que encontrava? Tudo começara em 1992, durante uma viagem a Nova York relacionada à medicina. Conversava com a pessoa que fora "meu guia espiritual" durante uma década.

— Doc, você vai a Nova York? — perguntou Juan Carlos.

— Sim, vou, por cinco dias — respondi sem saber por que me perguntava.

— Pelo que disse, você se sente atraído pelo Tibete. Em Nova York, há uma loja chamada Tibet West e fica no Village.

---

* Filme lançado em 1993, com direção de Bernardo Bertolucci, sobre um menino que é levado para o Butão por dois monges, que acreditam que ele seja a reencarnação de Buda. Estrelado por Keanu Reeves e Bridget Fonda. (*N. do R.*)

Se passar por lá, visite-a. Tem muitos objetos do Tibete que podem lhe interessar — disse Juan Carlos, com olhos bondosos.

Juan Carlos, uma pessoa de estatura mediana, com traços harmônicos, tem olhos azuis que exibem, com máxima intensidade e sem exagero de minha parte, a profundidade de sua alma. Apresenta, além do mais, um alto grau de conhecimento, coisa que me deixa sempre deslumbrado. Como bom cientista, tentara confirmar nos livros muitas das coisas que provinham dele, constatando sempre que suas observações eram procedentes. Pelo que me coubera viver ao seu lado, parecia ser uma daquelas pessoas que fazem questão de manter uma coerência absoluta entre aquilo em que acreditam e suas ações. A propósito, recordava um diálogo que ficara gravado a fogo:

— Por tudo o que você diz, se depreende que admira e ama Jesus Cristo com todo seu ser. Mas, então, por que é budista? — perguntei-lhe um dia, intrigado.

— Porque só tenho condições de ser budista. Ainda não estou suficientemente evoluído "para oferecer a outra face" — respondeu-me.

Quando fui à Nova York, segui seu conselho. Ali estava: Tibet West, no número 19 da Christopher Street. Juan Carlos me sugerira que visitasse aquele lugar do Greenwich Village. Algo deveria acontecer, só pelo fato de estar ali, pois não era habitual que ele dissesse alguma coisa que não fosse ditada por sua intuição.

Cheguei às 9h30 da manhã. Atrás de uma grade que dava para a rua, um cartaz indicava que abririam às 10h Senteime para tomar algo e ler um livro em um pequeno café que

48   O mistério das coincidências

ficava do outro lado da estreita rua. Dali poderia ver o exato instante em que abrissem a loja. Parecia que aquele estabelecimento não acompanhava o ritmo do comércio nova-iorquino: a grade e as portas só foram abertas ao público perto das 11h.

Era uma loja pequena e toda decorada. Quem atendia era uma mulher de baixa estatura e traços tibetanos, de aproximadamente 30 anos. Exibia muita paz e tinha um sorriso maravilhoso.

Saudei-a com as mãos em posição de oração ao mesmo tempo em que inclinava a cabeça, e ela respondeu com gesto semelhante.

— O que está procurando? — perguntou amavelmente.

— Ainda não sei, mas sei que vou encontrar algo de que realmente goste — respondi-lhe com um sorriso.

— O que você faz?

— Sou médico.

— De onde vem?

— Da Argentina.

— Argentina. Oh! — exclamou, aparentemente surpresa. Depois completou:

— Acho que deve ver isto.

Pegou um objeto que estava embrulhado em folhas de jornal em um lugar que não estava à vista do público. De forma reverencial, observou:

— Doutor, acho que deveria levar isto com o senhor para a Argentina.

Eu já escolhera a bompa que depois seria a causa da coincidência com Ron. Agora me mostrava uma espécie de "punhal" de quartzo transparente, de três lâminas e com três cabeças em sua parte central.

— O que é isso? — interroguei surpreso.

— Chama-se phurbu. Esta é muito "especial". Foi feita com quartzo extraído do monte Kailas — comentou.

— E para que serve? — perguntei, exibindo a típica mentalidade ocidental, preocupada, fundamentalmente, com a função das coisas.

— É uma adaga ritual para o mundo dos espíritos. O monte Kailas é considerado o mais sagrado do Himalaia. É o Axis Mundi, o eixo do mundo — continuou explicando.

Resolvi comprar os dois objetos: a bompa e o phurbu. Tempos depois, aprendi que os tibetanos acham que o Tibete é "o umbigo do mundo", e o monte Kailas, seu eixo. Se isso fosse verdade, aquele phurbu devia ter uma "energia" muito especial.

Tentando recordar, percebi que os outros objetos tibetanos antigos que tinha em Buenos Aires foram "encontrados" de maneira semelhante, mas em lugares muito distantes de Nova York.

Setembro de 1995: Carmel by the Sea, Califórnia

Devido a um congresso sobre cirurgia da mão realizado em São Francisco, viajei para os Estados Unidos com Mercedes e dois grandes amigos e colegas, José María e Body, ambos com suas mulheres. Alugamos um carro em São Francisco, pois queríamos conhecer o Vale do Silício e Carmel by the Sea.

50 O mistério das coincidências

Ao chegar a esta última cidadezinha, ficamos muito felizes ao caminhar por suas ruas atraentes e entrar em suas pequenas lojas para fuçar os objetos que estavam à venda.

Chamou nossa atenção uma loja que vendia exclusivamente objetos do Oriente. Entrei nela com José. O restante do grupo dividira-se em outras direções. José conhecia minha "atração pelo Tibete". Um ano antes, ele estivera em Nova York e deu-me de presente de aniversário um dorje de quatro pontas. Era do tamanho daqueles que cabem na palma da mão. Soube depois que os dorjes são usados em práticas tântricas. Apesar de não tê-lo usado em uma delas, considerara-o um "grande companheiro" durante todo aquele ano que passáramos juntos.

— Você viu? — disse-me José com enorme surpresa.

— O que devo ver? — perguntei, suspeitando que estivesse acontecendo algo importante.

— Veja isso! É inacreditável. São gigantes! — exclamou José, apontando um dos cantos.

Ali estavam. Dois dorjes enormes. Um de duas pontas e outro de quatro pontas. Aproximei-me e toquei-os, acariciando-os de maneira reverencial, porque era assim que sentia. Tentei levantar um deles com as duas mãos. Fiquei impressionado com seu peso. Deviam pesar mais de 10 quilos e ter cerca de 40 centímetros de comprimento. Fui ao vendedor e perguntei-lhe por seus preços. Deu-me uma cifra muito elevada para meu orçamento.

— Obrigado, senhor. Vou pensar — respondi com certa tristeza ao constatar que não poderia comprá-los por aquele preço.

Fomos encontrar o restante do grupo para voltar ao hotel. Tínhamos que tomar banho e mudar de roupa rapidamente para jantar.

— Mercedes, me apaixonei por uns dorjes — disse, quando ainda estava debaixo do chuveiro.

— E, então, por que não os comprou? — perguntou-me.

— São muito caros, mas gostaria muito de comprar pelo menos um — admiti.

Então perguntou-me quanto custavam. Achou o preço alto e comentou que não estávamos em condições de comprá-los. Depois de alguns instantes, reconsiderou.

— Se gostou tanto, compre um deles se conseguir um desconto de 30 por cento — sugeriu, tentando me dar seu consentimento.

Não via a hora de que chegasse a manhã seguinte para poder ir à loja. Por um lado, pensava que não aceitariam reduzir o preço, mas, por outro, estava convencido de que se eu e o dorje tivéssemos uma simpatia mútua poderia comprá-lo com a limitação combinada. Tratava-se de um valor muito inferior ao do preço fixado. Era um desafio. Depois de imaginar várias estratégias, convenci-me de que o melhor seria deixar a numerologia trabalhar. Para isso, resolvi oferecer uma quantia cujos números somados resultasse em sete, um número que, segundo me ensinaram, representava o sagrado. Parecia que esta era a melhor forma de me comunicar por meio das intenções.

— Como vai, senhor? — disse ao vendedor na manhã seguinte, poucos minutos depois de ter aberto a loja.

— Muito bem, obrigado. O senhor esteve aqui ontem, não é mesmo?

— Sim. Estou voltando por causa do dorje, mas quero fazer uma proposta — disse ao homem, observando-o para ver sua reação, ao mesmo tempo em que lhe dizia o preço que pensar, e que somava sete.

— Perdoe-me, mas não posso lhe responder. Preciso ligar para o dono, que o deixou em consignação — respondeu, levantando o telefone para fazer a devida consulta.

Falou com o dono, que estava "invisível" aos meus olhos. Aqueles minutos foram ficando muito longos. Finalmente desligou.

— Está bem. É seu — respondeu-me, vendo a grande felicidade estampada em meu rosto.

Sentia uma alegria muito especial. Comprara o dorje de quatro pontas. Transportei-o durante toda a viagem com o cuidado que se dedica a um bebê recém-nascido. Sentia sua "energia" e também que, de alguma maneira, "soávamos" juntos. Tudo isso acontecia por intermédio de uma atração que provinha de algum "sentido", que não era nem a visão nem o tato, nem nenhum dos conhecidos. Se tivesse que batizá-lo, eu o chamaria de "o sentido de ressonância com o mundo exterior".

Ao voltar a Buenos Aires, senti que algo mudara. Percebia a existência de uma força nova que só podia ser captada intuitivamente. Não era possível intelectualizar. Aquela força que me unia ao dorje parecia conter, também, e isso desde o primeiro momento, certa "sombra de tristeza". Tinha a sensação exata de que isso se devia ao fato de ele ter sido separado de seu dorje irmão. Tomei então a decisão de fazer o possível para conseguir o outro dorje e "juntar os dois irmãos".

Outubro de 1995: Miami

Passara um mês e meio desde a compra do dorje na Califórnia. Tive de voltar aos Estados Unidos, dessa vez convidado para fazer uma palestra em Miami. Era o momento ideal para tentar entrar em contato com Carmel by the Sea e ver se conseguia o "dorje irmão". Mas surgiu um problema. Eu jogara fora o recibo da compra e não recordava o nome da loja para poder ligar para ela. Achava que não deveria ser muito difícil, já que na minha memória o setor comercial de Carmel não ocupava mais de dez quarteirões. Consultei a telefonista sobre a melhor maneira de localizar uma loja, e ela recomendou que me comunicasse com a Câmara de Comércio de Carmel by the Sea. Foi o que fiz.

— Bom dia. Preciso do telefone de uma loja que vende objetos de arte orientais — disse à telefonista da Câmara de Comércio.

— Lembra o nome? — perguntou.

— Não exatamente. Mas é algo parecido com Asia's way ou Way of Asia — tentei explicar.

— Desculpe, mas esses nomes não aparecem na tela do computador — respondeu friamente depois de certo tempo.

— Perdoe-me, senhorita, mas não há muitas lojas em Carmel e menos ainda lojas especializadas em objetos orientais. Fica a meia quadra da rua principal, no lado esquerdo quando se caminha por ela em direção ao mar. Aproximadamente a duas ou três quadras do começo da zona comercial.

— Desculpe, mas esse nome não aparece na tela — concluiu secamente a conversa. — Quando lembrar o nome, volte a ligar.

Eu não podia acreditar. Sentia que o sistema robotizava os seres humanos. Parecia que não permitia a procura de alternativas criativas se os dados exatos não aparecessem concretamente na tela do computador. E era a Câmara de Comércio de Carmel by the Sea, o organismo que reunia os poucos estabelecimentos existentes naquela localidade. A própria entidade criada para colocar aqueles poucos negócios em contato com prováveis consumidores. O que estava acontecendo com o sistema no qual estávamos imersos? Para onde estava nos levando? O que acontecerá no futuro se a espécie humana perder a capacidade de improvisação por depender cada vez mais das máquinas?

Voltei a Buenos Aires com a sensação de não ter cumprido minha missão. Trazia de Miami apenas um objeto tibetano diferente, que me atraíra tanto quanto os anteriores quando eu passeava por Coconut Grove. Tratava-se de uma espada de bronze muito antiga. Na empunhadura havia um dorje, e a lâmina estava sem fio. Desta última saíam prolongamentos metálicos com forma de chama, representando uma espada que supostamente emitia um fogo com muitas chamas saindo dela.

Não sabia como era usada no Tibete, mas sabia, certamente, que não servia para "machucar" a matéria. Seria usada também no mundo dos espíritos?

Quase dois meses depois, no final de novembro, chegou o extrato do cartão de crédito que usara para comprar o dorje na Califórnia. A loja chamava-se Conway of Asia. Minha mentalidade latina achava incrível que, mesmo pedindo à telefonista da Câmara de Comércio que procurasse algo parecido com Way of Asia ou Asia's way, ela não conseguisse estabelecer uma associação com Conway of Asia dentro de uma lista com poucos nomes. Pensei que nos Estados Unidos, dominados pela ordem, pelo desenvolvimento linear e pela dependência dos computadores, os níveis operacionais haviam, provavelmente, perdido qualidades importantes, como a capacidade de associar informações e estabelecer analogias. Seria esse o futuro que esperava toda a humanidade? Parecia que sim, pois era por esse caminho que estavam nos conduzindo.

Pessoalmente, passei a interpretar aquilo de maneira diferente. Os "sinais" certamente diziam que minha intuição estivera equivocada quando tentara me convencer a comprar o "irmão". Era mais do que provável que já o tivessem vendido naqueles dois meses transcorridos. O que estava sentindo não devia ser mais do que uma manifestação do poder possessivo que quase todos os humanos temos marcados a fogo em algum lugar de nosso interior. Esse novo pensamento só pôde me acalmar em parte, já que a intuição (ou aquilo que parecia ser ela) continuava insistindo para que tentasse novamente "unir os irmãos".

Fevereiro de 1996: Atlanta, Geórgia

Coincidências significativas podem acontecer em qualquer momento. Estamos concentrados em nossos assuntos diários e aí, sem qualquer aviso prévio, acontece um fato fortuito que atrai nossa atenção. Podemos começar a pensar em um velho amigo que há anos não aparecia em nossa mente e então, depois de esquecê-lo por completo, no dia seguinte tropeçamos com ele...

As coincidências talvez se relacionem com a chegada oportuna de certa informação especial que não sabíamos como conseguir ou com a súbita compreensão de que uma experiência vivida anteriormente com certa paixão ou interesse era, na verdade, uma preparação para uma nova oportunidade ou um trabalho. Afora os detalhes que uma determinada coincidência possa apresentar, é muito improvável que seja consequência do acaso, mera casualidade (...) Em certo momento, sentimos que tais acontecimentos estavam de algum modo predestinados, que se esperava que acontecessem exatamente no momento em que ocorreram, com o objetivo de reorientar nossas vidas a uma direção nova e mais inspiradora.

James Redfield[46]

Fevereiro. Viajei com meu pai e outro médico amigo ao Congresso Anual da American Academy of Orthopaedic Surgeons. Como todos os anos, era um congresso para multidões; mobilizava cerca de 40 mil pessoas. Decidimos viajar só por três dias, pois não podíamos abandonar nossas atividades assistenciais por mais tempo naquela época do ano.

Voei com a mente decidida a aproveitar aquela nova oportunidade para entrar em contato com a Conway of Asia. Transcorreram cinco meses desde que comprara o primeiro dorje. As possibilidades de que tivessem vendido o "irmão" durante esse lapso de tempo eram enormes. Mas se o que a intuição dizia era certo, o "irmão" ainda estaria esperando. Era uma verdadeira batalha entre o firme pensamento racional dizendo que se tratava apenas do desejo de um ego possessivo e a sensação produzida pela intuição persistente, que clamava que a "ligação" ainda se mantinha.

Cheguei a Atlanta à tarde, cansado da viagem de avião, e só liguei para a Câmara de Comércio de Carmel by the Sea na manhã do segundo dia, bem cedo. Agora tinha o nome correto, e o computador deu-me o número do telefone.

—Alô. Conway of Asia. Posso ajudá-lo? — disse uma voz do outro lado do telefone.

— Boa tarde. Não me leve a mal, mas, por favor, siga minhas instruções. Olhe para a porta de entrada — disse recordando perfeitamente onde ficava o telefone e os dorjes quando os vira pela última vez.

—Adiante — respondeu a voz do outro lado do telefone.

— Agora vire para a direita. Há ali um grande arca? — continuei.

— Sim, senhor — respondeu a voz.

— E o que há em cima dela? — perguntei quase tremendo e inundado pela emoção de estar esperando uma resposta desconhecida.

58   O mistério das coincidências

— Provavelmente o maior objeto que o senhor viu em toda sua vida — disse o vendedor sem explicar qual era o objeto de que estávamos falando. Sem dúvida, estava acompanhando muito bem o jogo.

— É um dorje, não é mesmo? — eu disse então, tentando confirmar racionalmente o que era óbvio para a intuição.

— Sim, é verdade — confirmou o vendedor.

Não podia acreditar. O "irmão" ainda estava lá. Esperara durante cinco meses e ninguém o comprara. Parecia incrível. A intuição vencera e dissera-me a verdade o tempo todo. Era uma lição que devia aprender. Tinha de confiar nos impulsos intuitivos e não só naquela voz "racional" que habitualmente tenta nos convencer do contrário. Estava lá, mas o problema ainda não estava resolvido. Precisava acertar novamente o preço, que, intuitivamente, achava ser igual ao anterior, e conseguir que despachassem o dorje depressa para Atlanta. Eu não ficaria muito mais tempo nos Estados Unidos. Se não chegasse a tempo, não poderíamos "nos juntar".

— Por favor, se for possível, procure nos recibos de venda do começo de setembro. Sou a pessoa que comprou o outro dorje, o de quatro pontas. Recorda? Pode me vender esse pelo mesmo preço do outro?

—Aqui está. O preço real é muito mais alto do que o que o senhor está oferecendo. Preciso pedir autorização para abaixar o preço. Deixe-me um telefone. Ligo daqui a pouco — respondeu.

Em meia hora o telefone tocou.

— Doutor, tudo bem com o preço. Vou debitar no seu cartão. Tenho aqui seu número. Para onde quer que envie?

A experiência tibetana... 59

— Estou em Atlanta. Tenho um problema. Não pode chegar depois de amanhã à tarde, pois parto no dia seguinte bem cedo — disse-lhe, tentando superar o último obstáculo.

— Este, sim, é um verdadeiro problema. O Federal Express leva 48 horas para fazer a entrega. Não sei como podemos fazer — disse, enchendo-me de desesperança.

Nesse momento, arrependi-me por não ter ligado no meu primeiro dia em Atlanta. A falta de confiança na intuição, que me dizia que ainda estava lá, levara-me a não ligar logo depois que cheguei.

— Perdão, espere um momento. O computador está informando que há um serviço especial da UPS capaz de entregá-lo amanhã à tarde. Posso enviá-lo, então? — disse, depois de aprender novamente a confiar plenamente na intuição e deixar que os acontecimentos fluíssem, se é que realmente tinham de acontecer.

No dia seguinte, voltei do congresso às 18h. Fui cheio de expectativa ao balcão da recepção.

— Estou esperando um pacote. Por favor, pode checar se já chegou? — disse ao atendente, mostrando o cartão de identificação do hotel no qual estava escrito meu nome.

— Com todo prazer... Não, senhor, não há pacotes em seu nome — respondeu depois de uma rápida procura.

— Perdão, mas a UPS já fez as entregas de hoje? — perguntei, sentindo um grande vazio interior que não conseguia identificar corporalmente, mas que acreditava ficar entre o umbigo e o coração.

— Sim, e não há nenhum registro em seu nome — respondeu, despertando um desânimo ainda maior.

— Posso ver? — perguntei inconvenientemente, demonstrando certa desconfiança.

— Se o senhor quiser, pode sim. Aqui estão os registros de recepção e todos os despachos.

Fez-me passar ao outro lado do balcão. Estava claro que minha atitude de desconfiança em relação ao seu profissionalismo o incomodava. Havia muitos pacotes, mas o dorje não estava lá. Meu nome tampouco aparecia na lista das encomendas do dia.

Fiz um silêncio prolongado. Estávamos parados frente a frente. Não falávamos nem nos olhávamos. De certo modo, não me comportava de maneira educada, mas algo dentro de mim, algum sentido, queria me "dizer algo" que ainda não conseguia decodificar. Parecia tratar-se dos sintomas da intuição, mas não estava claro o que acontecia.

— Vocês têm algum depósito? — perguntei de repente, sem "pensar antes nas palavras".

— Sim, mas lá só há pacotes e objetos esquecidos por hóspedes há muito tempo. Tudo o que foi recebido nos últimos dias está aqui, e o senhor já viu. Além do mais, seu nome não está no registro — replicou o atendente, e seu tom e seus gestos eram uma prova de que minha insistência descabida aumentava a tensão do diálogo.

— Eu sei que o senhor vai achar um disparate, mas preciso ver o depósito. Podemos ir até lá?

Com quase nenhuma boa vontade, só consentiu depois de receber uma gorjeta. Fomos ao depósito. Acendeu a luz, e meu olhar começou a "escanear" o lugar. Deteve-se em um pacote que chamou minha atenção sem motivo aparente.

Talvez seu tamanho me tivesse surpreendido, mas só de forma subconsciente. Estava no chão, em um canto afastado, entre os muitos pacotes jogados por todos os lados. Quando me aproximava, vi que exibia a marca UPS e tinha um tamanho semelhante ao do dorje. A etiqueta não estava em nenhuma das cinco faces visíveis do pacote. Ao virá-lo com as mãos para procurar a etiqueta de identificação, vi meu nome.

Mostrei-o ao atendente. Estava estupefato.

— Peço-lhe mil desculpas, senhor. Jamais aconteceu uma coisa dessas. Nunca imaginei que pudesse estar aqui. Não entendo como chegou e tampouco por que não foi incluído nos registros de recepção — disse, tentando desculpar-se ou mostrando certo desespero diante do que acontecera. — Mas como desconfiou de que estava aqui no depósito?

Não respondi, provavelmente, porque não sabia o que dizer. Limitei-me a agradecer. Não tinha a menor ideia de como surgira a questão do depósito. Tampouco parecia racional lhe contar que "sentira", que uma espécie de "conexão especial" entre aquele objeto e a intuição dera a resposta, sem a participação do pensamento e da consciência racional. Era evidente que se comunicaram de alguma maneira misteriosa.

Juan Carlos e as pistas

Abraham Lincoln menciona em um de seus escritos uma coincidência com essas características (referindo-se a como a sincronicidade participa do destino) que lhe aconteceu em sua juventude. Naquela época, Lincoln sentia que tinha de ser algo mais que um mero granjeiro ou um trabalhador manual como os demais membros da comunidade de Illinois. Um dia encontrou um vendedor ambulante que atravessava um momento difícil e ofereceu-lhe, em troca de 1 dólar, um velho baú com diversos objetos, a maioria sem valor. Lincoln poderia ter se livrado daquele vendedor arruinado, mas, no entanto, deu-lhe o dinheiro e guardou os objetos. Mais tarde, ao esvaziar o baú, encontrou entre potes e os velhos utensílios uma coleção de livros de direito, graças aos quais estudou até ser advogado, e a partir daí seguiu seu célebre destino.

James Redfield, *A nova visão espiritual*[46]

— O que você está achando de tudo isso? — perguntei a Juan Carlos, mostrando os dorjes "irmãos", o phurbu e a espada flamígera. Tivera dificuldade de transportar aquelas coisas devido ao seu tamanho e peso, e precisava de alguma explicação plausível.

— São todos objetos antigos. Você está conectado a alguma coisa que não sei bem o que é. Só vi dorjes como este, de quatro pontas, em altares budistas de templos do Oriente, mas nunca um tão grande.

Vi que fechava os olhos.

— Estes dorjes devem ter 400 ou 500 anos — disse, depois de repousar suas mãos sobre eles durante algum tempo, com os olhos fechados, como se pudesse "sentir" a idade daqueles objetos sagrados. Seu comentário remetia-os a 1400 ou 1500. Era apenas uma hipótese. Eu não estava seguro de que suas mãos pudessem ter a exatidão do carbono 14. Aquele não me parecia um método científico, mas eu sempre confiara em suas observações.

— O que mais você pode me dizer? Por que estes objetos entraram em contato comigo? — perguntei, indagando sobre aparentes fronteiras que não podiam ser nada além de incerteza.

— Como se chama o lugar onde você comprou os dorjes? — perguntou Juan Carlos.

— Conway of Asia — respondi.

— É isso! Acho que é lá que você vai poder encontrar alguma pista. Espere um minuto.

Voltou logo com um vídeo de um filme muito velho. *Horizonte perdido** era o que dizia a etiqueta colada no objeto.

— Veja o filme e depois conversamos — concluiu.

Tive a oportunidade de vê-lo naquela noite. Tratava da história da cidade mítica de Shangri-lá. Para minha surpresa, o personagem que administrava a cidade era um inglês chamado Conway.

— Juan Carlos, vi o filme — foi minha introdução no telefonema do dia seguinte. — O que significa que o personagem tenha o mesmo nome do lugar onde comprei os dorjes?

— Conway foi escolhido para comandar os destinos de Shangri-lá. Shangri-lá também é chamada de Shambhalla em

---

* Filme de 1937 baseado no livro homônimo de James Hilton e dirigido por Frank Capra. Conta a história de um avião que cai em uma região desconhecida do Tibete, onde está situada Shangri-lá. (*N. do R.*)

outras lendas. Nessa cidade, eram guardados, supostamente, a cultura e os objetos sagrados, como se fosse um reservatório para ser usado por gerações futuras em caso de necessidade. Tente conectar-se ao seu interior para averiguar se lhe diz algo o fato de encontrar esses objetos sagrados tibetanos em um lugar chamado Conway of Asia — sugeriu-me, sem mais explicações.

Nova Deli

Voamos cinco horas de Kuala Lumpur a Nova Deli. A primeira impressão do aeroporto de Nova Deli foi a de que era um grande galpão. Eu e Martín passamos pela alfândega, que parecia não ter intenção de revistar nenhuma das pessoas que entravam no país. Sentindo muito calor — a temperatura era de 40°C —, chegamos a um grande hall onde imediatamente fomos assediados por centenas de hindus à disposição para oferecer táxis e outros meios de transporte.

Identificamos um cartaz que dizia "Eduardo x 2. From Kuala Lumpur. Ways Tours". A conexão funcionara. Por sorte não acontecera o que Martín prognosticara no avião antes da nossa chegada.

— Você está dizendo que vão estar esperando por nós no aeroporto? — perguntara Martín.

— Isso mesmo.

— E como você vai identificar a pessoa que está nos esperando?

— Bem, disseram-me o nome do guia — eu respondera.

— Doc, por favor, não diga o nome do guia em voz alta quando a gente chegar. Se o fizer, milhares de pessoas vão levantar a mão e dizer que são ele — disse, rindo de uma hipotética situação caótica, coisa que eu poderia ter provocado com facilidade com meu comportamento habitualmente inocente.

O assédio dos hindus parou no exato momento em que nos apresentamos ao guia que exibia o cartaz. Muito perto de nós, um jovem japonês tentava, sem sucesso, driblá-los. Andava depressa e mudava de direção abruptamente sem parar, mas nunca conseguia dissuadir os cinco ou seis homens que o perseguiam.

Ficamos esperando em pé, com as bolsas na calçada, pelo guia, que fora buscar o transporte. Ali ao lado, em uma rua coberta de terra, havia não sei quantas pessoas descalças, pisando em um barro leve, ao lado de grandes tanques de água. Aqueles recipientes cilíndricos armazenavam água que seria vendida a pessoas que queriam encher suas garrafas.

Entramos em um táxi velho, preto e amarelo, dos anos 1950 ou 1960. Íamos passear por Nova Deli, pois tínhamos algumas horas livres antes de pegar o trem. Todas as janelas estavam abaixadas e permitiam a entrada do ar extremamente quente, que chegava sem limitações, trazendo poeira e terra.

A visita ao Mausoléu de Gandhi foi de fato emocionante. Tiramos os sapatos, como os outros visitantes, e atravessamos um jardim, caminhando na direção indicada, em sentido horário. Chegamos ao mausoléu, que ficava ao ar livre. O aroma de um incenso maravilhoso impregnava todo o lugar.

66 O mistério das coincidências

Era o ritmo perfeito para o sentido do olfato. Um asceta vestido de amarelo tocava, rítmica e incessantemente, um pequeno tambor, como se quisesse equilibrar também o sentido da audição. Não havia dúvida: a emoção e o sentimento estavam presentes. Era comovente ver os hindus — muitos deles pareciam pertencer a classes muito humildes — chorando sem emitir nenhum som. Lágrimas enormes deslizavam ininterruptamente por suas faces após honrarem a tumba do Mahatma. Eram lágrimas silenciosas dirigidas ao ser amado que já não estava mais ali para orientá-los.

Retomamos nosso caminho depois de ter ficado não sei quantos minutos no santuário em absoluto silêncio reverencial. Voltamos ao táxi e continuamos a percorrer as enlouquecidas ruas da cidade. Todos dirigiam de maneira endiabrada, tentando encontrar lugares inexistentes para passar no meio de outros veículos. O ruído de centenas ou milhares de buzinas, acionadas sem motivo aparente para nossa mente ocidental, era quase ensurdecedor. Era possível que soassem, simplesmente, para atender às palavras estampadas na parte traseira dos automóveis: *Please horn* (Por favor, buzine). As diferenças em relação ao nosso habitat eram notáveis. Na Índia, pediam, por favor, que tocassem as buzinas; nos nossos países, quando tocávamos, éramos multados pela polícia. O contraste era iniludível, estava presente em todos os lados.

Um fogo emanado por um vento abrasador, semelhante ao que seria imaginável em um "inferno mitológico", ou pelo menos nas partes mais profundas do "purgatório", banhava nossos rostos enquanto observávamos pessoas extremamente pobres atiradas nas calçadas.

Chegamos a uma grande avenida, parecida com as de Paris. No centro, destacava-se um monumento muito semelhante ao Arco do Triunfo, com uma chama perene acesa em homenagem aos mortos na Primeira e na Segunda Guerra Mundial. Nas laterais, duas fontes maravilhosas com pequenos lagos artificiais nos quais se banhavam muitas crianças afligidas pelo calor. Ao longe, a residência presidencial.

Voltamos para o táxi, onde o vento ardente parecia deformar novamente nossos rostos. Faltavam duas horas para irmos à estação de trem perguntar se havia lugar em um camarote com ar-condicionado. O guia observou que éramos os dois primeiros na lista de espera, pois não haviam conseguido reservar lugares.

Fomos levados para jantar no Hotel Imperial, uma autêntica reminiscência da época em que a Índia era ocupada pelos ingleses. A julgar pela sua reação, acho que cometi uma gafe ao convidar o guia para jantar conosco. Era bem provável que o convite não fosse apropriado. Respondeu tentando explicar que ele não podia frequentar aquele lugar. Comendo no suntuoso salão, sentimos que pareciam existir duas Índias diferentes: a dos ingleses e a das ruas. O contraste continuava manifestando-se claramente. Durante a sobremesa, o guia aproximou-se e disse-nos que confirmara por telefone nossas reservas no trem. Evitávamos assim a viagem alternativa, que durava 12 horas de carro, ou seja, uma noite inteira.

Fomos à estação de trem. Já anoitecera. No estacionamento, nuvens de terra fluíam entre carros e pessoas. Tudo era iluminado precariamente pelas luzes de algum automóvel ou pelos poucos, fracos e insuficientes focos luminosos que pendiam de longos postes.

Despedimo-nos do taxista que nos transportara durante todo o percurso e carregamos as bolsas, muito maiores do que o necessário. Aquela carga se transformaria lentamente em um verdadeiro "lastro". Talvez precisasse só da quarta parte do que estava levando. Será que tínhamos de sentir por intermédio da bagagem o peso de nossos apegos e a carga de nossa imagem, esta representada pela roupa que se usava?

Seguindo a indicação do nosso guia, começamos a caminhar por uma longa plataforma ao ar livre, na escuridão. Não enxergávamos mais do que aquilo que estava a um par de metros de distância devido aos focos de luz isolados, muito distantes uns dos outros, que tentavam iluminar, inutilmente, a noite muito escura e as nuvens de poeira que passavam.

Na interminável plataforma, havia uma multidão de hindus: alguns permaneciam em pé, mas a maioria estava acomodada no chão. A maior parte aparentava ser muito pobre; alguns usavam roupas hinduístas, e outros, de asceta. A plataforma parecia não levar a parte alguma. Não se avistava a estação, na qual não chegamos a entrar nem a passar de trem depois da partida, em nenhum lugar. Não se via trens em movimento. A plataforma continuava parecendo de uma infinitude impossível de ser abarcada. Só havia um trem parado, em uma das gares paralela àquela em que estávamos esperando, a dezenas de metros da nossa vista. O guia disse-nos que aquele era o nosso trem e que em algum momento se poria em movimento para mais tarde se dirigir à nossa plataforma.

Depois de evitar um sem número de pessoas sentadas e estiradas no chão, chegamos a um ponto onde nosso guia nos indicou que devíamos parar. E, então, sentamo-nos no asfalto da plataforma, no meio da multidão.

Ao nosso redor, no meio da poeira suspensa e dos rarefeitos raios de luz, avistava-se com dificuldade algumas famílias com seus filhos pequenos. Todos com bagagens, na verdade grandes bolsas de aniagem, castigadas pelo pó. Separamo-nos por alguns momentos. O guia foi comprar passagem para voltar para casa depois da nossa partida, e Martín tentou comprar garrafas de água mineral para a longa viagem.

Sozinho, sentado naquele mundo desconhecido, meus olhos pareciam ver tudo acontecer em câmara lenta. Um mundo novo que naquele primeiro contato me impactava fortemente e me causava, ao mesmo tempo, um enorme deslumbramento. Apesar da multidão, havia um silêncio especial, como se, ao falar, ingerissem, inevitavelmente, toneladas do pó que viajava pelo ar. Os dois voltaram logo.

O trem começou a se movimentar lentamente até desaparecer na noite escura.

— Quando o trem se aproximar, vocês verão esta gente movimentando-se em todas as direções. Por favor, fiquem aqui até que eu lhes aponte seu vagão — disse o guia, quebrando o silêncio fantasmagórico. E continuou advertindo-nos: — Vou acompanhá-los até o camarote. Quando estiverem lá dentro, tranquem a porta com o trinco de segurança. São 21 horas. Devem chegar em Panthalok, onde têm de descer, por volta das 7h20. Ali os estarão esperando com um táxi para levá-los a Dharamshala. A viagem de carro durará

70 O mistério das coincidências

aproximadamente três horas. Por favor, não durmam e desçam em Panthalok, pois o trem seguirá até Jammu, em Kashmir (Caxemira).

Não tínhamos perguntas. Apenas assentimos com um sorriso. Vimos à grande distância a imagem borrada do trem que se aproximava pela via ao lado da plataforma. Ainda estava longe, mas as pessoas levantavam-se e começavam a se movimentar frenética e apressadamente carregando suas bolsas. Parecia um vespeiro despertando rápida e subitamente de sua quietude. Seguindo as instruções do guia, ficamos imóveis no meio do movimento geral.

Finalmente, o trem começou a passar na nossa frente. Parecia que não iria parar, apesar de andar muito devagar. Passaram muitos vagões, com todas as portas e janelas fechadas. Apesar de estar em movimento, os mais ágeis penduravam-se com suas cargas nas escadas e batiam com força nas portas, como se pedissem que as abrissem por dentro. Quem não havia se pendurado, corria pela plataforma, perseguindo o vagão que parecia ter escolhido para sua viagem. Nosso guia, sem dizer nada, levantou as mãos, fazendo um sinal para que permanecêssemos quietos. Certamente, intuíra nossa tendência irracional de nos deslocarmos com a corrente humana.

Minutos depois do começo daquela loucura que mobilizava os seres, o trem foi parando lentamente. O deslocamento das pessoas apressadas foi diminuindo. O vagão em que devíamos subir dizia: "Primeira classe — Ar-condicionado." Todas as janelas tinham barras de ferro, como em uma prisão. A porta continuava fechada. As pessoas ao nosso redor começaram a se impacientar e a bater nela ruidosamente. Parecia que não havia ninguém lá dentro. Quem batia olhava para trás como se dissesse: "O que está acontecendo?" Recordo ter virado os olhos em outra direção, também para trás, pois pressentia que se os cruzasse com os daqueles que perguntavam, meu olhar certamente não os tranquilizaria.

Momentos depois, uma pessoa sem uniforme abriu do lado de fora o enorme cadeado que trancava a porta do vagão. Subimos no velho trem depois de nos despedirmos do guia e dizer-lhe que gostaríamos que fosse ele, não outro, quem nos esperasse na nossa volta para nos levar ao aeroporto.

Chegamos ao camarote designado depois de atravessar um estreito corredor. Nosso vagão tinha, em ambos os lados, uma espécie de grade trancada com grandes cadeados para impedir a passagem entre os vagões. O camarote era pequeno e tinha quatro camas, duas em cima e duas embaixo. As nossas eram as de cima. O espaço entre as camas duras e o teto era mínimo. Chegamos a elas pisando nas de baixo, pois não havia escadas para subir. Nossos acompanhantes circunstanciais ainda não tinham chegado. Chamava a atenção que aquilo que diziam ser ar-condicionado era apenas um antigo e pequeno ventilador de teto.

Deitei-me na cama. O teto estava a poucos centímetros da minha testa. Martín continuava se revirando. Parecia que se sentia enjaulado naqueles dois metros quadrados.

Nossos companheiros de camarote chegaram, separados. Cumprimentamo-nos com um "*Good evening*". Os dois eram sexagenários e pareciam oriundos da Índia. O que ficou debaixo de Martín vestia calça e camisola de linho branco, um enorme turbante bordô e sandálias. O outro usava óculos semi-escuros, tinha cabelo curto e grisalho e suas roupas eram ocidentais: botinhas pretas, calça marrom e camisa social sem gravata para fora da calça. Foi este que fechou o camarote com um ferrolho.

Adormeci antes da partida. Martín sentou-se na cama de baixo, perto daquele que trajava roupa hindu sentado em posição de lótus ao seu lado e ficou conversando com os dois. A próxima recordação consciente foi a de entreabrir os olhos por volta de meia-noite, quando o hinduísta acendeu a luz para se trocar e vestir o pijama. Tirou o turbante, e surgiu sob ele uma longa cabeleira branca que chegava à sua cintura. Começou a trançá-la em volta da cabeça. Voltei a adormecer, embalado pelo som do ritmo do trem; tudo parecia ser um sonho de *As mil e uma noites*. No meio do sono, mal podia perceber quando o trem parava em incontáveis estações.

Domingo, 3 de maio

Por volta das 6h, todos despertos, sentamo-nos para conversar, nas camas de baixo. Uma de nossas preocupações era a de estar acordados para descer em Panthalok, pois percebêramos que em nenhuma estação havia cartazes com nomes compreensíveis em inglês.

— O senhor também vai descer em Panthalok — comentou Martín, tranquilizando-me e dirigindo o olhar ao homem do turbante.

Certamente, aquela fora a primeira coisa que sua mente matemática o levara a checar na noite anterior.

Começaram a discutir entre eles em inglês sobre temas políticos e sociais relacionados à situação da Índia naquele momento. Davam a impressão de querer que participássemos da conversa. Martín, na minha opinião um dos mais hábeis e originais polemistas que tive a oportunidade de ouvir em toda a minha vida, surpreendeu-os com dois ou três comentários em que fazia comparações com o Ocidente.

— Temos vontade de visitar Kashmir — disse quando a conversa político-social parecia esgotada.

— Não recomendo — comentou o de roupa ocidental.

— Há graves problemas de guerrilha, é muito perigoso. Estamos quase em guerra com o Paquistão, e não resta nenhum turista na região. Morre muita gente todos os dias.

Esse comentário foi desalentador. Não poderíamos rastrear os dados contidos no livro *¿Murió Jesús en Cachemira?* (Jesus morreu em Caxemira?). Como disse antes, nele diziam que em Srinagar existia uma tumba que era venerada como se fosse a de Jesus.

Na estação anterior a Panthalok, dois oficiais do Exército indiano entraram no camarote. Bateram continência ao nosso acompanhante de roupas ocidentais e só então ficamos sabendo que se tratava de um general do Exército da Índia. Não havia dúvida de que deveríamos levar muito a sério seu comentário sobre Kashmir. Apertou nossas mãos em sinal de despedida e desejou-nos boa sorte em nossa viagem.

Dharamshala

Chegamos a Panthalok depois de 11 horas de viagem. Uma gare congelada em algum tempo do passado e banhada por uma poeirada significativa, associada a temperaturas altíssimas. Ao desembarcar, vimos novamente o cartaz "Eduardo x 2, Ways Tours" no meio da estação apinhada de pessoas. O novo guia levou-nos por uma longa plataforma até chegar ao lugar onde estava estacionado um jipe Tata Sumo. Fazia muito calor, e assim como o camarote do trem, o jipe também não tinha ar-condicionado.

Tivemos de atravessar o centro de Panthalok para chegar à estrada. Parecia impossível, mas ali se via ainda mais pobreza e precariedade do que nas ruas de Nova Deli. Aos 30 quilômetros de viagem, paramos em uma casa de família para tomar o café da manhã.

Era uma estrada muito estreita e lenta, por causa das curvas. Tão estreita que mal dava para dois automóveis passarem ao mesmo tempo. As frentes das casas pareciam debruçadas sobre a borda da estrada sem calçadas, ficavam a menos de um metro dela. Na maioria das casas, a frente que dava para o caminho estava aberta para algum negócio de venda de produtos alimentícios (verduras, frutas ou bebidas).

O caminho continuou subindo, cruzando rios pedregosos. Chamava nossa atenção a semelhança com as paisagens que nossos olhos estavam habituados a ver na Argentina quando nos aproximávamos da cordilheira dos Andes. Lembravam regiões das províncias de San Luis, Mendoza e Jujuy, mas estavam embaralhadas de maneira diferente. Para nossa surpresa, apesar da altura, a região tinha muita vegetação.

Estávamos aproximando-nos de Dharamshala, a 2 mil metros de altura. Avistavam-se as montanhas com vegetação da pré-cordilheira, e ao longe sobressaíam, por trás dela, alguns altos picos com neves eternas pertencentes ao Himalaia.

Ao chegar, encontramos uma cidade semelhante a outras que havíamos atravessado no caminho, mas só então ficamos sabendo que nosso destino não era Dharamshala, e sim Mc Leod Ganj, uma pequena aldeia no alto da montanha. A subida era tortuosa, e levamos cerca de 15 minutos para chegar por um caminho onde só passava um carro de cada vez. Quando os carros encontravam-se, um deles tinha de sair da estreita estrada, ou seja, grudar-se na montanha ou mesmo na ribanceira, depois de recuar a algum lugar para que o permitisse.

Chegada a Mc Leod Ganj

Finalmente chegamos a Mc Leod Ganj, depois de passar, na metade do caminho, pela Tibetan Library, pelo Delek Hospital e pelo Oráculo de Nechung. Eu não sabia, naquele momento, que em um daqueles lugares se desenvolveria grande parte desta história.

Ao chegar a Mc Leod, vimos à esquerda do caminho a Lamaseria de Namgyal, a residência de Sua Santidade, o Dalai Lama, e a Dialectic School. Enquanto o jipe avançava, víamos lamas por todos os lados, caminhando sozinhos ou em grupos, enquanto outros estavam parados, conversando.

76 O mistério das coincidências

A singularidade de ver tantos lamas depois se converteria em uma rotina, tanto como ver pessoas vestidas de terno na Quinta Avenida de Nova York em um dia útil.

Andamos mais três quadras de Namgyal pelo caminho ao pé da montanha e então paramos. Chegáramos.

— Este é o restaurante Khana Nirvana. Devem estar esperando por vocês.

Depois de agradecer, subimos por uma escada estreita até chegar ao restaurante, que tinha um terraço "debruçado" com vista para todo o vale.

Saiu da cozinha um jovem norte-americano de uns vinte e muitos anos, de cabelo claro, quase ruivo e meio longo; era magro e media aproximadamente 1,65m. A barba densa mal deixava ver seus intensos olhos azuis, precedidos por pequenos óculos redondos, sem armação, que lhe davam uma imagem totalmente intelectual.

— Namasté, sou Mark — disse, cumprimentando-nos com as mãos em posição de oração.

Depois de responder à saudação, trocamos um longo abraço. Então disse, apontando a jovem que o acompanhava:

— Esta é Darah, minha namorada — apresentou-a. — Meu pai, Ron, recomendou-os muito especialmente. Depois de deixarem as coisas no hotel, vou acompanhá-los para que conheçam Mc Leod.

Fomos levados ao Hotel Surya, onde tínhamos reservados dois quartos confortáveis, embora pintados de uma cor cinza muito triste. Ficamos de nos encontrar em seu restaurante vegetariano depois de desfazer a bagagem e tomar banho. Tivemos de enfrentar a água fria, pois só forneciam água quente entre as 18 e as 22h.

A experiência tibetana...   77

Ao voltar ao Khana Nirvana, Mark ofereceu-nos delicio-sos sucos de banana e melancia. Eram cerca das 16h30 quando saímos para caminhar.

— Esta é a Lamaseria de Namgyal. Aqui os lamas são instruídos e formados nas quatro correntes do budismo tibetano. Depende diretamente de Sua Santidade. Venham, quero mostrar-lhes algo muito especial — disse Mark, bastante entusiasmado.

Entramos em um grande salão, com um altar na frente. Em um de seus lados estavam quatro lamas, colocados em cruz, moendo pedras de todas as cores para construir uma grande mandala.

— Onde estamos? — perguntei.

— No templo de Kalachacra, o preferido do Dalai Lama. Estão fazendo uma mandala de Kalachacra — respondeu Mark. — É um ritual muito especial e, entre outras coisas, é usado para a purificação e o desapego.

Olhávamos, extasiados, a beleza da mandala, assim como a magistral habilidade com que a construíam. Todos depositavam em uníssono, simetricamente, pedras do mesmo tipo e cor nos quatro pontos cardeais da mandala. Vermelhos, amarelos, ocres e tantas outras cores para formar uma imagem que inspirava harmonia.

— Olhe aquilo! — eu disse a Martín, apontando com enorme espanto o altar do templo.

—A imagem do seu dorje! — comentou, espantado com a coincidência.

O altar principal estava coberto por uma espécie de toalha que tinha gravados, em toda a sua superfície, desenhos que coincidiam exatamente com a forma do dorje de quatro pontas que eu tinha em Buenos Aires e a respeito do qual viera pesquisar. Era o templo frequentado pelo Dalai Lama, e seu altar possuía imagens especialmente escolhidas. Provavelmente, aquele dorje tinha um significado muito importante para a cultura tibetana, algo que ainda teria de descobrir.

— Não entendo. Acabamos de chegar e já estou me conectando com a história dos dorjes — disse a Martín, como se tivéssemos, de repente, acordado do cansaço produzido pela longa viagem. — Será este um sinal de que não podemos perder de vista a pista do dorje?

— Vivemos neste momento uma grande crise política aqui em Mc Leod — informou Mark depois de sair do templo. — Há ameaças, e comenta-se sobre suspeitas de planos para assassinar o Dalai Lama. Estão dizendo que agora há espiões chineses por aqui.

— Poderíamos conseguir uma entrevista com ele? Gostaríamos de visitá-lo.

— Sim, poderíamos. Mas agora não é possível. Ele está nos Estados Unidos e não vai voltar antes do fim de maio — foi a resposta desanimadora de Mark.

Continuamos caminhando até a residência de Sua Santidade. Ficava em cima de uma montanha. Ao redor existiam descampados atravessados por uma estreita trilha para peregrinos. Esta parecia rodear a montanha por baixo de sua residência, que ficava bem no meio. Havíamos começado a percorrê-la.

— Esta trilha chama-se Lingkor e lembra, em miniatura, uma que havia ao redor do palácio Potala em Lhasa, no Tibete

— explicou Mark. — Em algumas épocas do ano fica repleta de peregrinos, que percorrem todo o caminho fazendo reverências. Fazem isso tocando o chão com os joelhos e a cabeça depois de cada passo. Levam até dez dias para percorrê-la.

— Estão vendo esses "montículos" de pedra? — continuou Mark. — Quando os caminhantes se sentem inspirados, pegam alguma pedra nos arredores e a depositam como oferenda nesses montículos colocados em lugares determinados.

— Mark, acho incrível ver como este costume é parecido com o que vemos em nossas montanhas na cordilheira dos Andes e no Altiplano. Os incas fazem montículos iguais e os chamam de apachetas. É uma espécie de oferenda a Pacha Mama, que é como chamam a Mãe Terra. A única diferença é que, aqui, depois as pintam de branco, enquanto lá usam diretamente pedras brancas de quartzo, facilmente encontradas na beira do caminho. Acho surpreendente essa "analogia ritual" entre duas civilizações que, segundo a história, não tiveram nenhum contato.

Além do mais — continuei —, se você observar os bordados, desenhos e cores dos casacos e gorros das duas culturas, verá que são praticamente indistinguíveis. Será que se trata da manifestação de uma inspiração especial emanada das altas montanhas nesses lugares da Terra considerados tão sagrados?

Tinha a impressão de que faltava à história que nos ensinavam alguns dados transcendentais, ainda não revelados, que me permitissem juntar as peças para entender as causas das semelhanças culturais entre povos que, segundo as informações oficiais, nunca se relacionaram.

80   O mistério das coincidências

Continuamos caminhando pelo Lingkor até chegarmos a uma pequena construção de alvenaria com pequenas janelas. Cortinas corridas em seu interior. Ao seu redor, bandeiras de cores intensas, muito semelhantes àquelas que podem ser vistas na bandeira do Império Inca.

— O que é isso? O que há atrás dessas cortinas? — perguntou Martín.

— O deus Nechung, o protetor de Sua Santidade. Este pequeno templo está aqui no Lingkor para proteger sua residência. O Dalai Lama acredita muito nele e em seu oráculo. Contam, quase como lenda, que quando estava em Potala, no Tibete, ele não queria partir e abandonar sua terra nem sua gente, apesar de a invasão chinesa já durar dez anos e das múltiplas advertências de que devia abandonar o Tibete. Um dia, visitou o oráculo de Nechung, que estava em transe, e ele disse-lhe que devia partir naquele mesmo instante. O Dalai Lama levou aquilo a sério, e na manhã seguinte seu palácio foi bombardeado. Contam que sua fuga pelo Himalaia foi quase sobrenatural, praticamente impossível de ser realizada por um ser humano. E parece que foi o oráculo quem o orientou. É provável que o tenham visto quando vinham para Mc Leod. Agora está ao lado da Tibetan Library, entre Dharamshala e Mc Leod.

Sentamos para meditar por um tempo em uma encosta do caminho, sobre uma saliência, e ficamos observando o imenso vale, contemplando um maravilhoso pôr do sol.

— Está escurecendo. Vamos voltar — disse Mark, depois de algum tempo em silêncio.

— Bem, vão descansar. Se quiserem, amanhã podemos nos encontrar, às 9h, no Khana Nirvana, para o café da manhã. Vou tentar entrar em contato com o diretor do Delek

Hospital para lhe dizer que chegaram — disse Mark quando nos despedíamos um pouco depois, diante de seu restaurante.

Naquele dia, descobri o que significava "Namasté". Explicaram-me que era algo semelhante a "minha alma regozija-se ao encontrar a sua e deseja-lhe a maior das felicidades".

Terça-feira, 5 de maio: O caminho do dorje

> *Se estamos verdadeiramente comprometidos com a realização do nosso sonho, descobriremos que existe uma força poderosa que está além de nós e de nossa vontade consciente, uma força que nos ajuda no caminho, alimentando nossa busca e transformação.*

Joseph Jaworski [32]

Depois de cumprimentarmos Mark e Darah, foi servido um belíssimo café da manhã perto de janelas que davam para o vale e para as montanhas distantes. Havia mais três mesas, ocupadas por outras pessoas. No centro do salão, computadores serviam aos turistas que quisessem se comunicar por e-mail com sua terra natal.

No fim do café da manhã, Mark aproximou-se e sentou-se à nossa mesa.

— O doutor Tsetan Dorji, diretor do Delek Hospital, espera-nos às 15h. Vocês programaram algo para a manhã? — perguntou com grande amabilidade.

82 O mistério das coincidências

— Para a manhã não. Soubemos que dão aulas de budismo na Tibetan Library. Hoje vamos à aula das 11h. Você acha adequado? — perguntou Martín.

— São ensinamentos maravilhosos. O lama que dá as aulas tem um humor muito especial. Às vezes, ri sem parar, e seu riso é muito contagioso. Vocês vão adorar. Verão que suas aulas são muito profundas. Entre as coisas que mais gosto estão as canções iniciais. É canto em tibetano, um agradecimento e invocação da presença de todos os mestres que ministraram ao longo do tempo aqueles ensinamentos. Isso produz depois um efeito que não consigo descrever direito com palavras — comentou Mark com entusiasmo, talvez porque não considerasse que queríamos estudar budismo tibetano.

— Mark, procuro alguém que saiba muito a respeito de antigos objetos tibetanos sagrados — comentei. — Quero pesquisar o que for possível sobre uns dorjes antigos que tenho em Buenos Aires. O que você me aconselha a fazer? — perguntei, pensando que talvez pudesse me dar alguma ideia de como começar a busca.

Olhou-me, sorrindo. Não entendia por que sorria nem tampouco por que não me respondia. Dissera algo impróprio?

— Johnny, por favor, venha cá — disse Mark em voz alta, dirigindo-se a uma das mesas afastadas.

Um anglo-saxão alto e louro, com os cabelos na altura dos ombros e de aspecto semelhante ao dos hippies do final da década de 1960, levantou-se. Usava óculos que também lhe conferiam certo ar intelectual. Mark apresentou-nos.

— Johnny é de Illinois. Está aqui há três anos e trabalha no Instituto de Nurbulingka desde sua fundação. Produz vídeos para a divulgação das atividades em Nurbulingka, atualmente um grande centro da arte tibetana. É onde são construídas as figuras sagradas para os templos; eles conhecem o segredo milenar da soldadura dos metais. Ali funciona uma escola oficial de pintura tangka e são produzidos móveis, por exemplo, para a residência de Sua Santidade — explicou Mark, enquanto Johnny assentia sorrindo.

— Johnny, Doc procura informações sobre as origens de uns dorjes. O que você acha que ele deve fazer? — continuou Mark.

— Precisa ver o grande mestre sr. Penba Dorji — respondeu sem nenhuma hesitação. — Em 1973, ele foi indicado pelo Dalai Lama para ser o grande mestre de arte do Estado tibetano. É a maior autoridade em arte sagrada tibetana, diretor do Instituto de Nurbulingka e conhece o segredo, transmitido pelos séculos, da soldadura mais adequada à sonoridade dos metais. Em Nurbulingka, são construídas as deidades para os templos oficiais tibetanos.

— Sem dúvida, é a pessoa que procuro. Ninguém mais apropriado. Seria possível encontrá-lo? — perguntei, surpreso com o fato de a resposta à procura chegar tão depressa. Era incrível: a pessoa mais autorizada a opinar estava ao nosso alcance.

— Esperarei por vocês na manhã da quinta-feira, em Nurbulingka. Perguntem por mim. Farei os acertos para que sr. Penba Dorji os receba — concluiu Johnny, observando minha expressão de alegria.

Pareciam coincidências além do que se poderia esperar do acaso. Como se fossem guiadas por alguma "força" desconhecida. No primeiro dia, a primeira pista: as imagens do dorje no altar do templo de Kalachacra. E agora, na manhã seguinte, surgia a segunda, também pertinente à procura das peças do quebra-cabeça que poderia revelar a natureza da minha conexão com aqueles objetos. No lugar onde tomávamos o café da manhã, estava a pessoa que nos levaria àquele que mais conhecia o assunto: o grande mestre de arte do Estado tibetano. Não havia dúvida: era um excelente começo.

Terminado o café, fomos até a Tibetan Library, onde assistimos, ao lado de outros 30 ou 40 alunos, às duas primeiras aulas de budismo. A primeira versou sobre "A generosidade do dar" e a última sobre "Tempos escuros e eras iluminadas". Durante as aulas, continuei sentindo uma incrível emoção interior, produzida pelas coincidências que se apresentaram e pareciam guiar minha procura.

À tarde, tive uma entrevista com o diretor do Delek Hospital. Chamava muito minha atenção que seu nome também tivesse algo a ver com os dorjes: Tsetan Dorji. Será que todos os nomes no Tibete eram, de alguma maneira, derivados dos dorjes, ou aquilo simplesmente dizia algo que eu ainda não compreendia?

Tivemos uma conversa muito agradável e combinamos que no dia seguinte eu examinaria alguns pacientes para opinar sobre suas possibilidades com a cirurgia reconstrutora. O doutor Dorji ficou de programar uma visita a um leprosário para a sexta-feira. Com certeza, ali havia muitos leprosos que necessitariam de uma cirurgia dos nervos e de transferências de tendões que permitissem recuperar as funções perdidas pelas mãos.

No entanto, surgiu um problema. Soubemos pouco depois que não havia uma sala cirúrgica onde se pudesse operar com segurança. Ela ainda começaria a ser construída e só ficaria pronta em aproximadamente dois anos. Teríamos de esperar até lá.

— Doutor Dorji, preciso fazer uma pesquisa bibliográfica sobre um aspecto particular da arte sagrada tibetana. Qual é o lugar mais apropriado para isso? — perguntei respeitosamente.

—Vou ajudá-lo. Ligarei agora mesmo para o responsável pela Tibetan Library e pedirei que lhe dê toda a assistência possível. Comentarei que está colaborando conosco no hospital.

Quarta-feira, 6 de maio: pesquisa bibliográfica sobre os dorjes

Acordamos cedo e caminhamos pela rua paralela ao caminho de cornija no centro de Mc Leod. Procurávamos um lugar para tomar o café da manhã. De repente, vimos um café com um nome familiar: Café Shambhala. A partir de então, adotamo-lo para tomar o café da manhã até nossa partida.

Pela manhã voltamos à Tibetan Library, para receber os ensinamentos do dia: "A prática do dar" e "A disciplina da conduta moral". Era maravilhoso conversar nos intervalos com outros estudantes oriundos de diferentes países. Sentávamos todos debaixo de uma árvore, na porta de um pequeno bar. Em cima das pequenas mesas, pendurado na parede do edifício, um cartaz enorme onde se lia "Free Tibet".

86 O mistério das coincidências

À tarde, voltei ao hospital, para examinar os pacientes que o diretor escolhera. Os principais motivos das consultas foram perdas totais de ossos causadas por infecções e sequelas graves de lesões. Os métodos de reconstrução indicados eram de alta complexidade, e eu não sabia se devia explicitá-los, pois poderia criar uma esperança que talvez nunca pudesse ser cumprida. Era a mesma sensação que experimentara com pacientes na Romênia. A infraestrutura em Dharamshala precisaria passar por uma profunda mudança no futuro para que fosse possível fazer aquelas operações sem maiores riscos.

O que mais impactou minha alma foi a gratidão quase próxima da veneração que aqueles pacientes manifestavam depois de dar minha opinião. Nunca vivera algo parecido no Ocidente e muito menos sem nada poder fazer de concreto por eles.

Faltavam duas horas para o fechamento da biblioteca. Resolvi caminhar as poucas quadras que a separavam do hospital para começar a pesquisa. Perguntei pelo bibliotecário. Ele apareceu logo depois.

— O doutor Tsetan Dorji já me pediu que o ajudássemos. O que está procurando?

— Preciso de algum livro sobre dorjes — respondi.

— Ninguém pede esse tipo de livro aqui. É por alguma razão especial? — perguntou, um tanto surpreso, mas sem perder a atitude cortês.

—Tenho uns dorjes que me "chegaram" de uma maneira muito especial. Gostaria de entender como são usados e também pesquisar sobre suas origens e de quando datam.

Quero me aprofundar no tema para saber se tive alguma conexão com eles "tempos atrás" — tentei explicar.

— Acho que vai ser difícil — respondeu com um sorriso que me desanimou. — Há livros sobre phurbus e sinos, mas não há nenhum em toda a literatura tibetana que trate de dorjes. Quando pode voltar?

— Amanhã estarei ocupado em uma viagem pelos arredores. Poderia voltar na tarde da sexta-feira, na volta de uma visita que faremos a um leprosário.

— Eu o espero. Vou ver o que posso fazer para ajudá-lo — disse o bibliotecário, acenando com uma esperança mínima de poder encontrar o que eu procurava.

Quinta-feira, 7 de maio: Instituto Nurbulingka

Eram 10h30. Levamos 40 minutos para chegar de táxi. Perguntamos por Johnny, que nos levou a outro pavilhão, onde sr. Penba Dorji nos esperava. Novamente Dorji, um nome que me parecia derivar dos dorjes. Tudo teria esse nome? Saudei-o com um "Namasté" acompanhado de uma reverência com as mãos em posição de oração. Respondeu da mesma maneira.

— Somos muito gratos por ter aceitado nos receber. Sentimo-nos muito honrados por isso e também por poder estar em sua presença — disse-lhe respeitosamente, auxiliado por um artesão tibetano que falava inglês. O grande mestre era uma pessoa baixa, de cerca de 70 anos, e exibia uma majestosa bondade misturada com humildade.

88   O mistério das coincidências

— É um prazer tentar ajudá-lo — foi a tradução do que disse docemente em tibetano.

— Desejaria saber se pode me dizer algo sobre a origem destes dorjes — falei, mostrando as fotografias que tirara antes de partir.

— Qual é seu interesse? — perguntou amavelmente por intermédio do tradutor.

— Quero saber se tive alguma conexão com o Tibete em alguma vida passada; sinto que, se for assim, esses dorjes poderiam me dar alguma pista de quando e onde estivemos juntos — tentei explicar-lhe.

Meu comentário deve ter lhe parecido completamente normal, pois não gesticulou nem fez nenhuma tentativa de responder. Passou alguns minutos examinando cada uma das fotos com atenção (voltaria a olhá-las várias vezes). Depois de algum tempo, começou uma longa explicação que o tradutor ouvia atentamente.

— Sr. Penba Dorji disse ter se impressionado muito com os dorjes que o senhor lhe mostrou. São muito antigos, e o desenho é característico dos que foram construídos há 500 anos. Ele não teve contato pessoal com eles, mas lembra ter lido, há cerca de 25 anos, um livro que os mencionava — foi esta a tradução. O grande mestre de arte apontou os dragões desenhados nos braços do dorje de quatro pontas das fotografias.

— Se Penba Dorji mostra-se tão interessado, é porque são peças muito significativas — comentou Johnny.

Em seguida, o Mestre pegou um pequeno papel e anotou, em tibetano, o nome de uns antigos papiros e disse que os procurasse na biblioteca. Depois de um agradecimento que nascia nas profundezas de minha alma, despedimo-nos.

Johnny levou-nos para conhecer todo o Instituto. Em uma oficina estavam montando duas deidades para o templo de Kalachacra. A feminina tinha 24 braços, e a masculina, oito. Em outro recinto, talhavam madeira para ornamentos e móveis. Depois, fomos levados à outra sala, onde estavam os pintores da arte Tangka. Eram quatro ou cinco e explicaram-nos que cada pintura levava quase um ano para ser concluída.

— Sabem alguma coisa sobre o deus Nechung? — perguntou-nos Johnny.

— Sim, vimos um pequeno templo no Lingkor e falaram-nos um pouco a respeito do oráculo — respondeu Martín.

— Bem, nesse atril, coberto por esse lençol, há um quadro do deus Nechung. O oráculo recomendou que fosse pintado e colocado na residência do Dalai Lama para protegê-lo de possíveis atentados contra sua vida. Já está terminado — disse Johnny, afastando o lençol para que o víssemos e pudéssemos tirar uma foto.

Depois, caminhando pelos jardins, contou que acompanhara a confecção de um "barrete" para o Oráculo de Nechung. O Oráculo era um ser pequeno que usava o dito "barrete" quando estava "conectado", ou seja, nos momentos em que adivinhava. Disse que o "barrete" era feito de metais, e que em sua parte superior eram colocadas plumas e outros adornos. O mais surpreendente era seu peso. Contou que não pesava menos de 100 quilos! Nenhum mortal conseguiria sustentá-lo no pescoço. O Oráculo só conseguia quando estava em estado de transe. Durante as adivinhações, ficava

90 O mistério das coincidências

girando a cabeça, como se fosse um aparelho que funcionasse como uma antena. Johnny terminou o magnífico relato dizendo que o ouvira dizer a várias pessoas que o barrete que usava no Tibete pesava cerca de 300 quilos.

Entramos, finalmente, em um museu onde, nas vitrines, estavam representados diferentes momentos da história do budismo no Tibete por meio de bonecos desenhados e vestidos artisticamente. Foi ali que encontrei uma das possíveis explicações para a razão cármica que levara a China a invadir o Tibete. Uma das cenas mostrava um dos regentes tibetanos que invadira a China por volta de 800 d.C. e a obrigara a pagar tributos, coisa que me parece ter durado cerca de 100 anos.

Tinha agora uma explicação para uma das preocupações com que viajara: tentar entender por que a China invadira o Tibete em meados do século XX. Se a lei cármica funcionava como diziam, os tibetanos foram obrigados a sentir, na própria carne, o mesmo que fizeram antes com os outros (ou algo semelhante). Pensei que a este fora acrescentado outro motivo: o Tibete fechara-se muito em torno de si, limitando tanto a entrada de estrangeiros quanto a circulação de seus maravilhosos ensinamentos. E o mundo exterior precisava, imperiosamente, ter acesso a eles, pois só assim poderia evoluir e conseguir unir as culturas oriental e ocidental. A invasão chinesa obrigou os tibetanos a abandonar seu casulo protetor, caracterizado por uma sabedoria iluminada e pouco contaminada. Mas ainda havia um terceiro componente: era até certo ponto egoísta a atitude de não permitir que ela pudesse ser partilhada com os demais seres deste planeta.

A invasão obrigou os tibetanos a se misturar com outros povos, transmitir seus ensinamentos e testá-los no contato com outras culturas, moralmente muito poluídas.

Parecia incrível. Em apenas três dias conseguira encontrar algumas explicações mais ou menos coerentes para responder à minha mente curiosa a respeito do carma do povo tibetano. Por outro lado, também era surpreendente que os dorjes tivessem aberto tanto o caminho. Haviam nos conectado com as autoridades máximas disponíveis para responder as perguntas que formulávamos: o grande mestre de arte do Estado do Tibete e a Biblioteca Tibetana. E estava tudo ali, em Dharamshala. Aquilo tudo era um sinal mais do que eloquente de que eu caminhava por uma trilha que parecia ser a correta.

Lamaseria de Namgyal: momentos difíceis

Tive muitas experiências desse tipo, aparentemente acidentais, tanto no trabalho como em minha vida pessoal, e sempre me senti intrigado com elas e perguntei-me como aconteciam (...) Minhas indagações a respeito da sincronicidade surgiram de uma série de acontecimentos existenciais que me levaram a um processo de transformação interna (...) As coisas começaram a se encaixar sem esforço e comecei a descobrir pessoas notáveis que acabariam me prestando uma ajuda inestimável.

Joseph Jaworski[32]

92 O mistério das coincidências

Voltava a Mc Leod de táxi com Martín e Johnny quando resolvi descer para continuar a pesquisar na lamaseria de Namgyal. Eles seguiram até o centro da aldeia. Certamente, não havia lugar mais apropriado que o monastério para encontrar algum lama que trabalhasse com dorjes e pudesse me dar pistas sobre o que eu procurava.

Perguntei a um lama sobre o lugar adequado para fazer a consulta, e ele sugeriu a Secretaria Geral da lamaseria.

— Namasté. Boa tarde — cumprimentei o lama secretário-geral. Parecia ter entre 35 e 40 anos e pertencer à etnia tibetana.

— Namasté. O que deseja? — respondeu de maneira seca, sem nenhum sinal de amabilidade.

— Não sei se será possível, mas gostaria de entrar em contato com alguém dedicado à manipulação, ao cuidado ou à proteção de dorjes — continuei, sorrindo, numa tentativa de melhorar a qualidade do diálogo.

— O senhor sabe o que é um dorje? — perguntou, sem abandonar sua frieza.

— Creio que sim — respondi timidamente, talvez para não provocá-lo.

— E por que quer ver essa pessoa? — perguntou, após longos segundos de silêncio. Continuava sem me dirigir o olhar. Sua entonação revelava certo conteúdo emocional, certamente por achar meu pedido um disparate.

Tirei do bolso as fotos que trouxera de Buenos Aires. Mostrei-as para que, ao vê-las, tentasse entender a razão da minha curiosidade.

A experiência tibetana... 93

Olhou a primeira, levantou a vista e observou-me fixamente pela primeira vez, sem dizer palavra. Olhou as fotos lentamente, uma a uma, duas vezes. O clima era muito tenso e podia-se perceber "a densidade do ar" que partilhávamos. Pensei que talvez a ansiedade me estivesse levando a me equivocar, mas não era assim. Ao longo de 25 anos de profissão, eu me habituara a ver muitos pacientes todos os dias. Com os anos e por meio do método de tentativa e erro aprendera a sentir algo que só pode ser percebido pela intuição. E agora, volta e meia, equivocava-me ao sentir que alguém emitia uma "onda negativa" de seu campo pessoal. Podia, inclusive, perceber claramente quando também partia de mim.

Vi que o lama examinava com atenção a imagem do dorje de quatro pontas, igual ao que eu vira estampado na toalha do altar de Kalachacra. Levantou a cabeça e, sem me dirigir o olhar, disse secamente:

— Nunca na minha vida vi algo assim. Nem suspeitava que existisse. Não entendo o que o senhor quer!

— Não quero nada especial, a não ser tentar decifrar sua origem no tempo e no espaço. Tornei-me parceiro desses objetos sagrados em várias viagens. Senti que partia deles algum tipo de "convocação especial" que não posso explicar com palavras. Devido a essa atração mútua, comprei-os e levei-os para Buenos Aires. — E continuei: — De acordo com o que entendi, a cultura tibetana diz que é possível que a pessoa encontre objetos com os quais teve contato em vidas pregressas. Quero pesquisar isso, e se não for assim, gostaria de tentar saber qual foi o lama que os teve sob custódia,

94   O mistério das coincidências

pois quero conhecer a energia que está me guiando nestes momentos de minha vida.

— Em que país foram comprados?

— Em vários lugares dos Estados Unidos. Na Califórnia, em Nova York e em Miami — respondi, tentando satisfazer sua curiosidade.

Depois de um silêncio prolongado, disse:

— Devem valer muito dinheiro.

Alguns segundos depois, apertando os punhos sobre as têmporas e fechando os olhos intensa e espasmodicamente, exclamou:

— Estou com uma dor de cabeça enorme!

Fiquei assustado. Continuou naquela posição, apertando a cabeça cada vez com mais força. Algo ia mal, muito mal! Arrependi-me de ir ao monastério. O lama, certamente, estava se "desalinhando", e não havia razão aparente, além da minha pessoa, para aquilo que fora desencadeado.

Não via a menor pitada de compaixão em seu ser a qual pudesse me aferrar. Comecei a sentir um intenso calor no corpo e, em seguida, tive a sensação de estar transpirando profusamente. Eu também estava "desalinhando"! Tinha vontade de parar e ir embora depressa. Sentia que fora tratado como um réu. Estaria me confundindo com algum espião chinês? Mas, apesar de tudo, resolvi ficar, pois não estava disposto a desistir da minha procura, mais importante que as dúvidas e o medo que me assaltavam.

— O que o senhor quer? Vendê-los?

A pergunta quase me paralisou.

— Não — respondi com firmeza e certo tom de desgosto por perceber que estava me confundindo com alguém que tivesse vindo para fazer negócio com os dorjes. — Só quero reencontrar o passado, só quero entender minha função no presente para poder usá-la de maneira adequada no futuro.

Naquele momento, tive a sensação de que a situação me levava a complicar muito minhas respostas.

Ficou me olhando, demonstrando sua ira, até que resolveu chamar um outro lama, também secretário. Ele continuou sentado atrás de sua escrivaninha; eu estava à sua direita, em uma cadeira encostada na parede. Entrou, então, o outro lama secretário. Sentou-se ao meu lado, em uma cadeira colocada à minha direita, também contra a parede. Agora eu estava entre dois lamas. O último era um inglês alto de uns 35 anos com traços físicos característicos dos hindus.

Conversaram durante algum tempo em tibetano e depois ficaram em silêncio. Não me parecia educado o fato de terem conversado em sua língua sem que eu pudesse entender, mas talvez fosse apenas um hábito.

O lama recém-chegado me olhava fixamente e com extrema seriedade.

— Quer ver as fotos? — perguntei, tentando quebrar o gelo de uma situação que parecia não ter fim.

— O que o senhor faz com esses dorjes? — perguntou, olhando as fotos. Continuava aparentando ira.

Dei-lhe uma explicação parecida com a que dera ao outro lama, mas pela expressão de seu rosto não parecia tê-lo convencido de minhas intenções.

— Esteve alguma vez na China?

— Jamais — respondi, tentando relaxar, pois parecia, por alguma razão, que eu não conseguia compreender, entrar em um terreno de muitas suspeitas.

96   O mistério das coincidências

— O senhor conhece alguém que esteve na China ou que comercialize objetos retirados ilegalmente do Tibete? — perguntou, devolvendo-me toda a tensão.

A situação complicava-se. Pensava que o lugar em que estava era comparável à Secretaria Geral do Vaticano, no Ocidente. Eu fora inocentemente procurar algum tipo de explicação e agora estava mergulhado em uma grande história. Passaram por minha mente os espiões que, segundo me contaram, ameaçavam a vida do Dalai Lama. Não podia acreditar que me confundissem com um espião assassino ou com um contrabandista mercenário. A prática da compaixão, um dos fundamentos do budismo, parecia estar completamente ausente da cena que estava vivendo justamente ali, na lamaseria de Namgyal. Talvez fosse esse o papel dos secretários: fazer uma investigação quase policial e intimidadora no caso de qualquer suspeita. Era possível que eles tivessem de procurar informações que pudessem proteger a vida de Sua Santidade, mas era péssimo estar no banco dos réus.

Tentava me consolar, entender o que estava acontecendo. Ora, eu estava simplesmente querendo conversar sobre um tema restrito a sua cultura. Além do mais, era muito provável que não entendessem o que eu fazia com objetos que lhes eram tão sagrados.

O medo deixara-me paralisado durante todo aquele tempo. De repente, senti uma raiva imensa. O silêncio ainda imperava.

— Ouça! — disse energicamente ao recém-chegado. — Acho que os senhores não estão entendendo nada. Minha intenção é simples: só quero entender por que esses objetos agem sobre minha intuição. Senti que me "chamavam"

A experiência tibetana... 97

quando os vi pela primeira vez, e surgiu entre nós uma força amorosa que interage como se fosse um ímã, uma "gravidade" ou uma "ressonância" especial. Por outro lado, sem saber por que e sem ter nenhuma explicação lógica ou racional, senti que tinha de levá-los para Mendoza, na Argentina. E foi o que fiz, em três oportunidades ao longo de dois anos. Um ano depois, foi rodado em Mendoza o filme *Sete anos no Tibet*. Talvez nenhum de nós, nem os senhores nem eu, esteja compreendendo que esses dorjes estão abrindo algum tipo de energia para o budismo na Argentina. Talvez eu seja apenas um instrumento deles; um instrumento que, assim como os senhores, ignora sua verdadeira função.

Tive a impressão de que esta última observação, que não nascera de um pensamento elaborado, conseguira relaxar o clima e seria a chave para entender o que acontecia, coisa que nenhum de nós conseguira até então. Nesse momento, suas feições afrouxaram-se a ponto de permitir que o lama que chegara no final sorrisse.

Pegou um papel e começou a escrever um nome.

— Kamthrul Rimpoché — pronunciou com um sorriso lendo o que escrevera. — Pode tentar uma reunião com ele. Suba três quadras da colina por aquela rua. Pergunte por ele. Todos o conhecem. Aqui vivem muitos lamas. Kamthrul Rimpoché é a autoridade máxima. É mestre dos lamas na questão dos tantras superiores.

Despedimo-nos. Saí da sala da Secretaria com uma forte sensação de que talvez não conseguisse seguir adiante.

Perambulei sozinho tentando tomar uma decisão. Gostaria de consultar Martín, mas ele fora visitar uma pequena

98   O mistério das coincidências

localidade das imediações chamada Baghsú. As dúvidas persistiam enquanto eu percorria aquelas três quadras por uma pequena trilha inclinada entre edifícios de três andares pintados com cores fortes: bordô, terracota e amarelo. Apesar de não ter certeza se devia seguir adiante, acreditava que após começar precisava de coragem suficiente para prosseguir, apesar das consequências. O interrogatório em Namgyal deixara-me bastante assustado, provavelmente por não esperar ser tratado daquele jeito pelos lamas. Estariam se politizando e "ocidentalizando"? Talvez tudo aquilo acontecesse porque eu quisera perguntar a respeito de um tema proibido para muitos, e um dos atingidos por essa proibição era eu.

Subi as estreitas escadas indicadas por um lama que passava pela rua em sentido contrário e cheguei ao segundo andar. Diante das portas havia uma espécie de pequeno pátio-terraço. Antes de chegar à porta indicada, esta se abriu, e um jovem de aspecto tibetano e sem vestes religiosas veio ao meu encontro.

— O que deseja? — perguntou imediatamente em tom cordial.

— Gostaria de saber se Rimpoché pode me conceder uma audiência — disse, mostrando o papel escrito pelo lama de Namgyal com o nome de Kamthrul Rimpoché.

— Rimpoché está dando aula, e não posso incomodá-lo. Por favor, volte em meia hora.

— Muito obrigado, voltarei — disse, virando-me para ir embora.

— Por que quer vê-lo? — perguntou, interrompendo meus passos.

— Para ver se posso conversar com ele sobre dorjes — respondi, mostrando uma das fotos do dorje de quatro pontas. Fiz isso diretamente para evitar as perguntas que já ouvira previamente: "O que o senhor sabe a respeito de dorjes? Qual é o seu interesse? Etc., etc., etc."

Retomei a caminhada; não tinha certeza de que voltaria. Já descera dois andares quando ouvi passos apressados descendo atrás de mim. Ao virar a cabeça, vi novamente o jovem, mas agora estava agitado por descer rapidamente.

— Kamthrul Rimpoché vai recebê-lo no sábado, das 16 às 17h. Traga um tradutor — foi a resposta inesperada.

O que acontecera? Haviam interrompido a aula? Por que tanto interesse em me responder imediatamente e não esperar que voltasse em meia hora?

Voltei ao hotel com muitos pensamentos fervilhando. Tinha ainda dois dias para decidir se iria à entrevista.

A conclusão a respeito de tudo o que acontecera era inequívoca: os dorjes eram muito mais "secretos" (ou algum adjetivo semelhante) do que qualquer um de nós poderia imaginar previamente. Também tinha certeza de que em Dharamshala não gostavam que se falasse abertamente a seu respeito. Conhecê-los era algo vedado à maioria dos mortais.

Manhã de sexta-feira, 8 de maio: visita aos leprosos

Depois de nos encontrarmos no Delek Hospital às 9h, fui com o doutor Tsetan Dorji e uma suíça, enfermeira

100 O mistério das coincidências

voluntária, ao leprosário. Ficava depois de Lampadur, uma cidade a mais de uma hora de viagem.

Viajar de ambulância na Índia tinha lá suas vantagens. A maioria dos carros que iam à frente saía da estrada, pois ali dois automóveis não podiam passar ao mesmo tempo. A ambulância parecia ter prioridade. O problema surgia quando um veículo que vinha em sentido contrário não se afastava, embora nosso chofer esperasse que o fizesse. Isso obrigava a pequena ambulância Maruti a fazer manobras bruscas. Durante a viagem conversamos sobre as possibilidades futuras de operar as sequelas dos leprosos. No leprosário examinei as mãos e o estado dos nervos dos pacientes. Já trabalhara com esse tipo de doente na Argentina e tratava aquilo com certa naturalidade. Mas experimentei um fato que me emocionou profundamente. Em um canto, estava agachada uma mulher que cobria todo o corpo e o rosto com um grande manto azul. Só era possível ver seus olhos. Ao passar ao seu lado, cumprimentei-a amavelmente. Com os olhos sorrindo, descobriu o rosto para responder à saudação. Não pude acreditar no que estava vendo! Perdera o nariz e o septo nasal; só restara um grande orifício que se comunicava com o interior da cabeça, como uma caveira viva. Continuei a caminhar sorrindo, tentando não manifestar minha emoção, mas não tenho certeza de ter conseguido.

Voltamos a Mc Leod. Eu estabelecera certa amizade com o doutor Dorji.

— Seu nome é Dorji. Significa alguma coisa? — perguntei, já relaxado, na volta.

A experiência tibetana... 101

— Dorji vem de "dorje". Tem o mesmo significado da palavra "vajra". Quer dizer "diamante" e também "poder indestrutível" — respondeu.

— Consegui uma audiência com Kamthrul Rimpoché para conversar sobre um tema que me interessa. Pediram-me para levar um tradutor. Como posso encontrar um? — perguntei, aproveitando a confiança que me dispensara.

— Vou ajudá-lo. Conseguirei para você um tradutor na Dialectic School. Ligue pra mim na última hora da tarde e eu lhe darei a informação.

Creio que foi ele quem me contou, em seguida, que Kamthrul Rimpoché era a autoridade máxima em tantras superiores em Dharamshala e que, inclusive, fora mestre do Dalai Lama nesse tema.

Depois de chegar ao Delek Hospital, caminhei até a Biblioteca Tibetana, para ver o que o bibliotecário conseguira encontrar.

Tarde de sexta-feira, 8 de maio: a informação sobre os dorjes

Procurei o bibliotecário, e ele indicou-me que sentasse a uma das longas mesas da sala de leitura. Depois de algum tempo, apareceu com oito livros. As páginas onde havia algum parágrafo que se referisse a dorjes estavam marcadas.

Sentia-me um privilegiado. As outras pessoas que apareciam precisavam procurar o que queriam em numerosas fichas e recebiam no máximo dois livros por vez. No meu caso,

102   O mistério das coincidências

seria impossível fazê-lo dessa maneira, pois não havia nenhum livro cujo título se referisse ao objeto de minha pesquisa. Jamais encontraria uma ficha sobre dorjes. Os tibetanos pareciam ser muito gratos àqueles que ajudavam sua comunidade.

Eis aqui um resumo das anotações daquela tarde sobre a pesquisa a respeito dos dorjes:

"Dorje" = "vajra".

O emblema do raio. Apareceu, inicialmente, no budismo hindu como símbolo de Vajrapani (raio na mão), o protetor especial de Buda Sakyamuni; era um empréstimo direto do deus védico Indra.

O vajra simboliza "indestrutibilidade, indivisibilidade e poder irredutível".

Outras traduções eram "diamante" e "soberano das pedras".

É uma expressão da qualidade diamantina (dureza do diamante) da mente de Buda.

O dorje é o símbolo mais importante da corrente do budismo Vajrayana. O vajra é responsável pelo nome dado a essa corrente do budismo, mas também é o símbolo verdadeiro do *bodhicitta* (ou iluminação).

Operava como arma de destruição e depois se converteu em um apreciado talismã protetor. Simboliza a fé: é importante em rituais de exorcismo de espíritos demoníacos. É um atributo frequente de deuses e lamas. Na arte tibetana, é mostrado como o atributo de várias deidades que o sustentam em uma de suas mãos ou o colocam perto do corpo.

É um símbolo cósmico: o pilar cósmico. Portanto, trata-se de um instrumento usado em rituais. A arma mais poderosa dos gurus em sua guerra contra os demônios. Simboliza o raio de Indra (Júpiter).

Está sempre ao lado de um sino. O sino deve ser comparável com o dorje em tamanho e ter em seu cabo meio dorje de forma semelhante. A união do vajra com o lótus simboliza a verdade suprema. No Tibete, o sino substitui o lótus.

Os dorjes têm cinco prolongamentos em raios de roda em cada extremo. Os dorjes com nove raios são usados para certos objetivos tântricos. O dorje em cruz, de quatro extremos, tem um significado especial como emblema do equilíbrio, representando a cruz da criação do mundo. Para iniciados, o dorje com suas quatro partes cruzadas simboliza os quatro tipos de atividades budistas. Cada uma delas pode ser capaz de levar um meditador à necessária purificação interior, desenvolvimento, expansão da influência ou eliminação de negativismo.

O dorje é o veículo do raio para o Kalachacra.

O assento sob a Árvore de Buda foi chamado de Vajrasana.

Embora não fosse o objetivo principal da pesquisa, também anotei algo sobre os Phurbu:

"A adaga ritual lamaísta = phurbu."

Manipulada durante o transcurso de rituais tântricos (*i.e.*: rituais mágico-cósmicos destinados a combater os demônios).

104   O mistério das coincidências

A adaga como totalidade é considerada um retrato ou representação da deidade relevante. Exemplo: Vajrakila (Dorje Phurbu).

"Adaga mágica. Adaga encantada." Comparável à flecha divinatória dos xamãs. Encravando os espíritos demoníacos.

Saí da biblioteca e caminhei até Mc Leod. Refleti sobre os dados obtidos na pesquisa bibliográfica. De uma coisa estava certo: tentara me intrometer em um assunto muito sagrado para que tratassem dele com um ocidental, um forasteiro. O dorje nascera como instrumento do deus Indra e a partir dali fora usado em rituais tântricos e em exorcismos. Era o símbolo principal de uma das grandes correntes do budismo: a Vajrayana. Essa vereda existia para os que eram suficientemente "impacientes" e queriam fazer uma evolução acelerada em uma única vida, em vez de pegar a estrada não tão curta do "caminho co meio". A palavra *matiameka* expressava esse caminho, afastado dos dois extremos.

Aqueles que elegiam os altos tantras desejavam chegar em uma única vida à iluminação do *bodhicitta* para poder voltar nas próximas encarnações com maior capacidade de ajudar os outros seres sensíveis. Parecia uma corrida acelerada para atingir o ponto "máximo de nobreza humana".

Agora eu sabia que tanto os dorjes como o phurbu serviam para uma mesma coisa: os rituais tântricos. Entendera também claramente que eram usados pelos lamas do Vajrayana e que, em todo caso, eram imprescindíveis nas iniciações guiacas por grandes mestres para poder realizar suas práticas. O próprio Buda Sakyamuni reservara aqueles ensinamentos e práticas exclusivamente para ele e alguns discípulos escolhidos. O pior: um "argentininho", um forasteiro, tentava "se meter" no assunto.

Madrugada de sábado, 9 de maio: uma revelação

Entrei no templo de Kalachacra pela porta de trás. Uma grande quantidade de lamas e algumas outras pessoas com roupas comuns estavam sentadas no chão. Rezavam em voz alta com suas vozes de gravidade inigualável. Era uma oração cantada que inundava até o último átomo existente naquela sala e fazia ressoar todos os presentes com os tons graves dos cantos. Tudo vibrava. Chegara atrasado à cerimônia. Estava tudo ocupado, mas vi que restava um lugar livre na frente, à direita, perto da parede. Comecei a avançar nas pontas dos pés com a mão em posição de oração, a cabeça inclinada em sinal de respeito e a intenção de não incomodar nem interromper o estado de meditação dos presentes.

Percorrera a metade do trajeto grudado na parede quando senti uma mão pousar em meu ombro esquerdo. Ao me virar, vi que um lama me alcançara no caminho.

— Perdoe-me, mas deve se retirar. Sua presença não é bem-vinda neste templo — disse em voz muito baixa.

— Qual é a razão? Por eu ter me atrasado? — perguntei, sentindo-me discriminado.

— Não. Não é essa a razão. Sua pessoa não é bem-vinda aqui — respondeu sem hesitar.

Senti-me abalado e humilhado. Também intimidado. Dei um passo para me retirar, mas repentinamente me detive e voltei para olhá-lo nos olhos.

106   O mistério das coincidências

— Quem o envia para me dizer isso? — perguntei, resmungando em um volume de voz quase imperceptível aos outros.

— Isso não importa. Por favor, retire-se — sussurrou novamente, com grande firmeza.

— É claro que importa! — eu disse, então em um tom mais alto que o das orações, o que levou à interrupção da cerimônia. Todos os presentes me dirigiram seus olhares cheios de espanto.

— Quem enviou este lama para me dizer que não sou bem-vindo neste templo? — perguntei em seguida, de maneira que todos pudessem ouvir.

— Fui eu — afirmou um lama, aproximando-se do lugar onde ainda estávamos parados. — Não queremos sua presença aqui.

Para minha surpresa absoluta, era o mesmo lama que me entrevistara na lamaseria de Namgyal. Era o mesmo secretário-geral que apertara os punhos em suas têmporas por causa de uma intensa dor de cabeça durante nossa entrevista.

— Quero saber qual é a razão! — questionei energicamente.

— Não vamos responder. Retire-se! — foi sua resposta quase ameaçadora.

— Você é o mesmo que me entrevistou em Namgyal. Está assumindo mal seus poderes e está ignorando a doutrina budista! Confundiu suas funções e permitiu que a política dominasse seu ego. Perdeu seu espírito compassivo, especialmente no aspecto de tentar penetrar e compreender as razões dos outros seres sensíveis. Você não pode estar representando o budismo tibetano nesta lamaseria. Quando se perde a alegria, o sorriso e o poder de interpretar as intenções dos corações de outros seres torna-se impossível colocar em prática a compaixão. Estou muito envergonhado de ver que o mundo ocidental está contaminando e confundindo desta maneira uma corrente tão pura para a evolução espiritual como é o budismo. Se vocês não retomarem o caminho do coração puro, o budismo será outro mau exemplo do que deve ser o amor e a evolução espiritual da humanidade.

Não podia acreditar no que fizera! Havia tentado dar uma lição sobre a compaixão a um lama no próprio templo de Kalachacra. Provavelmente, tinha enlouquecido, mas dizia aquilo com firmeza e com ideias que vinham de algum lugar além da consciência pensante. Dissera tudo aquilo com uma intensidade que invadira todo o templo, olhando sempre fixamente os olhos do lama. Como se tivesse pretendido que minhas palavras penetrassem o interior de sua alma.

Houve um silêncio prolongado enquanto o lama refletia sobre minhas palavras. Era um silêncio de alta tensão. Parecia quase inverossímil que um visitante ocidental que quiseram expulsar do templo fizesse um "quase discurso" sobre a compaixão a um lama. Ninguém se animava a quebrar o silêncio. Os olhares dos presentes pouco a pouco abandonavam-me e dirigiam-se ao secretário, curiosos para saber qual seria sua reação.

— Pode ser que você tenha razão, mas tanto faz: retirese! — respondeu aquela que parecia uma alma entorpecida.

Então aconteceu uma coisa totalmente inesperada. Algo desconhecido que veio de dentro me fez dizer com voz firme:

— Sabe quem sou?

Não houve resposta. Talvez minha pergunta fosse inesperada e deixara-o desacomodado. Olhava-me cheio de expectativa, como se estivesse pedindo para que acelerasse o desenlace.

— Sou Jamyang.

Um murmúrio prolongado proveniente dos lamas tomou conta de todo o templo.

Acordei sobressaltado. Meu coração batia vertiginosamente, e o corpo estava molhado de suor. Muito raramente na vida me lembrava dos sonhos, e eles tampouco me acordavam.

O que era aquele nome Jamyang que pronunciara em sonho? Provavelmente, era apenas uma fantasia que me permitira falar a respeito da humanidade à pessoa que me submetera à intimidação e à humilhação.

O que teria acontecido se eu não tivesse acordado?

Acendi a luz e anotei em meu diário de viagem o nome que dissera no sonho. Depois de escrevê-lo, senti uma vontade profunda de investigar se existira um nome parecido na história do budismo tibetano. Nunca o ouvira e não "soava" como um nome tibetano. Era uma mera fantasia de um sonho disparatado ou continha "uma revelação"? A mente lógica imediatamente contestou com uma resposta aparentemente correta: "É apenas um sonho, mera fantasia. Esse nome nunca existiu."

Sábado, manhã de 9 de maio: a cachoeira de Baghsú

O que havia de verdade no sonho? E se, na realidade, sou o personagem de uma história? (...) E se todos fôssemos realmente personagens de uma história? E se o que experimentamos como nossa vida fosse uma obra de ficção? Como poderíamos sabê-lo? (...) Como um personagem saberia que pertence a uma história? Evidentemente, só algo alheio à própria história, algo que viesse de mais além, poderia atrair a atenção de um personagem sobre a natureza da história que está vivendo. No entanto, fosse qual fosse esse acontecimento extraordinário, também teria de fazer parte da história, deveria ter sentido ou significado para os personagens, a trama, o nó e o desenlace — não é assim?

Robert Hopcke[31]

Estava tomando o café da manhã com Martín no Café Shambhala. Às 16h encontraria Kamthrul Rimpoché.

— Tive um sonho que me impressionou muito — comentei com Martín, preparando uma torrada com mel.

— O que você sonhou, Doc? — perguntou quase automaticamente, tentando acordar enquanto tomava seu café.

— Entrava em uma cerimônia no templo de Kalachacra e ordenavam que eu me retirasse, porque não era bem-vindo. O lama era o mesmo que me submeteu àquele interrogatório policial que lhe contei na quinta-feira. Recusei-me a sair, e diante de sua insistência comecei a explicar, na frente dos lamas, como via a compaixão e como percebia que alguns deles a haviam perdido. Que loucura! Apesar disso, o lama secretário insistia para que eu me retirasse. Foi nesse momento que lhe disse: "Sabe quem sou? Sou Jamyang."

— E quem é Jamyang? — perguntou, sem muito interesse, comendo uma banana.

— Não sei. Não tenho a menor ideia. Jamais ouvi esse nome. Tenho certeza de que foi um delírio onírico. Mas, por via das dúvidas, vou ver depois se encontro esse nome em algum lugar... E se existir? — acrescentei, dando certa liberdade a nossa imaginação.

— O que faremos agora? — perguntou Martín, como se estivesse dando por terminado o assunto do sonho.

— Que tal irmos a algum lugar na montanha? Não sei se você se sente da mesma maneira, mas sinto-me um pouco "afogado" entre tantos templos e lamas. Preciso de um pouco de contato com a natureza.

— Ontem estive em um rio espetacular. Fica depois de Baghsú. Dizem que se você continuar caminhando por uma trilha, chegará a uma cachoeira lindíssima. Vamos até lá?

— Vamos — respondi, feliz com o fato de Martín saber da existência de um lugar assim.

Depois de atravessar a pequena aldeia de Baghsú, caminhamos por um estreito desfiladeiro na encosta da montanha. Lá embaixo, o rio com uma correnteza moderada, e nas margens, alguns lamas lavando roupas. A vereda pela qual caminhávamos era interrompida abruptamente em alguns lugares onde havia desmoronado. Passávamos praticamente suspensos no ar, pendurados em alguns galhos que torcíamos para que não se quebrassem e nos fizessem despencar no precipício.

Chegamos à cachoeira. Tinha cerca de 10 metros de altura, e debaixo dela se formava uma onda. Voltamos a ouvir o som puro da natureza. Havíamos meditado em muitos templos ornamentados com enormes figuras douradas de Buda e pintados com cores fortes às quais não estamos tão habituados no Ocidente. Mas aquilo era diferente. Voltava-se a sentir em toda sua plenitude o canto da Mãe Terra, aquele percebido em qualquer lugar do planeta. Essa Mãe que não faz distinção entre raças e religiões.

Tudo aquilo que vivenciava me levou a meditar sobre qual seria minha verdadeira religião. Continuava católico ou agora era budista? Por um lado, havia Jesus, que nos guiava pela vereda do amor e do coração. Ninguém como Ele para ativar esse "centro do amor".

Apesar de sentir que Jesus continuava sendo meu "Mestre Guia", seus ensinamentos não me eram suficientes para a compreensão de muitas das perguntas com que a mente racional me acossava. Lamentavelmente, dotaram-me de uma mente enorme e de um coração muito pequeno. A mente, que perguntava sem cessar, não obtinha muitas respostas dentro do catolicismo, o qual sempre instruía apoiar minhas dúvidas na fé. Lera que os gnósticos tiveram esse mesmo dilema e solucionaram-no seguindo seus caminhos individuais, e não recorrendo ao dogma.

Sentia, assim como eles, que a fé era uma imperfeição, pois só é necessária na ausência da experiência. Quando se vive algo com plenitude e aquilo é sentido com todas as células do corpo, a fé é relegada a um segundo plano. Quando há experiência, a fé deixa de ser necessária. Pensava no exemplo simples do fogo e da mão. Pode-se ter fé em que o fogo pode queimar a mão, mas uma vez que a tenhamos aproximado dele, ou mesmo queimado a mão, já não existe mais a fé, mas sim a certeza da experiência.

Sentia que esse conceito era analógico ao conceito do perdão. O perdão também é uma imperfeição, pois só pode existir quando não se soube "compreender" no exato momento em que se produziu o fato. Quando se compreende esse momento, não surge a ofensa, que depois precisa de perdão para ser redimida.

Percebi que Jesus Cristo ainda continuava muito presente em meu caminho, mas o sentia mais como os cristãos gnósticos do que como os católicos. Eu precisava dele, mas por meio da experiência. Provavelmente, eu era um daqueles seres que não foram "tocados pela varinha mágica da fé" e precisava tanto entender como sentir.

O budismo dera-me contribuições importantes ao longo dos últimos anos. Enfocava os temas do ponto de vista mental, e poder "entender" a partir dessa corrente religiosa produzia um verdadeiro efeito tranquilizador em minha mente questionadora. Provavelmente, as respostas do budismo às questões existenciais possuíam um caráter "quase científico". Era isso que satisfazia de maneira plena minha mente estruturada cientificamente na universidade.

O budismo era o desenvolvimento do caminho do indivíduo; fornecia todas as explicações possíveis para depois chegar à compaixão em relação a todos os seres que sofrem.

Um caminho maravilhoso que permitia, uma vez que fosse integrado ao indivíduo, completá-lo com o amor incomensurável de Jesus Cristo.

Eu ouvira algumas palavras em tibetano que acreditava indispensáveis à evolução. A que mais me mobilizara era a palavra *drala*, que significa "mais além do conflito", "mais além dos opostos" ou "mais além dos contrários". Expressa uma atitude de sabedoria que quando aplicada diariamente elimina a maioria dos conflitos por estar "compreendida" desde o começo a partir de um nível mais evoluído.

Não havia dúvida. Tanto Jesus como Buda eram absolutamente necessários ao meu coração e minha mente, mas naquela cachoeira a natureza manifestava-se em todo seu esplendor. Sentia que precisava amá-la e respeitá-la tanto como a eles. Com muito maior intensidade do que aquilo que podia se desprender da religião.

Nos últimos anos, algumas práticas de xamanismo andino levaram-me a contatos muito fortes com a Mãe Terra e seus "órgãos": os rios, as pedras, a terra, as árvores, as montanhas e, em especial, as águias. Recordava um dia nos Andes em que fizemos uma invocação ao espírito da águia. Em pouco tempo, seis águias voavam em um círculo acima do nosso, como se tivessem surgido do nada. Deve existir algum elemento que nos faz viver sensações tão intensas, como as das experiências místicas, durante essas conexões com a terra.

Sim, há algo que une tudo: os átomos que formavam meu corpo. Os átomos que eram a base das moléculas, das células, dos órgãos e do cérebro. Mas de onde provinham esses átomos? Onde estiveram antes?

114   O mistério das coincidências

Sem dúvida alguma, os átomos nos "são emprestados" temporariamente pela Mãe Terra para a formação desses corpos que funcionam durante algum tempo quase com a mesma perfeição do universo. Mas para serem criados eles necessitam dos átomos que ingerimos por meio dos alimentos e do ar que inspiramos. Onde estavam antes? A quem ou a que pertenceram? Para onde vão continuamente os átomos que eliminamos todos os dias do corpo na forma de excreções, respiração, descamação da pele, unhas, dos cabelos e de sangramentos ocasionais? Quem ou o que vai ter em seu corpo, ou estrutura, átomos que estiveram em meu corpo impregnados por essa consciência individual? Os átomos terão algum tipo de memória que acumula a informação de tudo a que pertenceram? Certamente os átomos estiveram juntos no Big Bang. Então, o que nos torna diferentes de outro ser humano ou de uma pedra, se todos os nossos átomos foram "um" e parte do mesmo alguma vez.

Todas as experiências místicas que levam à iluminação contam-nos que as pessoas que chegam a ela se sentem "um" com todos os demais seres e com o universo. Devem, então, sentir essa "união" ou "conexão" entre os próprios átomos e o resto, e "sentir em uníssono".

Pensava que minhas células viviam se renovando de forma constante e cíclica. Como as da pele, que não nos permitem manter o bronzeado do sol por mais de uma ou duas semanas. Para se renovar, precisam de novos átomos. Muito provavelmente, tinha naquele momento dentro de mim átomos que foram parte de pedras, árvores, dinossauros, mosquitos, leões e estrelas. Mas, também, era bem possível que alguns átomos tivessem pertencido a algum escravo, a algum santo ou a algum assassino. Talvez também algum pertencera ao corpo de Jesus ou ao de Átila. Que maravilha!

Tsundú Samphél e o presságio

Começamos a perceber que certas coisas são atraídas repentinamente em nossa direção de uma maneira muito surpreendente. Uma estrutura de causas subjacentes, um conjunto de forças começa a operar como se estivéssemos cercados por um campo magnético no qual os ímãs se alinhassem automaticamente. Mas tal alinhamento não é absolutamente espontâneo; trata-se simplesmente do fato de que os ímãs estão respondendo a um nível de causalidade mais sutil.

Peter Senge[32]

Ao voltar da cachoeira de Baghsú, separamo-nos. Martín queria caminhar, e eu ia à entrevista com Rimpoché marcada para as 16h

Caminhei até a Dialectic School, onde devia encontrar o tradutor que o diretor do hospital indicara. Das 15h30 até 15h45 perguntei por ele em diferentes lugares do edifício. Os lamas respondiam dizendo que saíra e que não sabiam se voltaria. Se fosse assim, eu estava novamente com problemas.

Faltando 15 minutos para a entrevista, aproximou-se um lama com vestes típicas. Era um jovem com cerca de 30 anos e de baixa estatura.

— Tsundú Samphél? — perguntei, ansioso.

— Sim, sou eu. O senhor é o doutor que devo acompanhar?

— Sim. Muito obrigado por ter aceitado ser o intérprete da entrevista — disse enquanto iniciávamos a caminhada de várias quadras até o lugar onde éramos esperados.

No caminho, parou e recomendou-me comprar uma gravata de seda branca como oferenda ao Rimpoché.

— Sobre que temas vamos falar com Kamthrul Rimpoché? — perguntou com voz suave e feições que esboçavam um sorriso cheio de doçura.

— Estive perguntando em Namgyal por um lama que conhecesse dorjes e deram-me seu nome. Vamos conversar sobre dorjes — respondi.

Suas feições mudaram de repente. Empalidecera e exibia no rosto grande preocupação. Ficou calado durante um tempo enquanto caminhávamos, até que observou:

— Não creio que esteja autorizado a ouvir essa conversa. Não sei se estou autorizado, nem me cabe. Esse é um tema vedado a 95 por cento dos lamas, e eu estou entre eles. Os cinco por cento que praticam tantras superiores não dizem que o fazem e não se sabe quem são. O único rosto visível aqui em Dharamshala é o de Kamthrul Rimpoché, o Mestre dos lamas. Inclusive o foi do Dalai Lama. Esse é o Rimpoché que vamos ver. Não estou certo de que deva estar presente.

Um novo problema. Cada vez adquiria uma consciência maior de que continuava brincando com fogo. Todos os lamas a quem perguntara acharam quase um disparate o fato de querer pesquisar aquele assunto. Em minha mente surgiu novamente a pergunta racional sobre se deveria seguir em frente. E não obtinha resposta!

Continuamos caminhando quase que por inércia, pois ambos parecíamos duvidar da conveniência de ir à entrevista. Subimos pela rua íngreme e, depois, pelas estreitas escadas que levavam ao segundo andar. Paramos no pequeno terraço que ficava diante da porta de Rimpoché, pois chegamos cinco minutos antes das 16h. Não voltáramos a conversar. Nos apoiamos, em silêncio absoluto e com nossas mentes hesitantes, na varanda que dava à rua, de maneira que ficamos de frente para a porta e de costas para a rua.

— Não posso acreditar! — exclamei, subitamente vendo na perna direita de minha calça cinza uma enorme mancha branco-acinzentada proveniente do excremento de alguma ave. Achei que estava com azar, pois não tinha tempo de limpar ou trocar de calça antes da entrevista.

De repente, Tsundú Samphél começou a rir abertamente. Olhava para cima, para a águia que nos sobrevoava e fora responsável pela mancha que sujava minha calça.

— O que está acontecendo? — perguntei, desconfiando que achava graça da minha situação.

— No Tibete isto significa o melhor dos presságios. Significa que tudo o que vamos fazer é correto — disse de uma maneira relaxada enquanto continuava rindo, e eu me limpava como podia com um lenço.

Chamava-me a atenção a diferença de nossas interpretações de um mesmo fato. Apesar de tudo, fora um sinal muito conveniente para o jovem lama. Acontecera durante os poucos minutos que estivemos diante da porta de Rimpoché. Os sinais continuavam? E agora eram proporcionados pela natureza depois de meu importante contato com ela na cachoeira? Que força poderia conseguir conectar toda aquela história à atitude da águia? Havia uma "força vigilante" que estava a par de tudo o que acontecia e enviava sinais no momento exato?

Entrevista com Kamthrul Rimpoché

A porta foi aberta às 16h em ponto. Tiramos os sapatos e entramos em uma sala estreita e longa com duas poltronas dispostas em L. Sentado diante de nós estava um lama que parecia ter mais de 70 anos. Seu sorriso era amoroso e compassivo.

Eu e Tsundú Samphél começamos a fazer as três saudações a Rimpoché. Terminávamos cada uma delas de joelhos, inclinando o tronco até tocar o chão com a testa. Eu fazia tudo errado! Estava atordoado, não tinha coordenação física. Tinha muita vergonha de meu jeito tosco e desarmônico e, ao mesmo tempo, sentia que minhas faces enrubesciam intensamente.

Quando fazia a última sequência, vi que Rimpoché ria amistosamente da minha falta de jeito.

— O que você faz aqui em Dharamshala? — perguntou-me em tom amável quando já estávamos sentados. Seu olhar afetuoso penetrava meus olhos e chegava às profundezas da minha alma.

— Fiz, por intermédio de um conhecido, um contato para ver se podia ajudar como voluntário. Sou médico e vivo na

Argentina. Tenho examinado, com o doutor Tsetan Dorji, pacientes do Delek Hospital e daquele leprosário que fica depois de Lampadur — respondi à guisa de introdução à conversa tão ansiosamente esperada.

— E por que aqui e não em outro lugar do planeta? — perguntou, tentando incentivar minha reflexão.

— Sempre senti grande atração pelo Tibete. Desde a adolescência. Esta viagem foi marcada por coincidências, e elas me trouxeram a sua presença.

— Sabe de uma coisa? O que você veio fazer é muito importante para nós. Não acha curioso ter sentido que devia ajudar a gente tibetana e não outra?

Sua pergunta parecia conter a resposta apropriada. Depois de refletir um pouco, disse que minha intenção era ter informações sobre dorjes. Contei-lhe sobre nossa "união" e mostrei as fotos que levara.

Depois de olhá-las atentamente durante um par de minutos, deu uma longa explicação sobre dorjes. Demonstrava um imenso afeto. Grande parte da informação era a que eu obtivera na Biblioteca Tibetana. Acrescentou a tudo o que lera uma explicação sobre o significado da esfera central metálica dos dorjes. Representava a "vacuidade" presente por trás das coisas.

— Levando em conta a conexão mútua que sinto ter com os dorjes e que eles mobilizaram minha intuição, levando-me a fazer coisas fora de qualquer lógica, é possível que tivera contato com eles em uma vida pregressa? — perguntei quando ele terminou sua explicação.

— Como é isso? Motivaram atos intuitivos? Pode me contar o que aconteceu? — perguntou com doçura sem demonstrar nenhuma surpresa.

— Sem saber por que, senti a necessidade de levá-los três vezes em dois anos para Mendoza, na cordilheira dos Andes. Um ano depois, foi filmado ali *Sete anos no Tibet*. O senhor acha que existe alguma conexão entre esses fatos?

— É muito provável. Tenho quase certeza de que você foi tibetano em alguma vida pregressa e teve contato com eles — respondeu.

Sem me animar a contar o sonho da noite anterior sobre Jamyang, nome que não sabia se existia, e temendo que me tomasse por louco depois de uma entrevista "tão sensata", despedi-me. Estava grato e feliz por ter conseguido conversar com tanta fluidez com um mestre tão elevado.

Outra revelação

Tsundú Samphél não quis cobrar pelo seu trabalho. Agradeci-lhe enormemente pelos seus serviços, e despedimo-nos carinhosamente. Como havíamos combinado, fui procurar Martín no Café Shambhala. Depois de lhe contar a maravilhosa audiência com Rimpoché, resolvemos passear por Mc Leod Ganj.

— Martín, você se importa de entrar naquela livraria?

— Não, nem um pouco. O que você está procurando?

— Uma coisa que pode ser muito interessante. Aquilo que lhe contei sobre o sonho.

— Boa tarde, senhor. Estou precisando saber se existiu alguém chamado Jamyang no Tibete — disse, sem muita esperança.

A experiência tibetana... 121

— Não, não o conheço — foi sua desanimadora resposta.
Então aconteceu uma coisa imprevista. Como em qualquer livraria, as paredes estavam cobertas de estantes cheias de livros. Eu estava sem meus óculos para longe, mas uma força dirigiu-me sem a menor hesitação até um livro entre os milhares que havia ali. Tirei-o da estante e li o título: *The Power-Places of Central Tibet* (Os Lugares-Chave do Tibete).[22] Abri-o instintivamente em uma página qualquer, como alguns dizem que se deve fazer com a Bíblia para que ela nos dê a resposta de que precisamos naquele exato momento.

— Martín, não posso acreditar. Olhe! Isto já é demais!

Ali estava. Encontrei naquela página uma figura de Jamyang em posição de lótus. Sua mão direita estava levantada e empunhava a mesma espada flamígera que eu tinha no *living* da minha casa de Buenos Aires! A legenda sob a figura dizia: "Jamyang."

Martín não conseguia controlar seu espanto. Eu tampouco. Que força me impelira a me dirigir ao livro que tinha a resposta que procurava e não a outro entre as centenas ou milhares que ocupavam as estantes?

Comprei o livro e mostrei a imagem de Jamyang ao vendedor. A maneira como encontrara o que procurava, uma coisa que ele afirmara desconhecer, deixou-o estupefato.

Depois recopilei a informação que procurava. O texto dizia que Jamyang fora discípulo de Tsongkapa, fundador da seita dos chapéus amarelos. Jamyang fundou, em 1416, a lamaseria-universidade de Drepung, em Lhasa. Esse fora o centro oficial até a construção, anos mais tarde, do palácio de Potala, destinado ao Dalai Lama. Em Drepung praticava-se, fundamentalmente, os tantras superiores!

122 O mistério das coincidências

Tudo se concatenava. Parecia um roteiro de cinema. Por um lado, os dorjes, que teriam 500 anos de idade e eram usados nos tantras superiores. O grande mestre de arte do Estado tibetano confirmara que eram muito antigos. E, por outro, a afirmação de Kamthrul Rimpoché sobre a probabilidade de uma possível reencarnação e de um contato direto com eles em uma vida pregressa. Tudo aquilo também explicava o fato de ter me sentido atraído por objetos tibetanos desde uma idade muito tenra. E ainda havia o sonho com Jamyang, um nome que nunca ouvira, mais a confirmação posterior de que ele existira e vivera na mesma época da construção dos dorjes. A lamaseria que Jamyang fundara era voltada ao ensino de tantras superiores. A história era arrematada pela imagem de Jamyang empunhando a espada flamígera, aquela que, até o momento, não levara em conta em minhas pesquisas e era igual a que estava entre os dorjes no *living* de minha casa. A espada era uma pista que eu não levara em consideração, mas também estabelecia uma ligação do personagem do sonho com os dorjes.

Mais um dado: o livro dizia que Jamyang era considerado pelos tibetanos o "Protetor da Mente", aquele que combatia a ignorância da mente.

O que isso tinha a ver?

Tudo era tão intenso que não parecia verdade. Mas assim acontecera. Tudo parecia ser guiado por uma força estranha que produzia o desenlace dos acontecimentos e os organizava como o diretor de um filme. Tudo se encaixava como em um roteiro cinematográfico, mas o curioso é que se tratava da minha própria vida!

O que aquela força queria me demonstrar? Que a reencarnação realmente existia? Desenhara toda aquela trama só para fazer uma demonstração a uma mente estruturada cientificamente?

Não devia ser essa sua intenção, pois eu já acreditava na reencarnação. Não precisava fazer tanto esforço só para isso. Além do mais, não parecia que eu pudesse ser a reencarnação daquele personagem. No entanto, podia admitir que estava recebendo sua energia de forma direta.

A intuição me dizia novamente que devia haver algo mais além de tudo aquilo. Mas o que seria?

Segunda-feira, 11 de maio: a pintura tangka

Na segunda-feira voltamos ao Instituto Nurbulingka. Martín queria encomendar uma pintura *tangka*. O estilo o fascinara. Pediu um quadro do Buda da Medicina. Disseram-lhe que levariam de um a dois anos para pintá-lo e enviá-lo a Buenos Aires.

Durante toda a manhã pensei muito em encomendar uma pintura de Jamyang, mas tinha muitas dúvidas e acabei desistindo. Talvez porque algo não se fechava em toda aquela história: Jamyang era considerado o protetor da mente; não era possível que eu fosse sua reencarnação, pois me parecia que eu mal podia proteger a minha. Ou, então, sofrera uma imensa queda no caminho.

Mesmo assim, durante todo o resto da viagem e mais tarde em Buenos Aires arrependi-me de não ter encomendado uma pintura de Jamyang.

A decisão de voltar

Decidíramos partir no dia seguinte. Do ponto de vista médico, o objetivo da viagem já fora cumprido; teria de esperar alguns anos para voltar e fazer alguma coisa útil para aqueles pacientes.

Por outro lado, o clima político nas ruas de Mc Leod estava mais frio. Seis lamas fizeram uma greve de fome em Nova Deli para reivindicar os direitos do Tibete. Nunca conseguimos descobrir por que, mas dois se imolaram com fogo, fato que criou uma grande comoção na aldeia: faixas e cartazes colados nas paredes exibiam a fotografia do momento em que morreram incendiados. Parecia que o ato daqueles lamas dividia as opiniões: alguns eram a favor, outros, contra.

Outro fato sacudira o país naqueles dias. A Índia fizera cinco testes com bombas atômicas e recebera o repúdio da maioria das nações.

Todo esse alvoroço nos convencera a abandonar a Índia e passar alguns dias tranquilos nas praias de Bali, Indonésia, antes de voltar.

A noite de plenilúnio

Na noite anterior à partida fomos a uma festa no meio da montanha para festejar o dia da lua cheia. Apesar de sermos guiados por um grupo de pessoas que encontramos e aparentemente conheciam o caminho, perdemo-nos várias vezes na ida, pois mal se podia ver as trilhas, que eram interrompidas em alguns lugares. Chegamos, finalmente, a um precário refúgio-bar no meio da montanha coberta de árvores. Havia cerca de 100 pessoas, a maioria adolescentes misturados com "velhos hippies" ao redor de fogueiras que criavam um clima e ajudavam a vencer o frio da luminosa noite de lua cheia. Muitos tocavam violão e acompanhavam as canções com inumeráveis de cervejas.

Aquilo duraria até o amanhecer. Lá pelas 2h resolvi voltar sozinho, caminhando por aquelas trilhas que mal podiam ser adivinhadas entre a vegetação das montanhas. Para ir do lugar da festa, no meio da montanha, ao caminho asfaltado eu precisaria andar cerca de 40 minutos cercado pelo mato. Foi uma prova. Fui obrigado a caminhar quase às apalpadelas, ouvindo o incessante uivo dos lobos e seus movimentos na mata próxima, às vezes a poucos passos de distância. Em alguns momentos, senti medo e arrependi-me de não ter seguido os conselhos de Martín, que dizia que era uma loucura tentar voltar e que seria melhor esperar até o amanhecer. Os lobos acompanharam-me durante quase todo o caminho! Minhas fantasias relacionavam-nos à noite de lua cheia. Quando cheguei à altura da lamaseria de Tushita, onde começava o asfalto, senti grande alívio: os lobos não atravessaram meu caminho, apesar de estarem muito perto.

Terça-feira, 12 de maio: o livro das reencarnações

Antes de partirmos de Dharamshala voltei à Biblioteca Tibetana. Queria pesquisar sobre Jamyang. Procurei o bibliotecário que me atendera tão amavelmente em nossos encontros anteriores.

— Esta é a última coisa que lhe pedirei, pois vamos embora amanhã. Você foi muito amável. Será que tem algum arquivo que mencione reencarnações atuais de personagens do passado?

— Sim, temos, divididos de acordo com sua origem na história — explicou.

— Gostaria de saber sobre a reencarnação atual de um tal de Jamyang, que fundou Drepung em 1400.

— Vou buscar o arquivo. Em um minuto estarei de volta — disse, com sua atitude típica de quem quer colaborar.

Voltou pouco depois.

— Aqui está. Vamos ver... Drepung... Não, não está reencarnado atualmente — observou.

— Tem certeza? Porque, se estiver, gostaria muito de visitá-lo — repliquei, com a intenção de levá-lo a rever o arquivo.

Foi o que fez.

— Não, sua reencarnação não foi registrada atualmente. Temos aqui a relação de todos os que pertenceram a Drepung e foram reconhecidos na atualidade. Mas é possível que tenha reencarnado sem que a gente saiba. Há muitos Tulkus, mestres de lamas, que reencarnaram em outras etnias hoje em dia. Foi o que Sua Santidade, o Dalai Lama, reconheceu.

Quinta-feira, 14 de maio: Buda e o dorje

Nos dirigíamos para o voo de Deli a Kuala Lumpur. Líamos o jornal de Nova Deli publicado em inglês.

— Veja, Martín, não posso acreditar! Está aqui de novo! — disse-lhe, mostrando uma fotografia do jornal.

Tinham acabado de construir uma estátua metálica de Buda aos pés da árvore diante da qual ele chegara à iluminação. O jornal dizia que era uma enorme estátua, de cerca de três andares de altura. Nela, sob os pés de Buda, estava gravado o mesmo dorje de quatro pontas que tanto ocupava minha mente.

— Parece que esse dorje não só tem uma grande relação com o Dalai Lama como deve ter uma história muito particular com o Buda Sakyamuni. Mas depois de tudo o que você me contou e do que temos vivido, não acho mais nada estranho — comentou Martín, rindo das coincidências que continuavam acontecendo.

No voo à Malásia: reflexões sobre a Índia

A Índia mostrara-nos que era diferente de outros países. Martín observara: "A Índia carece de serviços." Pensando retrospectivamente, talvez esse seja um aspecto positivo, já que facilita o "reencontro" da pessoa com ela mesma. Nada é fácil, tudo é feito com esforço. O paradigma econômico do Ocidente, pelo qual quase tudo é resolvido com dinheiro, é quase impraticável na Índia. O próprio corpo físico deve sentir sobre si mesmo o peso de todas as tarefas e restrições impostas pelo sistema imperante.

Senti uma coisa que nunca experimentara antes com tanta intensidade. A própria decisão sobre a bagagem que devia me acompanhar durante a viagem transformara-se em uma pesada carga autoimposta. Aquele peso que carregava parecia ser uma manifestação de meus apegos. Era uma quantidade excessiva de roupas, objetos e livros, e tinha de sentir fisicamente seu peso ao pendurar as bolsas nos ombros. Parecia dizer que nada daquilo era necessário. Esse fato levou-me, lentamente, a adquirir consciência de que nossas necessidades reais são mais básicas e simples do que pensamos. O resto é formado por penduricalhos que incorporamos à imagem que construímos de nós mesmos, aquela imagem que, aos poucos, eu entendia que não era a verdadeira.

A Índia produzira em mim outras duas sensações muito intensas. A primeira, a de que lá o tempo e o espaço são diferentes de tudo o que é vivido em outros lugares. Habitualmente, sentimos que o tempo pode transcorrer mais depressa ou mais devagar. Já experimentara isso incontáveis vezes. Durante as férias, por exemplo, o tempo pode parecer mais curto ou mais longo do que aquele que realmente aparece na folhinha. Mas, na Índia, sentira uma coisa muito diferente. Talvez esteja explicando assim porque não sei como fazê-lo de outra maneira. Ou, então, porque as palavras não são suficientemente adequadas para permitir que me expresse de maneira correta. Sentia que o tempo passava devagar e que o espaço estava parado. O espaço parado? A gravidade da Terra seria maior naquele lugar? Ou nossa consciência viajava a uma velocidade maior e por isso tudo parecia "mais lento"?

A experiência tibetana... 129

Poderia exemplificar de alguma maneira dizendo que se trata de algo parecido ao que acontece quando se filma um grande número de fotogramas por segundo e depois se projeta na tela à velocidade habitual. O efeito: câmera lenta.

A segunda sensação que me mobilizou era pertinente à "imagem pessoal", relacionada ao ego. Eu a percebi como se fosse uma "alcachofra". Uma alcachofra que eu me acostumei a ver e a manipular como uma unidade. Aquela alcachofra era eu. Descobri que só via a alcachofra com a visão que as imagens pessoais e o meio ambiente construíram dela. Via em algumas de suas folhas o médico; em outras, o pai, o amigo, o filho, o marido e assim sucessivamente. Quando olhava cada uma daquelas folhas, sentia que havia algo "mais real", algo que existia debaixo de cada uma delas. Tirando as folhas suavemente, uma a uma, descobria outras, com "mais essência". Ainda assim, nenhuma era o centro.

Finalmente, quando tirava todas as folhas, restava o coração. Um coração que nunca vira antes. Parecia frágil, e era necessário cuidar dele para evitar que quebrasse. Os valores desse centro eram diferentes dos valores das conhecidas folhas da superfície. Olhar a partir desse "centro" produzia uma mudança radical dos valores que usamos para olhar e interpretar a vida. Talvez isso aconteça com a maioria das pessoas que visitam a Índia, e por isso ela representa um ponto de mudança em sua vida: "um antes e um depois da Índia."

Sexta-feira, 15 de maio: chegada à Indonésia

Dormimos em Kuala Lumpur, e no dia seguinte continuamos a viagem. O avião que nos levava a Bali estava quase vazio. No aeroporto, ouvíramos notícias de distúrbios que começaram em Jacarta, capital da Indonésia. Quando chegamos a Bali, ficamos sabendo o que acontecia. Naquele mesmo dia, começara uma revolução na Indonésia! Os estudantes contrários ao regime do presidente Suharto estavam rebelados. Incendiaram um centro comercial, matando 500 pessoas. Continuaram atacando, cometendo excessos e saqueando os bairros residenciais. A maioria dos estrangeiros que por motivos profissionais viviam em Jacarta, abandonaram suas propriedades e refugiaram-se no aeroporto, onde esperavam aviões que pudessem usar para abandonar o país. Três mil pessoas estavam vivendo no aeroporto, protegido por tanques do Exército.

— Acho que escolhemos o melhor momento para vir à Indonésia — comentou Martín, que nunca deixava de lado sua ironia tão especial.

Mais tarde procuramos nos informar.

— Como está a situação? — perguntou a uns turistas holandeses que estavam ao nosso lado fazendo o *check-out* no hotel enquanto pedíamos dois quartos com vista para o mar.

— Nossa Embaixada, a da Holanda, recomendou que saíssemos imediatamente da Indonésia. O mesmo foi feito pelas dos Estados Unidos e do Canadá — responderam-nos com angústia.

— O que faremos agora, Martín? Vamos embora? — perguntei, sentindo certa preocupação.

— Fiquemos atentos — respondeu-me. — Este hotel fica a cinco minutos do aeroporto. Se a situação complicar aqui em Bali, saímos correndo e nos refugiamos lá.

O que mais chamou nossa atenção durante a curta estadia foi a grande apreensão das pessoas. Os transeuntes caminhavam apressadamente pelas ruas e as casas de câmbio alteravam seus cartazes várias vezes por hora devido à inflação vertiginosa que se desencadeara.

Reflexões em Bali sobre o que aconteceu com os dorjes

Revia o que pesquisara e o que descobrira sobre os dorjes e a espada flamígera.

Por um lado, pretendera saber se era possível o contato com eles em uma vida pregressa, e essa possibilidade fora confirmada por Kamthrul Rimpoché, o mestre em tantras superiores. Para situar a vida pregressa no tempo e no espaço histórico eu precisava saber quão antigos eram os dorjes. O grande mestre de arte do Estado tibetano atribuíra-lhes 500 anos. A informação sobre seu uso em rituais em tantras superiores fora obtida na Biblioteca Tibetana e na conversa com Rimpoché. Faltava aquele personagem que talvez teve contato com eles. Em sonho, pronunciara um nome jamais ouvido: Jamyang. Depois descobri que existira, e fundara na mesma época da origem dos dorjes (1400) a lamaseria-universidade de Drepung, onde eram ensinados e praticados os tantras superiores. Portanto, era quase certo que ali usavam dorjes.

132   O mistério das coincidências

Para aumentar meu espanto, descobrira que a imagem de Jamyang era representada empunhando na mão direita uma espada flamígera tântrica, semelhante à que eu comprara e sobre a qual nunca pretendi pesquisar. Mas, mesmo sem considerá-la, ela mostrara-me que se relacionava demais com a história que se desenrolava, e que estava ali para completar o conjunto.

O dorje de quatro pontas, além de ter impressionado o grande mestre de arte e os secretários de Namgyal, aparecera no altar do templo de Kalachacra e aos pés da colossal estátua de Buda.

A maioria das respostas foi aparecendo pela mão da magia do destino, fornecendo e estabelecendo relações entre os diferentes dados. Encontrara uma possível reencarnação. Como alternativa, e muito mais lógica, era possível considerar que estava recebendo a energia do *bodisatva* chamado Jamyang, e era ela que estava me ajudando e conduzindo a algo que eu desconhecia.

A aparição, nesta história, de um *bodisatva*, uma daquelas almas que decidem voluntariamente retornar à vida para ajudar outros seres, recusando a se libertar da roda do Samsara, desconcertava-me.

Aquilo que em outros momentos de minha vida me parecera quase impossível, ou seja, descobrir alguma conexão com uma vida pregressa e demonstrar que a reencarnação existe, agora não satisfazia às expectativas de que produziria uma mudança transcendental em minha forma de ser.

Se havia sido ou não Jamyang, não importava. Nada mudara: continuava o mesmo ser, com as mesmas imperfeições de alguns dias atrás. O que de fato mudara era a grande curiosidade que tinha agora a respeito de como funcionava tudo o que acontecera.

Surgiam então as perguntas que encerravam o mistério: como se moviam os "fios" do destino? Como os acontecimentos eram organizados? Onde estava o segredo daquilo que me mostraram?

Quarta-feira, 20 de maio: Buenos Aires

No avião que nos levava de volta para casa, fomos surpreendidos pela capa da revista *The Economist*. Mostrava um planisfério com dois grandes círculos marcando a Índia e a Indonésia, naquele momento os dois pontos mais conturbados do planeta. Estávamos em ambos quando os fatos aconteceram. Casualidade?

Lembrei-me de outras situações em que estivera muito perto de acontecimentos importantes. Uma delas me impactara muito. Em 1989, eu voltava com meu pai de um congresso em Seattle e resolvemos passar um dia e meio em São Francisco, cidade em que gostávamos muito de passear. Mas naquela vez tivemos uma impressão totalmente diferente. Comentamos várias vezes que as pessoas estavam muito nervosas, apressadas, mal-humoradas, intolerantes. De fato, nunca tantos psicóticos cruzaram nosso caminho nas ruas. Parecia que tinham aberto de repente todos os hospitais psiquiátricos. A experiência foi tão intensa que chegamos a cogitar de não pisar nunca mais em São Francisco, devido às transformações sofridas pela população.

134   O mistério das coincidências

Dois dias depois de nossa partida aconteceu o grande terremoto de 1989. Dizem que os animais mudam seus hábitos antes dos terremotos. É possível, então, que os seres humanos também mudem por "pressentirem" o fenômeno e até cheguem a anunciá-lo aos forasteiros, alheios ao seu desenvolvimento. Talvez tenhamos uma interconexão física com a Terra maior do que a imaginada por nós, os cientistas.

Chegamos a Ezeiza. Não realizamos nenhuma das fantasias que planejamos mentalmente para o reencontro com nossas mulheres. Entre outras coisas, tínhamos pensando em chegar vestindo túnicas hindus, sandálias e com um ponto pintado na testa, entre os olhos. Queríamos ver qual seria sua expressão quando nos vissem daquele jeito, pois estavam cheias de expectativas, loucas para saber se aqueles homens que elas conheciam e com os quais se casaram tinham mudado muito a forma de ser e pensar. Depois de nos abraçar com grande afeto, sentimos que ficaram mais tranquilas quando perceberam que pelo menos nossa imagem exterior não mudara. A pergunta típica "Como foi a viagem?" não pôde ser respondida naquele momento — haviam acontecido tantas coisas que não podíamos relatá-las em poucos minutos.

— E aqui? Como vão as coisas? — perguntei a Mercedes.

— O país está todo confuso! Yabrán suicidou-se há meia hora! — exclamou Mercedes, mostrando-se realmente tomada pelos acontecimentos.

Yabrán, para quem não ouviu falar dele, era um personagem muito controvertido na opinião pública argentina. Teve uma origem pobre e chegou a controlar os Correios

A experiência tibetana... 135

Argentinos, aeroportos e empresas de transporte de valores e de segurança. Dizia-se que estava envolvido na administração de fundos "obscuros". Era acusado, também, de forte envolvimento no assassinato de um fotógrafo que, aparentemente, o assediara.

— Doc, se nós fôssemos jornalistas da CNN ganharíamos o Prêmio Pulitzer. Estávamos na Índia quando detonaram as bombas nucleares, chegamos à Indonésia poucas horas depois da explosão da revolução e agora Yabrán acaba de se suicidar. Em todos os lugares e no momento exato! — foi a última ironia de Martín quando estávamos nos despedindo, rindo.

Capítulo 3

Revelações da sincronicidade...

Quinta-feira, 21 de maio: um convite incomum

Quando escrevi La novana revelación (A Nova Profecia) e A décima profecia, estava firmemente convencido de que a cultura humana evolui por meio de uma série de revelações da vida e da espiritualidade. Elas permitem que nos tornemos mais conscientes de um processo espiritual que atua "nos bastidores" da vida.

Creio que podemos nos conectar a uma vida cheia de misteriosas coincidências e de intuições súbitas. Elas podem indicar-nos que, nesta existência, cada um de nós tem uma vereda especial. Essas coincidências misteriosas, associadas a intenções repentinas, levam-nos a uma procura particular de informação e experiência, como se estivessem nos mostrando que um destino predeterminado está lutando para emergir.

Esse tipo de vida é como um romance policial que se desenvolve dentro de nós mesmos e cujas pistas nos levam adiante por meio de revelações incessantes.

James Redfield[45]

138   O mistério das coincidências

— Doc, Pity está chamando — anunciou Mercedes, entregando-me o telefone.

Pity é um grande amigo com quem passara muitos fins de semana nos últimos anos e dono de uma grande produtora de espetáculos que atua na Argentina e no Uruguai. Achei que ligava para saber como fora minha viagem.

— Doc, é Pity. Já me contaram que a viagem foi muito boa.

— Sim, foi uma grande experiência.

— Bem, depois você me conta. Estou indo de carro de Punta del Este a Montevidéu e me lembrei de você. Estou ligando porque dentro de 15 dias vou trazer Deepak Chopra ao Uruguai.

— Ah! — foi minha reação, esperando saber qual seria o objetivo da conversa.

— Tenho de ocupar grande parte do meu tempo organizando a produção. E aí pensei em você. Preciso de um assistente pessoal para Chopra por três dias. Do momento em que chegar no aeroporto até a partida. Acho que você é a pessoa adequada. Fala inglês, é médico e acaba de chegar da Índia. Aceita?

Fiquei paralisado. Acabara de chegar de uma viagem e propunham-me abandonar novamente minhas atividades por três dias. Normalmente, eu teria recusado, mas a intuição parecia continuar "aberta aos sinais".

— Conte comigo. — Minha resposta não provinha da lógica racional.

Junho de 1998: Chopra abre a porta ao significado

Era domingo quando vi Deepak Chopra pela primeira vez, na sua chegada ao aeroporto de Montevidéu. Pity cuidara de todos os detalhes, como é típico de um produtor profissional. Cumprimentamo-nos com recíprocos "Namasté". Poucas horas depois de meu primeiro contato com ele já estava totalmente deslumbrado com sua mente sábia e, aparentemente, tão conectada ao Espírito do universo.

Na segunda-feira, 8 de junho, fomos almoçar depois da entrevista coletiva que concedera a jornalistas da televisão, do rádio e de diferentes jornais de Montevidéu.

— Doc, como foi sua experiência na Índia? — perguntou-me Chopra enquanto esperávamos a comida.

— Foi uma coisa muito mágica — respondi. Senti, imediatamente, que a resposta estava fora de lugar, pois lembrei as coisas maravilhosas que ele contava sobre a magia em seus livros. — Bem, não sei se foi mágica; sei que me mobilizou muito.

— Conte. Quero ouvir sua história.

— Não acho que valha a pena. Só é significativa do ponto de vista pessoal — tentei me desculpar.

— Por favor, conte. Quero ouvi-la — insistiu Chopra suavemente.

— Doc, conte, pois ele está realmente interessado. Eu o conheço há alguns anos e sei muito bem quando tem interesse — acrescentou Ana, uma pessoa maravilhosa que tinha sido sua assistente pessoal em uma passagem anterior pela Argentina. Não tinha sentido contar a história sobre a "expe-

140 O mistério das coincidências

riência tibetana" sem revelar os detalhes de como os acontecimentos foram "aparecendo", pois o mais interessante eram
as coincidências, mas contar os pormenores tornaria a história muito longa. Por isso, comecei a relatá-la tentando observar atentamente se estava conseguindo manter o interesse.
Interrompi o relato duas ou três vezes porque me pareceu
que estava alongando muito, mas Chopra pediu-me que continuasse. Parecia que me transportara a outro tempo, pois
não dera conta de quanto falara. Quando concluí, percebi que
estávamos terminando a sobremesa!

— O que eu lhe disse ontem, Alicia? — perguntou Chopra à mulher que fora sua representante na Argentina.

— Que tinha vontade de encontrar histórias sobre a sincronicidade — ela respondeu.

— Bem, temos aqui um exemplo perfeito. Se a essa história fosse agregado algum caso de amor, ela seria ideal para um
filme de Hollywood — comentou Chopra, para minha profunda surpresa.

A palestra que proferiu foi especial para todos os presentes. Uma tarde, convidou-nos a meditar em seu quarto.
Durante a meditação, senti a enorme força que emanava de
seu campo corpo-mente. Isso era, aparentemente, o que chamam no Oriente de "guru ioga", pelo qual os discípulos são
elevados até o plano do mestre que conduz a meditação.

— Doc, em agosto vamos promover em San Diego um
seminário de sete dias chamado "Sedução do Espírito". Seria
muito bom se você pudesse estar presente — disse-me
Chopra durante a ceia de encerramento.

— De que tratará o seminário?

Revelações da sincronicidade...   141

— De muitos assuntos. Meditação, alimentação ayurvédica, relações interpessoais e outros. Mas o que vai interessá-lo mais é a parte sobre sincronicidade.

Agora entendia por que mencionara o curso em La Jolla. Pareceu-me uma proposta sedutora, como bem indicava o título do seminário, e respondi-lhe que faria o impossível para poder estar presente. Deepak Chopra dissera que tudo o que acontecera comigo se chamava sincronicidade. Mas o que era a sincronicidade? Eu só sabia seu nome.

Ao longo do caminho aconteceram muitas situações, incluída aí a experiência tibetana. Todas elas tinham "produzido" provas materiais de maneira quase sobrenatural, talvez tentando demonstrar e convencer minha mente rígida, educada e estruturada dentro de um sistema científico determinista. Em minha casa, de tradição científica, e na universidade ensinaram-me a ver o universo como um grande relógio que funcionava implacavelmente, marcando um tempo linear sem retorno. Nesse universo, nós não passávamos de simples observadores. Era muito provável que alguma força que desconhecia me tivesse oferecido todas aquelas provas materiais para me demonstrar que não era correto o que me fora ensinado a respeito do paradigma reinante: que tudo aquilo que não pode ser demonstrado ou medido não tem validade. Pelo contrário, tudo o que me acontecera tinha extrema validade no plano pessoal. Eram as provas materiais proporcionadas por algo chamado "sincronicidade" que me revelavam um novo caminho, que parecia unir "os dois mundos": o interior e o exterior.

142   O mistério das coincidências

A resposta enchera um pequeno recipiente, um dos tantos existentes dentro de nós. Eu deveria encarar agora a incerteza em relação ao próximo caminho a percorrer.

No final das contas, a única coisa que tinha clara era que não sabia o que devia procurar em seguida.

Agosto de 1998

Passaram-se dois meses sem nenhuma novidade no caminho de minha busca. Durante esse período, fui obrigado a dedicar muito mais tempo do que o habitual à minha família e aos pacientes: devido às minhas ausências provocadas pelas viagens, ultrapassara de longe meu padrão médio semanal de cirurgias.

Cheguei em La Jolla com Pity e Tito, outro grande amigo.

No intervalo da manhã, encontramos Andy. Eu fora amigo de sua irmã, Vally, quando tínhamos 18 anos. Naquela época, Andy devia ter uns 10 ou 11 anos e, desde então, não nos encontramos, embora ela vivesse no mesmo quarteirão de meus pais.

Durante o almoço, Chopra convidou-nos para sua mesa, também compartilhada por um tal de Romeo, um nepalês, e sua mulher. Andy contou os detalhes do nosso inesperado encontro.

No começo da sessão da tarde, Chopra pegou o microfone.

—Andy e Doc, vocês estão aqui? — perguntou, tentando nos avistar no meio de mais de 600 pessoas.

Levantei a mão e vi que Andy fazia o mesmo, no outro lado do salão.

— Por favor, venham aqui para a frente — convidou Chopra. — Andy e Doc conheceram-se quando ela tinha 10 anos e ele, 18. Ele era amigo de sua irmã e frequentava assiduamente sua casa. Nunca mais se viram. Reencontraram-se agora, depois de mais de 25 anos, neste seminário, a milhares de quilômetros de suas casas, apesar de terem vivido a poucas quadras de distância em Buenos Aires. Este é um exemplo de sincronicidade — disse ao público.

Pronunciava novamente a palavra "sincronicidade", a que aparentemente me perseguia, embora eu não compreendesse a profundidade de seu significado. Chamava minha atenção o fato de que, ao falar mais uma vez de sincronicidade, eu me via envolvido na "coincidência".

— Doutor Chopra — disse em voz alta um homem que com a mão levantada estava em pé no fundo do auditório e se dirigia a um dos microfones dos corredores. Enquanto caminhava, cumprimentou-me com a mão direita. — Sou Emil Dionysian, médico especializado em cirurgia da mão. Vivo e trabalho em Los Angeles. Em 1994, passei três meses estudando cirurgia da mão em Buenos Aires com Eduardo e seu pai. Naquela época, quando Eduardo falava de algum dos temas que foram abordados neste seminário, eu os achava disparatados. Não voltamos a nos ver até hoje e, por coincidência, nos reencontramos aqui, em La Jolla.

— Outro exemplo de sincronicidade — acrescentou Chopra depois da intervenção de Emil.

144 O mistério das coincidências

Eu não podia acreditar! O bombardeio de "coincidências" continuava. Parecia que se manifestavam com toda a intensidade necessária para quebrar minha teimosia em negá-las. Passamos dias ótimos, com palestras iluminadoras, meditando quatro horas por dia. O seminário seduzia o espírito dos participantes. Chegou quarta-feira, o dia em que, na última hora da tarde, Chopra apresentaria a primeira parte de "Sincrodestino", forma que usava para denominar a sincronicidade. Eu estava ansioso para ouvir sua palestra, mas uma coisa inesperada aconteceu no intervalo que a antecedia.

— Doc, para introduzir o tema do sincrodestino gostaria de saber se você pode contar sua história no Tibete. Quer fazê-lo? — convidou-me.

— É uma honra, mas não sei se vou conseguir — respondi surpreendido pela sua proposta. — Não estou habituado a falar em público sobre temas que não sejam médicos e menos ainda sobre esse, que é tão pessoal.

— Conte simplesmente sua história. Serve muito bem de introdução ao tema. Pode fazê-lo em 15 minutos?

— Vou tentar — respondi, ainda com algumas dúvidas, achando que talvez fosse melhor me desculpar.

Naquele exato momento, perdi a tranquilidade daquelas pessoas que simplesmente se sentam na cadeira de um auditório com a disposição necessária para poder ouvir. Não entendia bem qual era o objetivo que o levara a me pedir que resumisse a "experiência tibetana", e como ela poderia ser útil aos demais. De qualquer maneira, sentia que o bombardeio da sincronicidade não cessara e que Chopra era agora seu intermediário. Ele pedira a três pessoas que contassem suas experiências como introdução à teoria que explicaria em seguida. O primeiro foi o nepalês chamado Romeo, o do almoço do primeiro dia. Contou sua experiência de como desafiara e enfrentara a morte para conseguir continuar vivendo quando tinha 18 anos. Para conhecê-la, conseguira, com a ajuda de um "gênio louco", entrar na própria morte! Depois, falou um jovem australiano que ficara vários meses em coma severo devido a um acidente de trânsito. Perdeu também o baço, um pedaço do fígado e parte da calota craniana. Ele descreveu como percorrera o túnel de luz em direção à morte para então voltar. Sua descrição coincidia exatamente com as narradas pelas pessoas que tiveram Experiências Próximas da Morte (EPM ou, na sigla em inglês, NDE = *Near Death Experiences*). Chegou, então, minha vez. Estava muito nervoso. Apesar de ter falado em inúmeras ocasiões diante de plateias de médicos, nunca o fizera fora do tema em que era especializado. Nesse desafio, não sabia "como" nem entendia "para quê". Temia o ridículo e também não poder expressar em palavras, no idioma inglês, as sensações de minha alma durante a "experiência tibetana". E se era incapaz, por que então aceitara falar? Quando subi no palco, Chopra pediu-me no ouvido que reduzisse minha participação para dez minutos, pois os expositores anteriores haviam passado um pouco do tempo previsto. Minhas mãos transpiravam profusamente. Parecia uma loucura tentar contar algo que pertencia ao reino da alma e do meu coração! Pensara várias vezes em como contar a história, mas, curiosamente, nada aconteceu como eu programara.

Depois de começar o relato, percebi que não era a imagem do cientista, aquela que tão bem conhecia, a que falava.

146 O mistério das coincidências

Quem o fazia era minha "criança interna", e falava a partir do coração, não da mente, e com isso perdera o controle voluntário sobre as palavras que saíam da minha boca. Desfrutei muito aquele momento, além de sentir claramente que em mais de uma ocasião e apesar de não poder vê-las minhas faces enrubesciam com a máxima intensidade.

Experimentava a coisa maravilhosa que é a retroalimentação dos presentes: ouviam meu relato sorrindo. Quando chegou a vez do bom presságio produzido pelas fezes da águia, soltaram uma gargalhada, certamente porque exagerei o relato agitando as mãos com grandiloquência.

Quando acabei a história, senti, por um lado, grande alívio por concluir a difícil tarefa, mas, por outro, uma grande incerteza. Não sabia que utilidade real para o auditório poderia ter uma narrativa tão pessoal. Ainda sentia muito calor, tanto nas mãos como no rosto, e assim resolvi ir ao banheiro para me molhar com água fria antes de sentar para ouvir o que Chopra diria sobre o sincrodestino. Ao entrar, vi que havia uma pessoa lá dentro. Tinha cerca de 30 anos. Cruzamos nossos olhares pelo espelho diante das pias. Trocamos um breve sorriso de saudação.

— Quero lhe dizer algo. Nunca acreditei nessas coisas, mas vim porque minha mulher me pressionou. As histórias que vocês três contaram há pouco me comoveram muito. Sabe por quê? Porque são "reais"! — comentou, com um sorriso doce que vinha do seu coração.

Apesar de não concordar, pessoalmente, com seu comentário, pois tudo o que fora apresentado no seminário me parecia "real", via nele a justificativa para ter contado a história.

Servira pelo menos a uma pessoa. Por outro lado, comecei a intuir o poder intrínseco que a sincronicidade possuía para mudar o paradigma dos homens, como no caso daquela pessoa que encontrara no banheiro. Sem ir mais longe, eu também experimentei aquilo, e continuava fazendo na própria carne.

Lamentavelmente, ter de contar a história me causara estragos. Perdera a plenitude mental e a abertura de consciência necessárias para entender e metabolizar a explicação teórica que Chopra dava sobre o sincrodestino. Essa perda das faculdades devia-se à turbulência emocional que continuava agitando minhas entranhas por expor pela primeira vez meu mundo interior aos demais. Deve ter sido minha primeira tentativa na vida de contar em público algo pertencente ao reino da alma: os avatares que haviam se desencadeado a partir da tentativa de "unir os dois mundos".

Dois dias depois Chopra deu a segunda parte da explicação sobre a sincronicidade. Conseguira me recuperar e estava tão "poroso" quanto uma esponja para tentar começar a compreender, se conseguisse, a teoria que fundamentava o funcionamento das sincronicidades. Ele começou dando algumas informações sobre a física quântica. Eram explicações simples acerca do funcionamento das partículas subatômicas. A explicação sobre o tema durou uma hora.

Estava profundamente comovido e magnetizado por aquela explicação sobre a sincronicidade, que partia do próprio funcionamento das partículas subatômicas. Adquiria consciência de que vivia aquele tipo de experiências durante os últimos anos, mas em total estado de ignorância teórica

148 O mistério das coincidências

sobre o fundamento de "como e por que" elas aconteciam. De fato, aconteceu com a sincronicidade o oposto ao que acontecera com meus estudos universitários e com a profissão médica. Na carreira profissional, tivera, primeiro, de estudar a teoria, para então poder fazer a residência médica que avaliaria o exercício da prática assistencial. Com a sincronicidade era o contrário: ela me bombardeou com experiências sem que chegasse a entendê-las. Só muito tempo depois começava a descobrir sua base teórica. Talvez, sem o "bombardeio experimental" prévio, eu jamais lhe tivesse dado atenção.

Agira assim intencionalmente?

Havia algo que deslumbrava na explicação de Chopra. Aparentemente, segundo as demonstrações de Aspect e o teorema de Bell, duas partículas que em algum momento estiveram juntas continuam interconectáveis instantaneamente para sempre, não importa a distância que as separe no universo. A intercomunicação é estabelecida pelo envio de informações que viajam entre elas a uma velocidade muito superior à da luz: a interconexão é instantânea. Quando levamos uma delas a reagir de determinada maneira, a outra fará o mesmo, ainda que não façamos nada com esta última e ela esteja no outro lado do universo!

Segundo suas informações sobre o sincrodestino, o funcionamento das sincronicidades está relacionado a essa força que interconecta com informações todas as partículas que tiveram relação entre si em algum momento da sua existência.

Se, como afirma a ciência, tudo nasceu do Big Bang, todo o universo esteve junto no momento inicial. Portanto, deduz-

Revelações da sincronicidade... 149

se que todos estávamos relacionados com todos e com tudo, e isso era, talvez, o que os santos percebiam em seus estados místicos: ser "Uno" com todo o universo. "Porque todos somos poeira de estrelas" — foi esta frase intuitiva de Chopra que me emocionou.

No final de sua exposição, um acontecimento me levou a um estado de grande revolta interior, que não cedeu até agora. Foi ela que me convenceu a escrever este livro. Chopra disse que estava colocando tudo por escrito em um livro que se chamaria Quero saber como Deus pensa, e todo o resto são detalhes. Ao ouvir aquilo, senti uma grande alegria, mas, lamentavelmente, a sensação durou apenas alguns segundos. Logo se transformou em impaciência e até quase em "ira", pois ele informou que levaria um ano e meio para o livro ser editado. Minha alma rebelou-se com toda sua veemência; não parecia estar disposta a esperar tanto tempo para obter as respostas requeridas. O estado vibratório ampliado que circulava por meu sangue era uma manifestação evidente de que minha alma não ficaria tranquila ao longo daquele imenso período.

Sentia claramente que me obrigaria a procurar em outro lugar. Mas onde? Existiam livros, além dos de Jung, sobre o tema? Quais? Onde encontrá-los? Uma nova busca, sem caminho aparente.

Setembro de 1998: Minneapolis

Quase todos os dias acontecem em nossas vidas certos tipos de eventos que chamamos de "coincidência". Acontecem duas coisas e, por alguma razão, a relação entre elas desperta nossa atenção. Algumas dessas coincidências não parecem produzir grande efeito sobre nós, nem emocional nem intelectualmente, ou seja, não parecem ter grande significado para nossas vidas. São, como costumamos chamá-las, "meras coincidências". No entanto, quando prestamos atenção no efeito que produzem na gente, experimentamos outro tipo de coincidência, uma confluência de acontecimentos que nos impacta. No momento em que essa ocorre, sabemos que acontece conosco algo muito importante e significativo. Vemos e sentimos que o fortuito tem significado. Enquanto para alguns esse tipo de casualidade parece simplesmente uma "coincidência", nossa experiência indica que está acontecendo algo categoricamente diferente. É este segundo tipo de coincidência aquilo que o psicólogo suíço C. G. Jung chamou de "sincronicidade".

Robert Hopcke[31]

A incerteza apropriara-se novamente do destino. Apesar disso, aprendera que devia estar atento, pois no momento mais inesperado, certamente, me mostraria alguma nova porta pela qual teria de decidir se passaria ou não. Como diz Umberto Eco em *O pêndulo de Foucault*:[23] "A boa Ocasião é perdida quando passamos a vida espreitando a Ocasião e matutando sobre ela. A Ocasião é escolhida por instinto, e naquele momento não sabemos que se trata dela."

Três semanas depois do seminário de Chopra tive de voltar aos Estados Unidos para participar do Congresso de Cirurgia da Mão. Era uma viagem relâmpago. Chegaria a Minneapolis às 15h de uma quinta-feira e voltaria ao meio-dia de sábado. Uma daquelas viagens que normalmente não propiciam nem prazer nem descanso. Trinta e seis horas em aeroportos, voos e conexões para ficar menos de dois dias em Minnesotta.

Na tarde da quinta-feira, já cansado, fui me inscrever no Congresso. Depois, um coquetel da Federação Internacional e, em seguida, ir dormir às 21h. Por sorte fizera reserva em um hotel que ficava a um quarteirão do Centro de Convenções, e essa quadra era a única que estava disposto a conhecer em Minneapolis. No resto do tempo tentaria recuperar horas de sono. Teria uma reunião muito cedo, às 6h da sexta-feira, com o editor-chefe do jornal de nossa especialidade. Foi o que aconteceu. A sexta-feira acabou sendo um dia muito longo, tomado por reuniões e sessões científicas que só foram acabar às 17h. Eu e Body saímos do Centro de Convenções no final de tudo. Body participara da história do encontro com os dorjes em Carmel by the Sea.

—Aonde você vai agora, Doc? — perguntou-me quando começávamos a caminhar cansados.

—Vi um restaurante a uma quadra daqui. Vou comer alguma coisa e depois vou para a cama, bem cedo — respondi.

— Não vai ao banquete de encerramento?

— Nem louco, estou esgotado. E você?

152   O mistério das coincidências

— Tampouco. Fiquei de ir ao hotel para buscar Elizabeth. Vamos caminhar mais tarde, jantar. Quer vir com a gente? — convidou amavelmente.

— Não, obrigado, prefiro comer cedo e descansar. Amanhã tenho um voo para Miami ao meio-dia e depois pego a conexão para Buenos Aires, pouco antes das 23h. Vai ser mais um dia muito longo.

— Eu entendo. Mas, pelo menos, acompanhe-me a uma livraria Barnes & Noble que fica a uma quadra depois do seu restaurante.

— Bem, vamos — respondi, sem muito entusiasmo, mas sem querer dar a impressão de que não lhe dava importância. — Você está procurando algo especial?

— Bibliografia sobre a divina proporção. É um tema pelo qual estou apaixonado.

— Eu me lembro muito bem: Vitruvio, a série Fibonacci, Leonardo da Vinci, Fra Luca Paccioli di Borgo e o número de ouro: 1,618. Não é isso? — comentei, depois de rememorar o assunto que ocupara minha atenção devido a um trabalho científico para a Academia Nacional de Medicina, durante vários meses de 1986. Estudara então a divina proporção para projetar como deveria ser feita a seleção, de maneira harmônica, caso fosse possível fazer no futuro transplantes de mão. Aplicava-se aos casos de más-formações congênitas que tivessem assimetria entre os dois membros, e a mão colateral, a normal, não servisse para a mencionada seleção.

— Sim, vejo que você estudou o assunto. Não é maravilhoso descobrir como a natureza divide os galhos de sua criação usando um único número?

— Totalmente, e talvez isso aconteça porque temos esse número dentro de nós, em algum lugar do nosso mecanismo decodificador, que é o que nos faz dizer que uma coisa é bela e harmônica.

— O náutilo talvez seja a expressão máxima dessa divina proporção. Frei Luca Pacioli, discípulo de Leonardo, foi um monge que traiu o conhecimento; durante a Renascença, ele só podia ser transmitido aos "eleitos". A publicação de seu livro *A divina proporção** foi considerada uma alta traição pelos artistas ocultistas daquela época. É por isso que alguns tentam justificar sua atitude, de alguma maneira, dizendo que se "embriagou de beleza" — comentou Body, demonstrando um entusiasmo que nunca antes vira nele em relação a temas que não dissessem respeito a nossa profissão. Talvez fosse justamente por isso, pois "o número de ouro" era o código perfeito que Deus usava para a criação, e "entusiasmo" vinha de "en Teos", "dentro de Deus".

Ao chegar à livraria Barnes & Noble, Body perguntou a uma vendedora que estava perto da entrada onde podia conseguir algo relacionado àquele tema. Ela disse-lhe para ir ao primeiro andar e procurar as estantes que ficavam exatamente diante das janelas que davam para a rua. Encontrou o lugar e começou a examinar vários livros enquanto eu permanecia em pé ao seu lado. Estava ali, mas em um estado de total indiferença devido, talvez, ao cansaço físico. Minha vista viajava

---

* Frei Luca Pacioli nasceu em 1446, na Itália. Frei franciscano e matemático, tem em *A divina proporção* sua obra mais conhecida, na qual trata de teorias matemática e arquitetônica, com ilustrações de Leornado da Vinci. (N. do E.)

sozinha por todo o recinto como se estivesse olhando para o nada, no "piloto automático", "desconectada" ou, dizendo de outra maneira, sem nenhuma intenção. De repente, deteve-se em um livro a poucos centímetros de distância dos que Body examinava na mesma estante. Ali estavam! Havia uma grande quantidade de livros cujos títulos mencionavam a sincronicidade, a física quântica, o caos e as ciências biológicas aplicadas ao tema que tanto me intrigava.

À medida que minha vista reconhecia aqueles livros tão desejados que eu não havia procurado, sentia que, simultânea e sincronicamente, tudo em minha mente-corpo se alterava. Do estado de apatia passava a um estado de total euforia e de grande mobilização energética. O cansaço desapareceu como por arte mágica ou, dizendo melhor, devido àquela nova "visita" da sincronicidade.

Comprei todos os livros que pudessem se referir de alguma maneira ao que acreditava que tinha de aprender. Eram mais de dez. Pensei que não caberiam na mala que levara, mas ter de comprar outra bolsa seria uma ninharia diante de tão preciosa descoberta. Despedi-me de Body, que me fez notar a presença de uma coincidência no que havia acontecido. Sem dúvida, ele sentia claramente que fora o instrumento daquela coincidência que me deixara tão feliz.

Como já disse, para chegar à livraria fomos obrigados a andar uma quadra além do restaurante que escolhera para jantar. Parecia-me que seria muito agradável comer em uma das mesas localizadas na rua de pedestres, pois o clima era magnífico. Um único pensamento, que era forte, ocupava minha mente: começar a ler, enquanto comia, algum dos livros

Revelações da sincronicidade... **155**

que comprara. Sentia-me invadido por um fogo interior sedento em adquirir os tão ansiados conhecimentos sobre a sincronicidade.

Havia caminhado apenas meia quadra em direção ao restaurante, flutuando naquele maravilhoso "mar de conhecimento" encontrado que levava na mão, quando minhas pernas começaram a diminuir sua marcha sem ter consciência da razão de tal atitude.

Aparentemente, a visão periférica involuntária visualizara algo que as levou a ir parando automaticamente. Entre os múltiplos estímulos visuais que existiam naquela rua de pedestres, a vista divisara em uma vidraça a figura de um Buda de bronze. Parecia que a figura tinha feito uma chamada ao meu subconsciente pedindo que me aproximasse. Sem saber por que e abandonando os tão ansiados planos previstos, assim o fiz.

Depois de contemplar o Buda por alguns segundos, senti que devia entrar na loja. Não tinha lógica fazê-lo, pois isso retardaria a descoberta do conteúdo dos livros recém-comprados, mas aquela "força" que já sentira em algumas poucas oportunidades me "obrigava" a mudar de rumo e a entrar naquela loja. Sem explicação nenhuma, corpo e movimentos tinham ficado mais lentos. Entrei suave e respeitosamente, de forma semelhante a quando se entra em templos ou lugares sagrados, mas sem saber a razão de tal atitude. Tinha dado três ou quatro passos quando fiquei deslumbrado com o que via. Não podia ser verdade!

Minha atenção deteve-se em uma única pintura tangka pendurada na parede. A figura do quadro tinha na mão direi-

156 O mistério das coincidências

ta a espada flamígera que eu tanto conhecia, brandindo-a sobre a cabeça. Mas isso não era tudo! Debaixo da pintura havia uma estátua em bronze do mesmo personagem e na mesma posição. Ambas pareciam ser de Jamyang!

Fui ao vendedor, aparentemente um hindu de cerca de 40 anos.

— Boa-tarde. Posso lhe fazer uma pergunta?

— É claro — respondeu sorrindo.

— Gostaria de saber o nome do personagem que está representado na pintura e na escultura — disse, apontando as imagens em questão.

— Manjusri — respondeu sem hesitar, produzindo-me uma grande decepção por não ter ouvido o nome de Jamyang.

Fiquei em silêncio, tentando refletir. O budismo teria vários personagens representados por uma mesma imagem e sustentando aquela espada flamígera sobre a cabeça? De uma coisa eu tinha certeza: não estava disposto a me retirar sem investigar um pouco mais.

— Tem certeza? Não pode ser a imagem de um personagem chamado Jamyang?

— Tenho quase certeza de que não. Nunca ouvi esse nome. Desde sempre conheço esta imagem como representativa de Manjusri.

O silêncio voltou a ocupar o espaço enquanto nos olhávamos nos olhos.

— Apesar disso, alguns personagens usam nomes diferentes de acordo com a região de referência, Tibete, Nepal ou Índia — acrescentou ao ver o desalento tomar conta de meu olhar.

— Vamos procurar nos livros sobre sinonímias, mas não lhe dou esperanças porque nunca ouvi antes o nome de Jamyang, nem para este personagem nem para nenhum outro.

Começou a procurar o nome de Manjusri em uma enciclopédia de dois volumes sobre diversas denominações dadas à mesma pessoa. O livro mostrava mais de dez nomes que eram, aparentemente, sinônimos usados em regiões e épocas diferentes.

— Jamyang não está aqui como nome alternativo — observou. — Eu lhe disse: nunca o ouvi antes.

— Entre as sinonímias, vejo um nome que me parece conhecido: Manjugosha. Poderia procurar em Manjugosha, por favor — animei-me a insistir.

Procurava uma agulha em um palheiro. Por que lhe dissera que o nome Manjugosha me parecia conhecido? Certamente teria lido algo, mas não retinha a informação na memória.

Começou a procurar o nome Manjugosha, mas, dessa vez, sem muita vontade. Certamente, achava que minha insistência se tornava quase desmedida. Seu rosto mudou abruptamente de uma expressão de desgosto a uma de total surpresa.

— Aqui está! Jamyang está entre os nomes associados a Manjugosha! — afirmou, enquanto seus olhos brilhavam e ele me olhava fixamente em silêncio. — Como o senhor sabia que esta estátua e esta pintura podiam representar esse tal de Jamyang? — continuou, tentando entender o que acontecera.

Não soube o que lhe responder porque eu tampouco tinha clareza sobre aquilo no plano racional.

— Vou levar as duas: a escultura e a pintura — foi a única coisa que atinei a responder.

158 O mistério das coincidências

Paguei e nos despedimos com um mútuo "Namasté". Caminhei aquela meia quadra que faltava para chegar ao restaurante em um estado de desmedida alegria.

Creio que agora, quando escrevo, as palavras não são suficientes, nem adequadas, para descrever as sensações daquele momento. Talvez, se quisesse fazer uma comparação, descreveria como um êxtase transbordante ou uma sensação de plenitude no sentido de integração total. Apesar disso, essas palavras continuam parecendo frias, pois não conseguem refletir o calor nem a vibração que sentia em meu corpo, como tampouco o grau extremo de surpresa, estupefação, deslumbramento, desconcerto e de outras emoções que agiam misturadas em uma única sensação.

Qualquer um poderia pensar que se tratava de uma casualidade, um puro lance da sorte, mas o significado pessoal que aquela coincidência proporcionava permitia-me intuir claramente que aquela força que denominam de "sincronicidade" agia naqueles eventos com toda sua magnificência e esplendor.

No restaurante: dando um significado ao que acontecera

Quando acontecem essas intervenções das coincidências em nossas vidas, elas produzem uma sensação imediata de que algo mais do que uma oportunidade cega trabalha por trás dos dramas da vida. Sentimos como se uma "agência" estivesse nos bastidores.

> *Esta agência afirma a si mesma no mais fortuito dos acontecimentos, imprimindo-os com uma inteligência misteriosa que só pode ser chamada de intencional.*
>
> *Embora pudéssemos interpretar tais coincidências como produzidas exclusivamente por intermináveis misturas e remisturas de acontecimentos cotidianos fortuitos, a frequência com que esses poderiam ocorrer leva-nos a desmentir tal interpretação.*

Combs e Holland[16]

Cheguei ao restaurante após caminhar aquela meia quadra. Não podia perceber se o tempo se acelerara ou se detivera, mas tinha certeza de que não estava vivendo no mesmo tempo de sempre. Todas as mesas da calçada de pedestres estavam ocupadas. Poucos segundos depois de chegar a mesa ao lado da qual estava parado desocupou, como se quisesse atender, também, a meu desejo de comer naquele lugar.

Depois de escolher o prato, comecei a tentar dar um significado a tudo o que acontecera tão vertiginosamente na última hora. Aquele estado de apatia e calma que sentia ao sair do Centro de Convenções desencadeou, como se tivesse nascido do nada, algo comparável a um furacão.

Encontrara novamente, na pintura e na figura em bronze, o mesmo personagem ao qual haviam me conduzido todas as "pistas" na procura passada durante a "experiência tibetana".

O nome de tal personagem aparecera em um sonho, mas havia se "encaixado" na época em que os dorjes foram cons-

160 O mistério das coincidências

truídos, nos ensinamentos e usos de tais dorjes, nas práticas habituais de Jamyang e da lamaseria de Drepung e também na espada flamígera. Jamyang fora um *bodisatva*, um daqueles seres que resolvem continuar se reencarnando na roda da vida (*samsara*) para não parar de ajudar os seres sensíveis que sofriam. Alguma conexão, que eu desconhecia, relacionava Jamyang a Manjusri, que vivera muitos séculos antes. As sinonímias dos nomes eram uma demonstração disso, mas não conseguia compreender a conexão que existia entre personagens tão distanciados no tempo. Provavelmente, só um tibetano a entenderia. O livro das reencarnações da Biblioteca Tibetana de Dharamshala dizia que Jamyang, o protetor da mente, que combatia a ignorância, não estava reencarnado nos dias de hoje. Tinha certeza de que eu não podia ser sua reencarnação; bastava me basear em uma simples análise de minhas imperfeições espirituais. O que acontecia, quase com certeza, era que tinha a graça de estar recebendo diretamente a energia daquele tal de Jamyang para combater minha própria ignorância.

O indubitável era que ele continuava a me enviar sinais. Em Dharamshala encontrei uma pequena imagem dele em um livro. Encontrara-a de maneira quase mágica, movido pela intuição, mesmo quando na livraria garantiam não ter referências a seu respeito. Recordava que me arrependera de não ter encomendado uma pintura com a imagem de Jamyang quando Martín encomendou o Buda da Medicina no Instituto Nurbulingka. O que me desiludira, então, e me fizera desistir de encomendá-la, era o fato de que levariam dois anos para completá-la. Não o fizera naquele exato momento e só quatro meses depois me "encontraria" com ela em um lugar inusitado, Minneapolis. Possivelmente, sem que o soubesse, essa era a verdadeira razão oculta pela qual não a encomendara naquele momento. (25 de maio de 2001, quando corrijo estas linhas: a pintura de Martín ainda não chegou.)

Será que Jamyang me induzira a acompanhar Body à livraria para encontrar os livros que combateriam minha ignorância?

Seria ele quem estava determinando o caminho que devia seguir: estudar sobre a sincronicidade?

Preparara tudo aquilo a duas quadras de distância do Centro de Convenções ao qual devia comparecer, sabendo que não estava disposto a me mexer mais de uma quadra pelas redondezas?

Ou será que Jamyang e aquela "força" organizaram tudo de tal maneira para que não tivesse vontade de me mexer por cansaço para assim me demonstrar claramente o poder da sincronicidade? Parecia que tentava me confirmar que era Jamyang quem estava participando de tudo aquilo, aparecendo e me dando suas imagens imediatamente após encontrar os livros que ajudariam a combater minha ignorância a respeito do verdadeiro valor das coincidências em nossas vidas. Isso não era mais do que uma confirmação do que diziam dele no Tibete: "o protetor da mente" (não sei se de todas, mas, certamente, da minha).

Estava claríssimo. Esse era o caminho que eu devia seguir. Tinha de estudar a base teórica para depois escrever sobre minhas experiências com a sincronicidade. Sentia que tanta "organização de acontecimentos", por meio das coincidências, era muito desgaste de energia para convencer apenas a mim. Devia escrever para poder compartilhar com outros seres. Poderia ajudar alguém a compreender a razão de "coincidências" semelhantes que aconteceram em sua vida.

"Khazana" e seu significado

Havia, porém, um dado que ficara no tinteiro e que poderia ser uma chave que estava ignorando no meio do torvelinho. Até aquele momento, todas as pistas pareciam se relacionar dentro de uma trama única, e tudo significava algo que se ligava ao restante. Se fosse assim, o nome da loja onde encontrara as representações de Jamyang poderia ter um significado especial.

Como se chamava? Procurei o recibo de compra, e seu nome era Khazana. Esta palavra teria um significado especial? Conway of Asia tivera um significado para a decifração de parte da história. Intuía que Khazana também teria um, se fosse verdade que tudo eram pistas a decodificar, como em um filme policial.

Quando acabei de jantar, a loja já tinha fechado. Se quisesse averiguar se existia outra conexão, precisaria mudar o roteiro programado. Na manhã seguinte, teria de ir à loja e não ao Congresso, e deveria fazê-lo antes de partir, ao meio-dia, para o aeroporto.

Estava ali na manhã daquele sábado. Esperando, intrigado e curioso, que abrissem a porta da loja. Foi aberta apenas às 11h, pela mesma pessoa que me atendera no dia anterior.

— Bom dia, como vai? — eu lhe disse com um sorriso.

— Muito bem, obrigado. O que o traz de volta?

— É que ontem fiquei pensando sobre qual seria o significado de "Khazana".

— É uma palavra em urdu, uma mistura de híndi com persa.

— E o que significa? — interrompi-o.

—Tem um par de significados. Um é "arca de tesouros". O outro se refere aos "tesouros do rei governante".

— Muitíssimo obrigado. Namasté.

— Namasté — respondeu também ele.

Caminhava emocionado pela rua. Pensava no significado daquele novo nome e na relação que poderia ter com a arca sobre a qual encontrara os dorjes em Carmel by the Sea. Repetia-se uma "arca de tesouros".

E o "rei governante", quem seria?

Se a sincronicidade, como lera na noite anterior em um dos livros, era uma força que atuava para colaborar com a evolução do universo, o "rei" que poderia estar governando a evolução da consciência humana devia usar como instrumento a própria sincronicidade.

Lembrança da minha primeira sincronicidade consciente

As coincidências com significado são impensáveis como mera oportunidade (...) Quanto mais se multiplicam e quanto maior e mais exata é sua correspondência (...), não podem mais ser

164 O mistério das coincidências

atribuídas à pura sorte, mas, devido à falta de explicação causal, devem ser consideradas arranjos com significado.

Carl Jung[40]

Segundo Jung e muitos outros explicaram, parece que a sincronicidade tem, como um de seus objetivos, uma vez que consigamos reconhecê-la, o aumento de sua frequência para, talvez, fortalecer nossa crença a respeito de sua existência.

Existirá algum conhecimento religioso de origem milenar que fale da existência e multiplicação desse tipo de coincidências em nossas vidas?, perguntei-me.

De acordo com a tradição Védica, só há dois sintomas que permitem definir uma pessoa que está a caminho da iluminação.

Primeiro, a sensação de que as preocupações estão desaparecendo. Não se sente abatida pela vida. As coisas podem ir mal, mas isso já não a molesta mais.

Segundo: começa a perceber, em cada área da sua vida, um grande número de acontecimentos sincrônicos. As coincidências com significado parecem ocorrer cada vez com mais frequência.

Deepak Chopra[18]

Minha mente voou a uma recordação do passado. Creio que aconteceu em 1990, em um domingo logo antes de almoçar. Tocaram a campainha da porta. Era o padre Jorge, o vigário que oficiava a missa no clube onde passávamos os fins de semana.

Conhecíamo-nos bastante porque no clube havia poucas casas e também porque o ajudara a atender alguns pacientes traumatológicos, entre eles sua mãe.

— Como vai, Doc?

— Muito bem. O que o fez vir aqui?

— Acabei de rezar a missa e tive vontade de conversar com você.

— É um prazer. Quer ficar para almoçar com a gente?

Aceitou o convite. Sentia muita curiosidade a respeito do que gostaria de falar, pois não parecia ser um tema relacionado à medicina. Se fosse assim, diria como introdução: "Tenho um problema com..." ou "Quero sua opinião sobre um caso...", ou simplesmente "Você precisa me ajudar com...". Depois de avisar Mercedes que Jorge almoçaria conosco, sentamo-nos comodamente na área com grandes copos de água gelada, pois era um dia muito quente.

— Bem, estive pensando em você — começou, com aparente dificuldade.

— O que aconteceu? Sonhou alguma coisa? — disse-lhe rindo e tentando destravar o início.

— Não, apenas estive pensando. O que lhe queria perguntar é por que não o vejo mais tão frequentemente na missa. Por tudo o que temos conversado, creio que não me equivoco quando penso que você tem um coração bom e que pensa e acredita muito em Deus. Por que não o vejo mais com tanta frequência?

— Bem — respondi, pensando por um momento como lhe contaria tudo o que acontecera dentro de mim durante minha vida. —, quando tinha 23 anos, fui a um retiro espiritual dirigido pelos dominicanos. Até aquele momento, vivia no catolicismo regularmente e com certo grau de misticismo. A experiência no retiro foi muito intensa e mobilizou-me muito. Entre as várias introspecções, houve uma que mostrou-se altamente paradoxal e foi a que fez com que depois me afastasse da prática ortodoxa.

— Pode me contar como foi?

— Sim, talvez você possa me ajudar. Acontece que senti intensamente que tinha um grande problema com o Deus que o catolicismo me descrevia. Por um lado, havia um Deus do qual falava Jesus: um Deus que era todo Amor, contra a violência, e ensinava que, diante de uma ofensa, devíamos oferecer a outra face. Para esse Deus do Novo Testamento, todos os seres eram seus filhos. Outro dos atributos desse Deus era querer nos ensinar que não devíamos julgar. Ninguém estava capacitado "a atirar a primeira pedra".

— É isso mesmo. E o paradoxo? — perguntou, como se quisesse me dar um descanso.

— O problema nasce na Bíblia. Está na imagem do Deus do Antigo Testamento. É um Deus diferente, e parece-me impossível que Ele mude tanto do Antigo para o Novo Testamento. Ou mudou?

— Acho que estou intuindo aonde você quer chegar. Explique-se — disse o padre Jorge.

— Bem, tentarei resumir em poucas palavras. Tenho a impressão de que esse Deus do Antigo Testamento é exclusivamente o Pai de alguns e não tem problemas em favorecê-los em detrimento dos demais. Tenho dificuldade de vê-lo como o Pai de todos os seres, o Pai de toda a criação.

Não sei se é verdade o que diz a Bíblia, mas, para ajudar o povo eleito a cumprir seu destino, provoca até mesmo mortes, pestes e calamidades que atingem os outros povos.

— Quer dizer que esse é o ponto de sua discórdia — comentou, sem fazer juízo a respeito.

— Lamentavelmente, não. Esse foi só o começo. Durante meus estudos universitários, mergulhei nas ciências, o que às vezes pode levá-lo, devido ao mais puro e rígido método científico, a acreditar que aquilo que não se pode ver e demonstrar não existe. Isto, associado à perda da fé, levou-me a começar a procurar por meio do intelecto e do raciocínio o que o catolicismo dava como patrimônio exclusivo da fé. Comecei a procurar dados que pudessem supri-la em outras religiões, na filosofia e até mesmo na própria ciência. O resultado de tudo isso foi que acabei acreditando que as explicações dadas por religiões orientais por meio dos conceitos do carma e da reencarnação eram lógicas. Você acha que esses conceitos orientais são compatíveis com nossa religião?

— A verdade, Doc, é que acho que não conheço suficientemente as religiões orientais para lhe responder. Na Argentina, há uma única pessoa, reconhecida até mesmo pelo Vaticano, que conhece as religiões orientais. Ela é a mais autorizada para opinar sobre essas questões.

— E quem é? — perguntei ansioso.

— O padre Ismael Quiles.

Lembrei-me, então, de tê-lo visto várias vezes em programas de televisão. Era o reitor emérito da Universidade de Salvador, pertencente aos jesuítas. Sempre o apresentavam como uma grande autoridade dentro da Igreja, e em algumas oportunidades mencionavam características que atestavam sua santidade. Ao ouvi-lo, tivera uma impressão muito forte. A imagem que tinha dele era a de uma pessoa com cerca de 90 anos, baixa, extremamente magra, com grandes óculos e a sensação de que possuía uma imensa mistura de sabedoria e bondade. Uma das características que mais impressionava era seu sorriso amável.

— Jorge, acho que você está tornando as coisas muito difíceis. Não posso acreditar que só há uma pessoa que possa responder as minhas questões.

A conversa ao longo do almoço foi muito agradável.

(Muito mais tarde percebi que a maioria dos conflitos entre os seres humanos, incluídas aí as guerras, a matança nas Américas para evangelizar os indígenas, as fogueiras da Inquisição na Europa e as "guerras santas do islamismo" não passavam de uma luta para ver "quem acredita em" e "quem é fiel ao Deus verdadeiro". Verdadeiros massacres em nome dos deuses promovidos pelas religiões monoteístas, por Deus, Alá e Jeová. A maioria, inclusive, acredita que "seu Deus" justifica essas matanças para que "a verdade" se imponha; os demais seriam infiéis e não teriam acesso "à salvação". É muita loucura, não é mesmo? Recordo que em um dos romances de Umberto Eco perguntavam a alguém se acreditava em Deus. "Não. Acredito em algo muito maior" foi a resposta.)[23]

Tarde da quarta-feira, três dias depois da conversa com o padre Jorge. Atendíamos pacientes, meu pai no primeiro andar e eu no meu consultório do térreo. Antes que chamasse o próximo paciente, Valéria, na época minha secretária, entrou para me entregar a ficha com o histórico clínico da pessoa que seria atendida.

—Vou deixar a ficha aqui.

— Muito obrigado. Deixe-o entrar.

—Ah, me esqueci de comentar.

— O que houve?

— Não sabe quem veio ver seu pai?

— Não tenho a menor ideia.

— Um padre velhinho que aparece muito na televisão.

— Não será o padre Quiles? — perguntei, quase sentindo o sangue em estado de ebulição.

— Ele mesmo. Como você adivinhou depressa! — comentou, vendo-me sair depressa em direção ao primeiro andar.

— Por favor, diga ao paciente que entre e me desculpe, mas vou me atrasar alguns minutos — disse saindo, sem tempo para lhe contar o que acontecera no último domingo.

Bati timidamente na porta do consultório do meu pai. Não estava em estado normal. Sentia-me nervoso ou, para explicar com uma palavra mais apropriada, mobilizado.

— Entre — ouvi a voz de meu pai.

— Boa tarde. Perdão por interromper, mas disseram-me que o senhor estava aqui e resolvi subir porque tinha muita vontade de conhecê-lo — disse sem muita certeza de estar dizendo algo apropriado. A única coisa que sabia era que estava olhando fixamente nos olhos de um ser que tinha um olhar e um sorriso majestosos e transmitia um amor incomensurável.

— Padre Ismael Quiles, meu filho — apresentou-nos formalmente meu pai. — O padre veio porque está com uma síndrome do túnel do carpo na mão. Disseram-lhe que precisava operar e encaminharam-no para uma consulta prévia. Puxe uma cadeira.

Presenciei a parte da consulta na qual meu pai confirmou que devia ser operado e ouvi o padre Quiles responder que tentaria superar o problema sem cirurgia, por meio de exercícios especiais. Sentia claramente algo que nunca experimentara: a sensação de que em sua presença o ambiente ficava mais leve e que uma paz impossível de ser descrita com palavras flutuava pela sala. Era quase como eu imaginava os santos. Diante da pergunta de meu pai sobre como fazia para se conservar tão bem fisicamente, pois muitos diziam que passara dos 90 anos, fez uma demonstração dos exercícios que fazia diariamente. Fez exercícios de hatha ioga com uma agilidade surpreendente e inimaginável para seu corpo. Quando acabou, animei-me a dizer:

— Um sacerdote amigo disse que devia tentar falar com o senhor para lhe fazer algumas perguntas sobre religião.

— Com todo prazer. Se puder, o esperarei na manhã da quinta-feira da semana que vem em minha sala, na reitoria.

Foi o que aconteceu. Naquele dia, pude desfiar meus dilemas e recebi seus maravilhosos ensinamentos. Nunca foi operado. Naquele momento, aquilo parecia apenas uma simples coincidência mágica, pois eu ainda não sabia que por trás das coincidências com significado existe o propósito de uma força superior: unir o que deve ser unido com o objetivo de continuar aprendendo.

Meses depois fiquei sabendo de seu falecimento pelo jornal e senti uma angústia terrível. No nosso encontro, dera-me um exemplar de seu último livro publicado, com dedicatória e autografado em fevereiro de 1991.

O título do livro dera-me uma outra parte de sua resposta às minhas questões: Como ser você mesmo.[42]

Capítulo 4
Machu Picchu e o xamã...

Outubro de 1998: Machu Picchu

Há duas coisas em que cheguei a acreditar, implicitamente, a respeito do mundo em que vivemos. Uma é que nada do que acontece é independente de qualquer outra coisa. A outra é que nada do que acontece é completamente fortuito e vítima do acaso.

Estas duas crenças partem da mesma intuição (insight): se tudo o que acontece está de alguma maneira relacionado a todo o resto, isso quer dizer que tudo age de alguma maneira sobre todo o resto. Nada acontece por simples acaso.

(...) não existe nada que seja pura coincidência. Tudo o que acontece tem alguma relação, apesar da grande sutileza de suas probabilidades, com outras coisas que acontecem ou aconteceram dentro daquela região de espaço e tempo.

Ervin Laszlo*16

---

* Ervin Laszlo, cientista húngaro radicado nos Estados Unidos, diretor do Instituto para o Ensino e Pesquisa das Nações Unidas, dedicou grande parte de sua vida a escrever sobre nossa relação com o universo.

Passara um mês da viagem a Minneapolis. Aproveitando o convite para dar algumas palestras em Lima, Mercedes e eu resolvemos tirar uns dias para revisitar Cuzco e Machu Picchu.

Havia muita bagagem, pois levei grande quantidade de livros sobre a sincronicidade. Esperava poder aproveitar as três noites que dormiríamos em um hotel ao lado das ruínas de Machu Picchu para continuar estudando e tentando decifrar o tema que tanto me entusiasmava. Certamente, a energia daquele lugar, que consideravam tão sagrado, iria permitir que eu atingisse maior abertura para a compreensão de uma coisa que continuava achando tão misteriosa.

Estávamos na metade de uma visita guiada às ruínas da cidade antiga quando nos deram alguns minutos para descansar e contemplar a "paisagem sagrada" dos incas.

— Mer, antes de viajar conversei com Juan Carlos. Contei-lhe que viríamos, e ele sugeriu que tentasse fazer contato com um xamã chamado Kucho. Você tem alguma ideia de como podemos encontrá-lo?

— Como Juan Carlos o conheceu?

— Não sei. Não entendi bem. Quando lhe perguntei se o conhecia pessoalmente, disse que não. Mas, por outro lado, deixou claro que se "conheciam bastante" e que se "comunicavam muito". Acrescentou que lhe dissesse que era seu amigo.

— Por que não pergunta a nossa guia se por acaso o conhece e onde pode encontrá-lo? — sugeriu.

* * *

— Desculpe-me. Estou tentando encontrar um xamã chamado Kucho. Você o conhece? — perguntei à guia em um momento em que não estava cercada por outros turistas.

— Sim. Às vezes aparece por aqui. Na saída perguntaremos aos guardas se subiu hoje — respondeu.

— Um amigo me disse que Kucho foi um dos três xamãs que fizeram um ritual espiritual para apagar o fogo que ameaçava Machu Picchu quando o incêndio já se tornara incontrolável — comentei com ela tentando obter alguma informação nova.

— Foi maravilhoso! — exclamou a guia. — O incêndio estava fora de controle. Não apenas se espalhara completamente por Machu Picchu, mas estava a poucos metros das ruínas da cidade, e se as atingisse, elas seriam destruídas, como também chegara pelo ar àquelas outras colinas, a Huayna Picchu e a Media Naranja.

— Como fez para se propagar pelo ar e chegar a Media Naranja? Parece impossível que o fogo pudesse cruzar todo este imenso espaço que separa as colinas. Como cruzou todo o vale e o rio Urubamba?

— Não se propagou por terra. Os pássaros tentaram escapar voando, mas o fogo já atingira seus corpos e asas. Muitos voaram a Media Naranja e assim propagaram o incêndio.

— E como fizeram para apagá-lo? — perguntei, cada vez mais interessado no relato.

— Tudo estava fora de controle. As ruínas não sobreviveriam muitos dias mais se não se conseguisse apagar o fogo rapidamente. Todos os meios conhecidos foram testados e nenhum funcionou. Não foi possível conseguir os aviões especiais usados para combater incêndios florestais. O desespero começava a se apoderar de todos, pois víamos que a tragédia se aproximava do fim.

— E então?

— Resolveram chamar dois xamãs do lugar. Kucho era um deles. Um outro veio de Cuzco para participar de uma cerimônia especial em que invocou a intervenção dos espíritos de seus ancestrais incas. Na cerimônia, foi sacrificado um animal de três meses que nascera malformado. A cerimônia teve, aparentemente, uma grande conexão com os ancestrais. Quando terminou, um dos xamãs anunciou que haviam lhes dito que no dia seguinte, ao meio-dia, o incêndio se apagaria nas três montanhas.

— Como isso aconteceria?

— Ninguém sabia. Era altamente improvável, quase impossível, que fosse por causa de chuvas, pois estávamos na época da seca. A precipitação máxima prevista para aquela época mal seria suficiente para umedecer as árvores.

— Então — perguntei ansioso para que concluísse mais rápido.

— Ficamos esperando a chegada do meio-dia, vendo o fogo continuar a consumir a natureza. Não imaginávamos o que poderia acontecer, pois naquela manhã quase não havia nuvens. Muitos duvidavam de que o vaticínio pudesse se concretizar. Mas aconteceu!

— O que aconteceu?

— Ao meio-dia desatou a tormenta mais forte que jamais vimos. Não podia ser comparada nem sequer à do dia mais intenso da época de maior regime de chuvas. Choveu apenas meia hora! Quando a chuva parou, imediatamente surgiu um sol de um tamanho jamais visto. Um enorme sol alaranjado. E cumpriu-se o que eles haviam prometido! Não havia mais fogo em nenhuma das três montanhas!

— É uma história maravilhosa. Esses xamãs devem ter alguma maneira de se conectar com os espíritos e com as forças da natureza que nós, mortais comuns, desconhecemos.

Terminamos a visita guiada e, ao sair, aproximamo-nos dos guardas que estavam na guarita da saída.

— Olá, como estão? — disse a guia dirigindo-se aos guardas. — Vocês viram Kucho hoje por aqui?

— Não, hoje não o vimos. Deve ter ficado em Aguas Calientes — respondeu um deles.

— Kucho trabalha em uma das empresas de transporte e turismo de Aguas Calientes. Tentem localizá-lo lá — disse-me a guia quando nos despedíamos.

Naquela tarde, liguei do hotel para a agência. Depois de me apresentar, Kucho me disse que tampouco subiria no dia seguinte e que, se eu quisesse, poderíamos nos encontrar em seu posto turístico às 11h.

Esperei ansioso pelo encontro. Tinha muito interesse em ver como era o olhar daquele ser que se conectava com outros planos da realidade.

— Bom-dia. Estou procurando Kucho — disse a uma jovem que estava atrás da escrivaninha da agência de turismo.

—Você é a pessoa com quem ele iria se encontrar às 11h?

— Sim — respondi.

— Ele está esperando no bar aqui ao lado — disse, apontando com a mão.

178 O mistério das coincidências

— Kucho? — perguntei à única pessoa sentada no bar.

— Sim — respondeu, olhando-me com seus profundos olhos escuros.

— Sou Doc, amigo de Juan Carlos. Conversamos ontem por telefone.

— Sente-se, por favor — convidou-me, depois de um aperto de mão.

Pedimos sucos naturais de frutas. Olhávamo-nos e trocamos alguns sorrisos, mas parecia que era eu quem devia tomar a iniciativa. Teria preferido que me perguntasse o que eu desejava, em que poderia me ajudar, por que queria conhecê-lo. Mas ficou em silêncio, demonstrando uma grande paz e administrando o tempo de uma maneira diferente. Pensava no que deveria lhe dizer, até que me lembrei de uma sugestão de Juan Carlos.

— Em que você pode me ajudar? — perguntei-lhe sem estar muito convencido de que estava dizendo a coisa mais apropriada.

Fez-se um longo silêncio. Parecia que pensava, ou algo assim, olhando-me às vezes fixamente nos olhos. Ao ver a reação à minha pergunta, senti que tinha me equivocado. Achei que talvez fosse melhor fazer um pouco mais de rodeios até chegar ao ponto, como um cachorro antes de se sentar.

—Vou lhe contar como foi o dia da minha iniciação — foi a frase que usou para quebrar o silêncio.

Estava assombrado com o que me dizia. Parecia que entrava na antessala de um conto mágico. Um pensamento enfiou-se imediatamente em minha tela mental: por que Kucho achava que contar sua iniciação era o mais apropriado para mim?

Machu Picchu e o xamã... **179**

— Era 31 de dezembro. Eu trabalhava como guarda nas ruínas de Machu Picchu. Naquele dia, ouvi a voz pela primeira vez. Uma voz que ouvia dentro de mim, dizia-me repetida e insistentemente: "Venha à meia-noite para ver 'a lua azul'."

— A voz lhe dizia aonde ir? — perguntei ansiosamente.

— Pedia-me que subisse à meia-noite, justo na virada do ano, às ruínas da cidade. Naquela época, eu trabalhava de dia nas ruínas como guarda e à noite ficava aqui embaixo, em Aguas Calientes. Resolvi subir naquela noite, cancelando minha ida às festas programadas com familiares e amigos.

O relato que se seguiu foi provavelmente o mais mágico e maravilhoso que alguém poderia ouvir. Não vou contá-lo, pois creio que teve uma conotação pessoal e não sei se Kucho gostaria que o relatasse. Portanto, vou me limitar a contar, exclusivamente, a parte da qual de fato participei, a que ajuda a continuar ligando os fios da trama desta história real. Quase ao fim de seu relato, disse:

— Quando o sol saiu, eu estava olhando para baixo, para Aguas Calientes, e aí vi que perto da estação de trem começava a se formar uma nuvem, como se fosse um redemoinho. Foi aumentando e girando, girando. Começou a subir a montanha até onde eu estava, e chegou a pousar na minha cabeça.

Sua descrição detalhada da nuvem trouxe-me uma recordação. A imagem que a partir de seu relato se formara dentro de mim era muito parecida com "algo" que eu vira certa vez em um livro. Parecia com um desenho que Douglas Baker mostrara em *La apertura del tercer ojo* (A abertura do Terceiro Olho) [2] como se fosse a descrição do "último átomo".

Fiquei maravilhado com sua história, que se prolongou por mais meia hora. Agradeci muito e parti apressadamente

180   O mistério das coincidências

ao encontro de Mercedes, que me esperava nos banhos termais. Ainda estaria lá? Deveria ter ido buscá-la 40 minutos antes.

Caminhando ao seu encontro, tentei refletir. Não entendera por que Kucho escolhera me contar algo tão precioso para ele como sua própria iniciação. De repente me dei conta! Mais uma vez tudo se unia! Se a imagem que minha mente formava sobre a nuvem era parecida com o desenho de Baker, agora tinha sentido que, entre os livros sobre sincronicidade que levara para estudar em Machu Picchu, houvesse um que não tinha nada a ver com o tema e que, inclusive, já tinha lido: *La apertura del tercer ojo*! (A Abertura do Terceiro Olho)

Naquela noite escrevi sobre muitas ideias a respeito da sincronicidade que me "vinham" ao plano consciente. A intuição dizia-me que devia voltar no dia seguinte e mostrar a mencionada imagem a Kucho. Essa podia ser a única razão pela qual incluíra em minha bagagem, sem motivo aparente, aquele livro "desconectado" do tema da sincronicidade.

A razão do relato

É cada vez maior o número de pessoas que tomam consciência das coincidências significativas que acontecem todos os dias. Alguns desses fatos são grandes e chamativos. Outros são pequenos, quase imperceptíveis. Mas todos são uma prova de que não estamos sós, de que há algum processo espiritual misterioso que influi em nossas vidas. Quando experimentamos o sentimento de inspiração e vida que tais percepções evocam, é quase impossível não lhes dar atenção. Começamos a ficar atentos a esse tipo de fatos, a esperá-los e a procurar uma compreensão filosófica mais elevada de sua aparição.

James Redfield[46]

Na manhã seguinte, voltei, sem marcar nada, a Aguas Calientes. No escritório, disseram-me que Kucho estava no mesmo bar do dia anterior.

— Kucho, posso interrompê-lo um minuto?

— É claro que sim — respondeu sorrindo.

—A nuvem que você viu era parecida com esta? — disse-lhe, mostrando o desenho no livro.

— O que é isso? — perguntou absolutamente assombrado e surpreso.

— É um desenho que representa o "último átomo".

— É igual ao que vi naquela noite. Onde posso consegui-lo? — perguntou, com o maior dos deslumbramentos.

—Aqui. Creio que isto é para você — respondi dando-lhe de presente o livro que estava sublinhado e com anotações pessoais nas margens.

— Só um minuto, por favor — disse ao amigo com quem estava reunido.

Levou-me à trilha suspensa sobre a via férrea abandonada.

— Este é um presente muito especial. Tem a mesma forma da nuvem que vi naquele dia. É surpreendente — disse, com uma expressão de enorme alegria.

— Quero lhe dar uma coisa de presente — continuou, me entregando uma cruz andina, a cruz dos incas. — Tem de usá-la pendurada no pescoço. À medida que a pessoa que a usa se espiritualiza, sua cor vai ficando mais clara.

— Muitíssimo obrigado. Este também é um presente muito precioso. Podemos tirar uma foto juntos?

— Com todo prazer — respondeu, pedindo a um transeunte que a batesse.

— Quer saber de uma coisa, Kucho? Sua história impactou-me muito. Você não pensou em compartilhá-la com outras pessoas?

— Sim. Estou escrevendo um livro. E sabe de uma coisa? Você também tem de escrever um livro sobre algo que só você bem sabe.

Aqueles dois encontros com Kucho responderam a pergunta inicial: *Em que você pode me ajudar?* Sua intuição levara-o a afirmar que eu também devia compartilhar com outras pessoas tudo o que aquela "força" havia "organizado". A força que me fizera colocar na bagagem, sem a menor lógica, o livro que serviria a Kucho, a força que o levara a me contar sua iniciação para fazer com que o mistério da nuvem coincidisse com o desenho do livro. Poderia ter me contado qualquer outra coisa de sua vida, ou falado a respeito de qualquer outro assunto, mas intuiu que devia me contar algo para o qual eu também tinha uma resposta. A emoção que aquilo provocara em Kucho levara-o a dizer que eu devia escrever uma coisa a respeito da qual ainda não estava muito convencido. Essa era a mensagem a mim destinada! A confirmação de que deveria escrever e a demonstração de mais uma interconexão que servisse para compreender como aquela "força" organizava as coisas que aconteciam em nossas vidas.

A magia perdida

Depois do encontro com Kucho, fiquei nas cercanias do hotel contemplando o magnífico entardecer, com a vista dirigida ao monte Media Naranja. O som veloz das águas do rio Urubamba massageava as percepções de meu ouvido. Ao mesmo tempo, eu pensava.

Kucho dissera-me que eu tinha de "escrever sobre algo o que eu sabia".

Deveria fazê-lo? Como contar o que descobrira?

Uma simples análise mostrava que uma força "muito especial", chamada por alguns de sincronicidade, me arrastara em seu movimento, levando-me a viver acontecimentos absolutamente inesperados. Eu a descobrira muito tempo depois de tudo ter começado a acontecer e só após interpretar todos os sinais adquiri plena convicção de que a sincronicidade queria que eu escrevesse sobre ela. Caso contrário, teria despendida muita energia para convencer apenas a um ser.

Havia me inteirado de que a sincronicidade fora descrita pelas ciências como parte ativa de "algo muito especial":

184 O mistério das coincidências

fora vista exercendo o papel de uma força utilizada por e para a criação, em todos os âmbitos da natureza, inclusive em nossas próprias vidas. Se era realmente assim — a própria criação se ocupava diariamente de escrever o roteiro de nossas vidas, sabendo, portanto, melhor que ninguém qual era nosso caminho e destino final —, era evidente que mal tínhamos conectado nosso "cérebro-visor".*

Nosso "cérebro-visor" estava sintonizado em outro canal, um canal que negava a participação direta e permanente da criação em nossas vidas. Havíamos trocado a crença ancestral na presença de uma "ajuda celeste" em nossos destinos por uma nova deidade, uma deidade numérica: a lei das probabilidades. Atribuíamos a ela a enorme inteligência criativa e organizadora das coincidências que acontecem quase diariamente em nossas vidas. E qual é o valor de tais coincidências? São elas que mudam nossos rumos e valores. Havíamos perdido a experiência de agir como caçadores de tesouros e investigadores das pistas indicadas pelos eventos que cruzam nossos caminhos.

Naquele lugar mágico, sentia que, apesar daquela maneira moderna, desalmada, de interpretar a realidade, a magia ainda estava ao alcance das nossas mãos. Por quê? Porque a natureza continuava a gostar de fazer travessuras. A magia e o milagre só apareciam quando ela resolvia quebrar suas próprias

---

* Cérebro-visor: com esta expressão tento denominar o aparelho-órgão que serve para decodificar e colocar na tela da consciência tudo o que é emitido, tanto pelo mundo exterior como pelo mundo interior de nossa alma.

Machu Picchu e o xamã... 185

regras no mundo visível. A natureza parecia divertir-se e sentir-se mais criativa quando quebrava sua própria rotina.

Percebi claramente que se não mudássemos de canal no nosso "cérebro-visor", o universo desperdiçaria conosco parte de sua energia e terminaríamos como um projeto frustrado, talvez como o dos dinossauros (foi essa a explicação dada por Edgar Mitchell, astronauta da Apolo XIV, em uma conferência). Apesar de tudo isso, era evidente que o universo não desperdiçava energia, mesmo ao organizar as sincronicidades, mas tratava sempre de pegar o caminho mais curto para concretizar suas intenções. Existiam alguns casos difíceis, como o meu, e então ele precisava cravar suas garras sem piedade com o único objetivo de nos despertar. Ainda assim, esse era o caminho mais curto de que dispunha.

Não havia opção! Kucho tinha razão. Não podia evitá-lo: sabia que tinha de escrever sobre a sincronicidade, mesmo que fosse para servir a uma única alma deste planeta.

Capítulo 5

Ruínas de Machu Picchu

Encontro imaginário com o conhecimento...

Caminhando à noite entre as ruínas: Intiwatana

Senti, intuitivamente, que devia ir às ruínas. Naquela mesma noite, a última em Machu Picchu; por estar hospedado em um hotel que ficava ao lado delas, obtivera uma autorização especial para uma caminhada ao santuário inca. Mercedes resolveu ficar no hotel. Não havia ninguém, exceto algum guarda que eu avistava, às vezes, à distância. Os turistas haviam se retirado muitas horas antes. Enquanto caminhava sozinho, sentia, sem dúvida alguma, uma coisa muito especial. A lua aparecia só de vez em quando entre as nuvens e assim me iluminava de tempos em tempos, como se desse movimento a tudo. Os ocres, cinzas e pretos misturavam-se, produzindo uma cenografia fantástica. Uma bruma envolvente descia, completando a magnífica visão. Cheguei e sentei-me diante de Intiwatana, a pedra sagrada por excelência, com uma percepção clara de que a magia estava presente, dissolvida em todo aquele lugar. Provavelmente, algo que Kucho experimentara.

Para completar, podia se ouvir, claramente, o maravilhoso canto de pássaros ao lado de sons harmônicos emitidos por outros animais. Sons mágicos de todas as espécies. Sentia que tudo aquilo devia ter um sentido, como se quisesse dizer que devíamos nos relacionar melhor com nós mesmos, com os demais e com o restante da natureza. Parecia perceber claramente que um dos erros de nossa civilização fora o de isolar a mente dentro de seus próprios limites, sem conectá-la ao coração.

Se a mente não serve de alimento ao coração,
Teremos de esperar muito tempo
Para que a alma volte a nos alcançar.

Enquanto sentia tudo isso, minha mente associou aquele último pensamento a um conto que me impressionara muito. Eu o ouvira da boca de um jornalista durante a abertura do Congresso de Cirurgia da Mão. Creio que se tratava de um conto de Michael Ende.[24] Sua essência era a seguinte:

Um grupo de exploradores e cientistas europeus devia se alojar, para executar um projeto, na selva tropical de um país centro-americano. Contrataram indígenas para que os guiassem e transportassem não apenas as tendas, mas também os alimentos e os equipamentos de que necessitariam depois que estivessem instalados. Por razões de diferenças de linguagem, só tinham possibilidade de se comunicar, de maneira elementar, com um único deles: o guia.

Já haviam passado vários dias abrindo caminho na selva, em meio a um clima extremamente úmido e quente, sempre atacados por milhares de mosquitos.

Uma manhã, quando ainda amanhecia, deram de cara com os indígenas sentados em círculo no mais absoluto silêncio.

Acharam que se tratava de algum ritual religioso e que de repente, eles se levantariam para retomar a viagem. Mas não foi assim. Tentaram, sem sucesso, falar com o guia; maltrataram, surraram e até mesmo ameaçaram os indígenas com armas, tudo inútil. Essa situação tensa durou três dias. Durante esse tempo, os estrangeiros fizeram todo tipo de suposições sobre o que poderia estar acontecendo e pensaram tratar-se de uma rebelião; sentaram-se para esperar que o restante da tribo chegasse para roubá-los e matá-los no meio da selva, e tantas outras coisas mais. Mas, apesar de especulações tão "inteligentes", nada disso aconteceu. Surpreendentemente, ao amanhecer do quarto dia, os indígenas ficaram em pé, prontos, com todo o carregamento, para continuar a viagem, diante do total desconcerto dos europeus.

Depois de estar caminhando novamente há algum tempo, o chefe da expedição foi até o guia.

— Você pode me explicar o que aconteceu?

— Agora, sim — respondeu-lhe. — Havíamos caminhado muito depressa e nossas almas ficaram para trás. Foi necessário sentar e esperar até que elas conseguissem nos alcançar.

Mergulhado em sensações tão particulares, minha mente começou a rever, automaticamente, toda a base teórica sobre as coincidências assimiladas nos últimos três meses. Uma coisa chamava fortemente minha atenção: que aquelas informações obtidas pudessem explicar com tanta exatidão o que até aquele momento — claro, devido a minha ignorância sobre o assunto — pareciam ser apenas experiências exclusivas da alma, absolutamente inexplicáveis do ponto de vista da lógica racional.

190 O mistério das coincidências

Surpreendia-me também ver como tantos seres notáveis — que conseguiram mudar a história do conhecimento humano — haviam se dedicado a analisar o valor e o funcionamento das coincidências em suas vidas, atribuindo-lhes uma imensa importância no processo de compreensão do significado da própria vida. Parecia que eles consideravam as coincidências como uma das grandes chaves.

Comecei a descer do Intiwatana por aquelas escadas de pedra estreitas e irregulares. Ao mesmo tempo, de quando em quando, me misturava com a bruma e os intermitentes raios de luz refletidos pela lua. Depois de caminhar alguns minutos, cheguei à praça central da mítica cidade. Nela, segundo contam, existia uma espécie de obelisco ou, dizendo melhor, um menir (esses que são uma espécie de agulhas de acupuntura para a Terra), que foi tirado de seu lugar central na praça para permitir a descida de um helicóptero por ocasião da visita dos reis da Espanha. Contam, também, que mais tarde só conseguiram fincar o obelisco no centro da praça, pois não dispunham dos meios necessários para voltar a colocá-lo em seu lugar original(!).

Sentei no cinturão de pedra que demarcava a praça. Passavam em minha mente os múltiplos e desordenados conhecimentos (de muitíssimos autores) contidos nos livros que comprara. De repente, começaram a se organizar em uma trama coerente e dentro de um cenário fantástico. No momento em que escrevo estas palavras, não posso garantir que tudo aquilo tenha sido real. Certamente, a magia de Machu Picchu era responsável pelo fato de se tornarem reais em minha imaginação.

E assim imaginei diferentes personalidades respondendo a interrogatórios sobre as bases da operação que envolve o funcionamento das coincidências na vida. Todos os conhecimentos que lera separadamente se organizaram e formaram um roteiro que fazia sentido.

Era quase meia-noite. O som do vento se misturara à bruma e a fazia bailar. Sabia que precisava voltar. Mercedes estaria começando a se preocupar com minha demora. Enquanto voltava, devagar e sentindo plenitude, agradeci aos conhecimentos que me haviam sido presenteados por todos aqueles seres que tanto admirava.

Outubro de 1998: Trem de volta de Machu Picchu a Cuzco

Eu e Mercedes voltávamos de trem, conversando a respeito de como nos sentíamos fisicamente vigorosos depois de ter passado aqueles três dias ao lado das ruínas. Mercedes contava como, ignorando a altura, tivera de correr na última tarde para gastar um pouco da enorme energia que sentia em seu corpo, e aí a interrompi.

— Perdão, Mer, mas tenho de escrever uma coisa que me veio à mente.

Foi nesse momento que apareceu o que então chamei (talvez recordando o título de Chopra *As sete leis espirituais do sucesso*) de "as sete leis da sincronicidade". Elas invadiram minha mente subitamente, pedindo para ser escritas. Aquilo era parte de algum fluxo especial emitido por Kucho?

* * *

192   O mistério das coincidências

O que surgiu e se materializou no papel durante aquela viagem de trem me deixou absolutamente deslumbrado. Parecia ser um manual da sincronicidade, que impressionava por ser tão adaptável que a lógica não poderia descartá-lo (descrição no Capítulo 8).

Os "dois umbigos do mundo"

> *Quando procuramos conexões, acabamos encontrando-as em todos os lugares e no meio de qualquer coisa. O mundo explode em uma rede, um torvelinho de relações no qual tudo remete a tudo, e tudo explica tudo.*

Umberto Eco[23]

Eu pensava que era uma pessoa muito afortunada. Em seis meses de 1998 conseguira ter contato com duas culturas, a tibetana e a incaica, aparentemente tão desconectadas; ambas acreditavam, cada uma à sua maneira, que estavam localizadas no umbigo do mundo: por um lado, Cuzco, nos Andes, e por outro, o Himalaia. Parecia uma iniciação planejada.

Eu ouvira muitos anos antes, em uma conferência organizada por um círculo esotérico, um conceito semelhante, no qual se uniam as duas concepções. Dizia que a Terra tinha "dois polos espirituais" que serviam de "ancoradouro" ao restante do universo. O "polo masculino" ficava no Himalaia e o "polo feminino" na cordilheira dos Andes, em uma região que se estendia de Cuzco a Mendoza.

Um dia, procurando esses dois lugares em um mapa, me dei conta de que se considerássemos como centro o ponto de união entre Greenwich e o Equador, os dois pólos mencionados tinham uma relação quase simétrica. A região do Himalaia fica, aproximadamente, na latitude 30° e entre os meridianos 75° e 90°. Similarmente, no hemisfério sul, o suposto "pólo feminino" está localizado entre os 15° e 33° graus de latitude e no meridiano 70°. Quando se marca os dois "pólos" em um mapa, eles parecem se corresponder quase simetricamente em diagonal (alguns dizem que o verdadeiro antípoda é a ilha da Páscoa).

Não sei se esse dado é correto ou não, mas a verdade é que se trata de dois lugares que tiveram civilizações importantes no que se refere ao respeito à vida e à Terra. Mais: ambas desenvolveram-se a mais de 3 mil metros de altura. Semelhanças como, por exemplo, as cores e os desenhos de seus tecidos, seus barretes, as apachetas[*] e tantas outras analogias me fazem pensar que pode ser verídico.

---

[*] Lugar elevado ao qual as antigas tradições indígenas atribuem um caráter sagrado. (*N. do T.*)

Capítulo 6

Dança com o Espírito e outras histórias...

11 e 12 de setembro de 1999: "Dança com o Espírito"

Estava no curso de Chopra em San Diego quando compreendi que o ocorrido transformara os presentes. Percebi também que na Argentina a maioria das pessoas desejava realizar mudanças em suas vidas e precisava de alternativas para quebrar a rotina que viviam.

A vida me dera de presente, entre outras coisas, a possibilidade de conhecer pessoas maravilhosas. Pensei, então, que elas poderiam ser úteis a um objetivo semelhante ao do curso de Chopra. Mas havia um inconveniente: eu via todos trabalhando individualmente ou apenas em pequenos grupos em temas espirituais; não parecia que pudessem se unir para fazer uma tentativa conjunta mais ampla.

Esta foi a ideia-base que me levou a organizar um seminário, que chamaria de "Dança com o Espírito", e ao qual convidaria todos eles. Ali cada um mostraria o que me ensinara: as diferentes facetas de um mesmo diamante sob o enfoque do caminho à espiritualidade.

Um encontro inesperado em Bariloche com Inés, uma talentosa professora de ioga, ocorrera pouco depois de ter voltado de San Diego. Contei-lhe, então, que pretendia organizar

196 O mistério das coincidências

um evento com as características mencionadas; respondeu que achava a ideia magnífica e que contasse com todo o seu apoio. Devido a vários compromissos, não conseguimos trabalhar na programação antes do final de dezembro. Só então pude visitar Juan Carlos em Mendoza, e ele também manifestou seu apoio ao projeto. Os meses passaram enquanto organizávamos o seminário. O grupo de colaboradores escolhido para a organização era maravilhoso. Seriam abordados temas "aparentemente desconectados", mas que tratavam de diversos aspectos de uma mesma realidade. Dois lamas falariam sobre carma e reencarnação sob a ótica budista e um teólogo cristão trataria da nossa relação pessoal com Deus. Meditação, ioga, adivinhação por meio das seivas do pinheiro, xamanismo, criatividade e sincronicidade eram os outros temas que seriam desenvolvidos tanto de forma teórica como prática.

A menção a esse seminário não teria lugar nesta história se não houvesse acontecido o que aconteceu.

Era quinta-feira, 9 de setembro. Faltavam dois dias para a data marcada para o início do seminário.

— Doc, você não sabe o que aconteceu hoje! — disseme Martín ao telefone.

— O quê? Surgiu algum problema que tenhamos de resolver com urgência?

— Não! Estava com Hugo, tentando arrumar o auditório, quando apareceu...

— Quem apareceu?

— Uma amiga de Hugo. Eles se conhecem porque trabalharam juntos em filmagens. Você sabe como o Hugo é, não é mesmo?

— Sim, uma pessoa maravilhosa, cheia de amigos. E tem a capacidade de lidar com a magia cenográfica no mundo dos filmes. Mas o que aconteceu com a tal amiga?

— Foi ela quem fez a cenografia de *Sete anos no Tibet*. E ofereceu-nos o cenário original do filme para que o usemos na ambientação do auditório.

— Magia! Quer dizer, então, que "está tudo bem".

E assim foi. A decoração tinha bandeiras, tecidos e outros elementos usados no filme que Hollywood produzira com Brad Pitt em Mendoza.

Não podia afastar da minha mente como tudo continuava se ligando. No primeiro encontro com Ron Moore, ele me dissera que era amigo do autor do livro *Sete anos no Tibete*. Depois, levou-me a Dharamshala. Ali, no pior momento, quando era interrogado como se fosse um espião ou traficante de objetos, surgira a frase intuitiva que destravara tudo: "Estou tentando encontrar a causa da minha conexão com esses *dorjes*. Não posso explicar logicamente, mas esses objetos acionam minha intuição. Em dois anos, senti três vezes a necessidade de levá-los para Mendoza, onde, um ano depois, foi filmado *Sete anos no Tibet*."

Esse comentário permitiu-me ganhar a confiança dos secretários da lamaseria de Namgyal e conseguir o "visto" para a entrevista com Kamthrul Rimpoché. Mais tarde, em uma atitude certamente incomum para um encontro tão multifacetado, dois lamas concordaram em participar do seminário. E agora essa! O cenário original daquele filme decorava nosso auditório.

Parecia que a "força" que movia as coisas e organizava os eventos de outro plano queria confirmar que tudo o que

198   O mistério das coincidências

acontecera estava interligado de uma maneira que nós não conseguíamos interpretar.

O seminário começou às 9h daquele 11 de setembro de 1999, e na abertura coube a mim falar ao lado do doutor Carlos Martínez Bouquet. (Menciono o dia e a hora da abertura porque estou corrigindo o livro absolutamente desconcertado com a coincidência entre eles e o atentado terrorista às Torres Gêmeas de Nova York dois anos depois!)

Resumo a contracapa do programa, que representa parte do que dissemos naquela abertura.

Desenvolveremos junto a vocês dois dias de encontro para despertar uma verdadeira harmonia entre corpo e espírito.

Vocês terão à sua disposição, entre outras, ferramentas que, por terem todas elas um centro em comum, facilitarão as experiências que devem levá-los a reencontrar sua essência divina.

Ioga, meditação, sincronicidade, a influência da religião em nossas vidas e práticas xamanísticas para contatá-los com a natureza são apenas diferentes aspectos que poderão ajudá-los a "reencontrar sua trilha individual".

A harmonia entre o corpo e o espírito é fundamental quando se quer ser aquilo que a alma deseja, conseguindo viver a própria história pessoal como se fosse uma aventura do universo.

Um grande abraço de todos os colaboradores.

Nesse seminário falei pela primeira vez sobre sincronicidade e contei ao auditório o que eram "as sete leis da sincronicidade", aquelas que escrevera no trem na volta de Machu Picchu. Talvez tudo tenha acontecido assim por vontade da própria sincronicidade.

Março de 2000: o venerável lama Sherab Dorye

Tenho, frequentemente, experiências desse tipo, aparentemente acidentais, tanto no trabalho como em minha vida particular, e sempre me sinto intrigado com elas e me pergunto como acontecem (...) Minha indagação sobre a sincronicidade surgiu de uma série de acontecimentos existenciais que me levaram a um processo de transformação interna (...) As coisas começaram a se encaixar sem esforço e comecei a descobrir pessoas notáveis que acabariam me dando uma ajuda inestimável.

Joseph Jaworski[32]

Dois grandes amigos que participaram do seminário — o doutor Carlos Martínez Bouquet, médico psicanalista e um dos pioneiros do psicodrama na Argentina, e sua adorável esposa María Cristina — estavam trazendo o venerável lama Sherab Dorye, que morava na França, para dar algumas palestras em Buenos Aires. Muito amáveis, enviaram-me um convite. Decidi aproveitar a oportunidade para "me refugiar", pois seria uma espécie de "fonte" onde reuniria forças para a difícil tentativa de evoluir. Cerca de 70 pessoas decidiram participar. Em dado momento, passamos de um em um, em fila indiana, cada um com uma oferenda na mão. Ao chegar diante do lama, devíamos abaixar a cabeça. Nesse momento, ele cortava uma pequena mecha de nosso cabelo e depois, aparentemente por meio de um tipo de conexão especial, dava um nome tibetano a cada pessoa.

Foi emocionante. Ao abaixar minha cabeça e perceber que ele cortava alguns cabelos, senti que dizia meu novo nome tibetano em voz alta para que o anotassem no livro de registros: "Karma Trinle Dorje."

Depois de lhe entregar a oferenda, um pequeno cachecol de seda branca, voltei ao meu lugar. Imaginei que certamente muitos teriam em seu diploma a palavra "dorje" incluída em seus nomes. Não. Não era assim. Nenhum dos que estavam ao redor a tinha.

Esta era outra "coincidência"?

Quando a cerimônia terminou, perguntei qual era a tradução do nome que o venerável me atribuíra: "diamante da ação iluminada." Não poderia ter me dado de presente nada mais lindo.

Julho de 2000: Carlos e a flauta

Tivemos todos aqueles momentos perfeitos nos quais todas as coisas pareciam se encaixar de uma maneira quase incrível, nos quais os acontecimentos que não podíamos prever, e muito menos controlar, pareciam guiar notavelmente nosso caminho. O mais perto que estive de achar uma palavra que definisse o que acontece nesses momentos foi "sincronicidade" (...) No delicioso fluir desses momentos, parece que somos ajudados por mãos ocultas (...) A esta altura, a vida converte-se em uma série de milagres previsíveis.

Joseph Jaworski[32]

Estávamos no mês de julho. Eu escrevia esta história e dava algumas palestras sobre sincronicidade para grupos de amigos interessados no fenômeno. Sem dúvida, trabalhar com o tema potencializava, de alguma maneira, a recepção de sincronicidades, como também a de algumas novas ideias sobre seu funcionamento.

Fui almoçar com Carlos para conversar sobre a organização de um seminário em Mendoza, no futuro. Carlos, a quem admiro e respeito muito por sua integridade de intenções e procedimentos, é um ex-seminarista e professor universitário de teologia cristã, além de ter estudado e ensinado religiões comparadas. Ele também participara do seminário "Dança com o Espírito", em setembro de 1999. Vinha uma vez por mês, por dois dias, a Buenos Aires para compartilhar seus conhecimentos com alguns grupos.

202   O mistério das coincidências

Depois de falar sobre o futuro projeto, surgiu a história.

— Vou lhe contar uma coisa que me aconteceu outro dia. Você, que está escrevendo sobre a sincronicidade, vai gostar muito.

Fez uma breve pausa, característica de seu falar pausado.

— O que vou contar aconteceu no sábado passado. Uma amiga me pediu que a acompanhasse à tarde à Boca, para ver uma exposição de pintura de uma amiga dela.

—Você foi à Boca? — comentei, sabendo que aquele não era um de seus passeios preferidos.

— Sim, não tinha muita vontade, mas mesmo assim a acompanhei. Como você bem sabe, gosto muito das flautas e das quenas.

— Não tenho a menor dúvida — respondi, pois conhecia sua enorme fraqueza por esses instrumentos, e já o ouvira tocar muitas vezes. Depois me contou que há quase um ano tinha na mente a imagem de uma flauta diferente. Não entendi muito a que se referia, devido a minha ignorância sobre o assunto. Mas, de qualquer maneira, acreditava ter entendido que imaginava uma flauta que tivesse mais tons e/ou semitons ao lado de alguns orifícios na parte de baixo, que facilitariam a execução.

— Consultei vários fabricantes, e todos me disseram que era impossível que aquilo pudesse soar bem. Sem estar convencido do que me diziam, fiz que um deles construísse uma, isso já faz vários meses — disse Carlos.

— E o que aconteceu? — perguntei, muito interessado e sem imaginar como a história continuaria.

— Não soou, não funcionou! Bem, voltando à Boca. Saímos da exposição. Estávamos caminhando de volta quando vi um ancião sentado na calçada, em uma esquina, com flautas e quenas sobre uma manta. Aproximei-me e sentei ao seu lado.

—Você gosta de flautas ou de quenas? — perguntou-lhe o ancião.

— Das duas. Toco bastante e coleciono. Tenho muitas, inclusive duas Vannini — respondera-lhe Carlos.

— Duas Vannini? Diz isso como se se orgulhasse delas — comentou o homem.

— É claro. Têm a reputação de ser as melhores.

— Sabe alguma coisa de Vannini?

— Sei que foi o mais afamado construtor de flautas da Europa nas décadas de 1960 a 1980. Vivia em Barcelona. Depois desapareceu. Aparentemente, faleceu — respondeu Carlos.

— Quer saber de uma coisa?

— O quê?

— Eu sou Enrique Vannini!

Carlos fez uma longa pausa em seu relato, sem dúvida levado pela emoção que revivia ao contar a história.

— Estou emocionado. Eu o admiro há muitos anos. Este é um presente do destino — disse Carlos enquanto o ancião esboçava um sorriso que era uma mistura de mistério e sabedoria. — Se você é Vannini, provavelmente é a única pessoa neste planeta que pode me ajudar.

Contou-lhe, então, da imagem mental recorrente daquela flauta tão particular e sobre o fracasso obtido ao tentar construí-la.

— O que você descreve é o desenho de uma flauta feita pelo maior de todos os tempos, o *luthier* Lars Nilsson.

— Não posso acreditar que exista realmente. Onde posso ler algo ou ver um desenho dessa flauta?

— Quer saber de uma coisa? Tenho uma em minha casa. Venha me ver amanhã nesse endereço. É sua, estava esperando por você.

Março de 2000, agosto de 2001, outubro de 2001: Anne

> *Minha própria vida foi tocada pela sincronicidade com muita frequência, tanto que agora subo em um avião esperando que o passageiro do assento ao lado seja surpreendentemente importante para mim, seja a voz que necessito ouvir para resolver um problema ou um elo perdido em uma transação que precisa se concretizar. Uma vez um consultor de empresas me ligou pelo celular todo entusiasmado, com planos de lançar uma nova linha, mais saudável, de chás de ervas. Estava chegando atrasado ao avião, de maneira que não pude falar, e a proposta naquele momento pareceu-me muito pouco prática. O avião estava lotado, completo, e a aeromoça guiou-me ao único assento vazio e, como se fosse combinado, o estranho ao meu lado era um vendedor atacadista de chás de ervas.*

Deepak Chopra[17]

Veio-me à memória algo que uma vez ouvira da boca de Chopra a respeito das sincronicidades em aviões. Era março de 2000, e eu estava novamente no congresso anual da American Academy of Orthopaedic Surgeons, dessa vez em Orlando, na Flórida. Como de hábito, eram cerca de 30 mil os participantes. Era a última reunião da convenção, que terminaria ao meio-dia. Caminhava por um amplo corredor, no meio de uma "maré" humana em movimento, quando vi passar, na multidão que vinha em sentido contrário, minha amiga Anne Ouellette. Anne é uma colega destacada, chefe do Serviço de Cirurgia da Mão do Jackson Memorial Hospital, em Miami. Somos unidos por uma quantidade de objetivos em comum, como o de tentar conseguir unir a América Latina e os Estados Unidos em uma Federação Pan-americana, coisa que só conseguiríamos fazer se mudássemos a visão de alguns estamentos totalmente inflexíveis na cúpula diretora do país do norte. Quando encontrava Anne em algum congresso, habitualmente também conversávamos sobre temas relativos à forma de ver a vida.

— Anne — gritei, levantando minha mão para que me reconhecesse.

— Venha, Eduardo — respondeu parando de andar e afastando-se daqueles que passavam apressados.

Depois de nos cumprimentarmos com um beijo e um abraço, disse-me:

— Estou com pressa. Tenho de estar em uma sala que fica do outro lado em dez minutos, mas preciso falar com você. Aconteceram coisas que me mobilizaram muito depois da morte da minha mãe, há alguns meses. Precisamos conversar.

— Você quer marcar um encontro depois do seu curso de orientação?

206   O mistério das coincidências

— Não posso. Vou pegar um avião ao meio-dia para Miami.

Lamentavelmente, não poderíamos conversar. Estava muito intrigado com o que me dissera, pois devia ser algo muito importante para que Anne tivesse se manifestado. Fiz cálculos mentais para descobrir que não havia a menor possibilidade de que nos víssemos no aeroporto, pois meu voo partiria horas depois.

— É uma pena que não possamos conversar. Eu estou partindo logo mais à tarde, e à noite sigo para Buenos Aires. Acho que teremos de deixar para o congresso de outubro, em Boston. Você vai estar lá?

— É claro.

— Bem, nos veremos em Boston.

Nos separamos. Tudo correu normalmente, tal qual estava programado. Estava sentado no avião que saía às 16h, quase lotado. Restavam poucos assentos livres. Por sorte, seria um voo muito curto. Já iam fechar as portas. Então a vi entrar! Ela também me viu imediatamente. Minha mente tentou recordar depressa se havia lhe dado informações sobre meu voo, mas não. Não lhe dissera qual era o voo, nem a hora; parecia uma enorme coincidência que estivesse ali, levando em conta a grande quantidade de voos entre Orlando e Miami, somada às múltiplas opções de companhias de aviação.

— Anne, você aqui! Não posso acreditar! O que aconteceu?

— Meu voo foi cancelado, e mandaram-me para este avião! Também não posso acreditar.

— Qual é o seu assento?

Tirou o cartão de embarque da bolsa e disse:

— 12 C.

Enquanto dava a informação, suas feições exibiam uma surpresa ainda maior ao ver que eu estava sentado no 12 A. A partir dali, foi tudo muito simples. Perguntamos ao senhor que estava no meio se podíamos trocar de lugar. Pareceu muito feliz por poder viajar no assento do corredor.

Agosto de 2001

O Congresso Sul-americano nos levara a Santiago do Chile, e estávamos no jantar de encerramento.

— Anne, você viu que estamos conseguindo — disse-lhe, enquanto desfrutávamos o hospitaleiro evento social.

— Sim. Falta muito pouco.

(Conseguíramos organizar o primeiro congresso conjunto, reunindo a Federação Sul-americana e a American Society for Surgery of the Hand. Estava programado para ser realizado em Buenos Aires, no final de junho de 2002.)

— O que mais lhe ocorre que possamos agregar ao congresso? — perguntei.

— O pessoal da Storz me disse que está querendo muito nos dar seu apoio para fazer um *workshop* sobre a artroscopia do pulso. Poderia lhes perguntar se se animam a levá-lo a Buenos Aires, durante o congresso.

— Quantas pessoas poderiam participar desse workshop?

— Vou perguntar se podem trazer equipamentos completos. Se colocássemos três em cada estação de trabalho, o número de participantes poderia chegar a 30.

Outubro de 2001

Quando fazia as últimas correções deste livro, ocorreu-me incluir a história do encontro com Anne no avião. O motivo? Parecia-me muito semelhante ao exemplo que Chopra dera sobre as viagens de avião. E assim fiz, durante o intervalo para almoço daquela terça-feira em que tinha consultas tanto pela manhã como à tarde. Só consegui escrever a primeira parte do que acontecera em Orlando com Anne, pois precisei voltar a atender os pacientes marcados.

Quando entrava no consultório, onde havia um paciente na sala de espera, Fabiana, com o telefone na mão, consultou-me:

— Doutor, pode atender a uma chamada?

— Quem é?

— É a doutora Anne Ouellette, de Miami.

— É claro — respondi, entrando na minha sala comovido com a ligação que ocorria poucos minutos depois de ter escrito sobre ela.

— Eduardo, preciso lhe contar uma sincronicidade!

— Não posso acreditar nesta ligação — respondi emocionado por estar me dando a chance de poder lhe contar a sincronicidade que estava acontecendo naquele exato momento. Eu estivera escrevendo, minutos antes, sobre nosso encontro no avião.

Interrompeu-me, provavelmente impelida pela ansiedade que a levara a ligar.

— Você se lembra daquela nossa conversa em Santiago sobre um workshop de artroscopia?

— É claro.

— Bem, você não vai conseguir acreditar nessa sincronicidade. Um dia depois de conversar sobre o tema, entrei no avião em Santiago para voltar a Miami. Adivinhe quem se sentou ao meu lado?

— Quem?

— O presidente da Storz para a América Latina. Foi a Santiago para se reunir com seu representante. Não é uma coincidência incrível?

— E o que aconteceu que não o vimos no nosso congresso?

— Não participaram da exposição comercial porque não ficaram sabendo do evento. Ele tampouco podia acreditar na coincidência de se sentar ao meu lado. Bem, está tudo acertado. Conte com o workshop.

— Fantástico! Neste exato momento aconteceu outra sincronicidade. Há poucos minutos estava escrevendo pela primeira vez sobre nosso encontro no avião. Você se lembra?

— É claro.

— Anne, uma pergunta. Se isso aconteceu há quase dois meses, por que você só me ligou hoje?

— Sincronicidade! — respondeu, ouvindo uma gargalhada do outro lado da linha.

Capítulo 7
Mundo virtual ou realidade?
Jamyang aparece novamente...

8 de dezembro de 2000: um encontro inesperado

Li no jornal que três cientistas de vanguarda vinham a Buenos Aires: Fritjof Capra, Stanislav Grof e Rupert Sheldrake. Quem os trazia era o *Holograma*, um programa de televisão que mostrava, semanalmente, personalidades que estavam expandindo os limites do paradigma. Participariam de um seminário que me interessava muito, pois haviam influído bastante em meu conhecimento atual. Poderia dizer que, em graus variados, eu os considerava meus "mestres", apesar de não conhecê-los pessoalmente. Capra, com seus ensinamentos sobre física quântica e suas semelhanças com o pensamento oriental milenar. Grof, com sua visão transcendental da psicologia, vendo a mente a partir do espírito. E, fundamentalmente, Sheldrake, com suas descrições da ressonância mórfica e dos campos mórficos. A teoria de Sheldrake parecia-me revolucionária. Lançava por terra todo o dogma que haviam me ensinado com a teoria da evolução de Darwin, que se apoiava nas mutações genéticas casuais e na sobrevivência do mais apto.

Na terça-feira, 5 de dezembro, acontecera algo muito particular. José María, um grande amigo e colega, o mesmo

212 O mistério das coincidências

que participou do descobrimento do dorje em Carmel by the Sea, viera de Tucumã para participar do Congresso Anual de Traumatologia. Fomos comer, e depois de conversar um longo tempo a respeito de um estudo que estava fazendo sobre o plexo braquial, eu o convenci a ampliar a pesquisa ao desenvolvimento de todo o sistema nervoso, incluído aí o cérebro. A hipótese que sugeri, baseada no que me contava e associada ao que lera em Sheldrake, foi tentar ver se, como no caminho da física quântica e de outros ramos da biologia e da química, o desenvolvimento e crescimento de todo o corpo correspondiam aos campos mórficos, a uma embriogênese quântica em vez de linear, e a um nascimento de todo o sistema nervoso dependente da energia de Kundalini, como a chamam no Oriente. Se tudo isso fosse certo, o nascimento de todo o sistema nervoso devia ter origem na base da coluna e dali crescia para formar todo o restante do corpo guiado por um campo mórfico que se veiculava pelo Kundalini, por algo que a ciência usava para nomear o osso da raiz da coluna: osso sacro. Como esclarecimento óbvio, "sacro" significa "sagrado", e alguém, por alguma razão, lhe dera esse nome. Durante minha formação, nunca ouvira uma explicação sobre a razão desse nome. Sua etimologia também não era analisada no âmbito do conhecimento da ciência oficial. Parecia que ali havia uma chave, e precisávamos investigar.

— Doc, Anita, minha irmã, ligou e me disse que a produtora do encontro perguntou se ela conhecia alguém que conhecesse os temas que serão abordados, para incluí-lo em sua lista de convidados ao coquetel de recepção — comentou Mercedes.

— Não posso acreditar! São três gênios. Exatamente há dois dias estive falando com José para que visse se os campos de Sheldrake se aplicam ao crescimento do embrião humano. Será que uma outra sincronicidade talvez me permita falar pessoalmente com ele?

E foi o que aconteceu. Tive a oportunidade única de dialogar, em um coquetel, durante meia hora com Sheldrake, assistir ao seminário e depois tomar o café da manhã a sós com ele, na terça-feira, 12. Durante o café, a vida me deu um novo tesouro: colaborar com ele em uma pesquisa sobre os campos mórficos nos "membros fantasmas" dos amputados. Se sua teoria fosse correta, a sensação de membro fantasma não se deve à reação do cérebro e sim ao fato de o campo se manter vivo depois da amputação.

A sincronicidade continuava se fazendo presente, agora com um dos personagens que esteve, já há vários meses, no "encontro imaginário" nas ruínas de Machu Picchu.

22 de fevereiro de 2001

Em fevereiro, em plena revisão deste livro, estava no consultório em uma daquelas abafadas tardes de verão. Era quinta-feira. Em um intervalo entre consultas, Fabiana, minha secretária, entrou na sala para perguntar sobre os dados de um paciente que devia ser operado na semana seguinte. Respondi-lhe olhando atentamente para um livro grosso que estava nas mãos dela. Não parecia ter nenhuma relação com a papelada administrativa do consultório.

— E esse livro?

— É um livro que li no ano passado. Procuro um trecho que quero transcrever em uma carta — respondeu.

— Posso vê-lo?

— É claro. Vou deixá-lo aqui. Já encontrei o que procurava.

Entregou-me o volume e voltou a sua sala. Naquele momento, algo despertava minha curiosidade por aquele livro sem nenhuma explicação racional. Depois, achei que aquilo se devia ao fato inusitado de que o tivesse em suas mãos naquele momento particular no qual não havia razão para que fosse assim. Minha curiosidade intuitiva aumentou quando me disse que já encontrara o que procurava. Por que o trouxera, então, ao meu consultório?

O título do livro era *O livro tibetano do viver e do morrer*, escrito por Sogyal Rimpoché. Recordava ter lido muitos anos atrás outra versão sobre o mesmo tema: *O livro tibetano dos mortos*. Comecei a folheá-lo tomando café.

Para minha estupefação total, nas primeiras páginas encontrei um nome o qual estava farto de conhecer: Jamyang! O mesmo que participara da minha história em Dharamshala. Seu nome aparecia na dedicatória! Lendo atentamente, vi que Sogyal Rimpoché dedicava a seu "mestre" o livro que tinha em minhas mãos: Jamyang Khyentse Chökyi Lodro. Reconhecia o primeiro nome, mas o que significava o resto? Seria o mesmo Jamyang da minha história? Tinha quase certeza de que não havia muitos personagens com um nome tão estranho.

Usei os poucos minutos livres que me restavam entre um paciente e outro para procurar qualquer informação contida

Mundo virtual ou realidade? **215**

no livro sobre o tal Jamyang. Se fora o "mestre" do autor, certamente reencarnara recentemente e seria possível rastrear sua origem. Para quê? Para me afastar daquela aloucada ideia, que só muito de vez em quando vinha à minha mente, de que eu poderia ser aquele Jamyang que fundara em 1416 a lamaseria de Drepung.

Em 1959, quando o Tibete foi invadido, estava vivendo em Sikkim. Segundo Sogyal Rimpoché, para os tibetanos, a morte de Jamyang Khyentse foi um segundo golpe demolidor no mesmo ano da queda do Tibete.

Sogyal Rimpoché relata que no Tibete existem muitas tradições espirituais, mas que Jamyang Khyentse era lembrado por ser uma autoridade em todas elas. Como era mestre dos mestres, e posto que os representantes das linhagens de todas as tradições receberam dele os ensinamentos e iniciações, reverenciavam-no como seu mestre fundamental. Todos o chamavam de Rimpoché, "o Precioso", que é o título que se concede a um mestre. Alguns também o chamavam de "o Buda Primordial".

Não havia dúvida! Se aquele Jamyang fosse o mesmo que vivera em Drepung, desapareceria da minha imaginação qualquer ideia sobre reencarnação, pois havíamos vivido ao mesmo tempo de 1952 até 1959. Por outro lado, minha mente racional acentuava a soberba — talvez quase heresia — daquela sensação intuitiva que às vezes me fazia desconfiar de que eu era a reencarnação daquele antigo personagem que atravessara com tanta exatidão meu caminho. O simples fato de ver que aquele outro Jamyang fora um santo, a simples ideia de ter tal pensamento (eu, que me considerava tão

216   O mistério das coincidências

pouco evoluído nesta vida), parecia-me uma falta de respeito (como naquelas circunstâncias em que sentimos estar faltando ao respeito diretamente a Deus).

Conta o livro que a humildade de Jamyang, combinada com uma sabedoria enciclopédica, manifestava-se em sua presença: a de um sábio e santo. Passara muitos anos em retiro, e muitas histórias milagrosas a seu respeito eram contadas.

A história da vida daquele ser tão especial me comovia. Sogyal Rimpoché relata que dez dias antes de sua morte um sismo fizera a terra tremer; segundo os sutras budistas, esse é um sinal que anuncia o falecimento iminente de um ser iluminado. Não via a hora de me reencontrar com o livro que me apresentara o nome de Jamyang em Dharamshala: *The Power-Places of Central Tibet* (Os Lugares-Chave do Tibete),[22] para poder apagar definitivamente aquelas fantasias que apareciam esporadicamente, vindas, não sei de onde, em meus pensamentos. Precisava averiguar se o Jamyang morto em 1959 era a reencarnação daquele outro que tanto me "acompanhara" em minha experiência tibetana.

Naquele final de semana pude me reencontrar com o livro. Procurei Jamyang Khyentse, e ali estava. Dizia-se que era a reencarnação de Jamyang Khyentse, nascido em 1524, pioneiro do estilo kyenri de pintura. Segundo o livro, sabia-se pouco a seu respeito: era chamado de Tulku Jamyang e pertencera aos Barretes Vermelhos.

Por outro lado, o Jamyang da minha história, aquele que estivera em Drepung, aparentava ser outro. Chamava-se Jamyang Choje e pertencera à seita rival: os Barretes Amarelos. Nasceu em 1397 e morreu em 1449. Foi discípulo

Mundo virtual ou realidade?   217

de Tsongkapa, fundador da Escola Gelupka, a dos Barretes Amarelos, como fora chamada pelos chineses para diferenciá-la da que existia anteriormente: a dos Barretes Vermelhos. Jamyang Choje foi o fundador e primeiro abade de Drepung. O autor do livro, que parece preferir os Barretes Vermelhos, comenta que sua fé e conhecimento foram obscurecidos pelo poder político que depois esteve associado a seu gompa (monastério).

O relato mencionava uma velha rivalidade entre essas duas seitas. Tsongkapa fundou, em 1409, o Ganden Namgyeling, monastério que ganhou rapidamente reputação por seu conhecimento de sutras e tantras dentro de uma estrita disciplina monástica. Conta o livro que a aspiração pessoal daquele mestre era puramente religiosa, mas seus discípulos, patrocinados por famílias poderosas, fundaram novos monastérios, como o de Drepung, que se politizaram rapidamente. Criou-se, então, um conflito que persistiu ao longo do tempo entre as duas escolas e que, segundo o autor, também pode ser visto em termos de rivalidade permanente entre o Tibete Central e Tsang (ao oriente).

Para minha grande surpresa, a história do monastério de Drepung estava intimamente associada à história dos Dalai Lama. Keith Dowman[22] escreve que Sonam Gyatso (1534-1588), abade de Drepung e membro dos Barretes Amarelos, converteu com êxito os mongóis Qosot à visão budista da Escola Gelupka. Altan Khan, o líder Qosot, outorgou-lhe o título de Dalai Lama, passando o nome retrospectivo, e com o mesmo nível, a seus dois predecessores: Gendum Drub (de Tashi Lhumpo) e Gendum Gyatso (abade de Drepung).

218   O mistério das coincidências

Assim, Sonam Gyatso converteu-se no Terceiro Dalai Lama; já o primeiro Dalai Lama tivera relação com Drepung e também era discípulo de Tsongkapa.

Mais além dessa interessantíssima história descobri que os dois Jamyang viveram com um século de diferença e pertenceram a seitas rivais. Nenhuma relação entre eles, exceto o fato de terem em comum um de seus nomes.

Lamentavelmente, aquilo não me permitiu eliminar de uma vez por todas as fantasias sobre a reencarnação no Tibete de 1400.

Capítulo 8
A revelação do mistério das coincidências...

O mundo que criamos é produto de nossa forma de pensar. É uma loucura pensar que o mundo possa mudar sem que mudem nossos modelos mentais.

Albert Einstein[32]

Tenho a convicção de que não teria nenhum sentido relatar a história que vivi se por meio dela não fosse possível decodificar os fatores, habituais na vida de todos, que nos permitirão produzir uma mudança transcendental na forma que usamos para interpretar o que acontece todos os dias com a gente. Se não tivesse descoberto o que lhes contarei em seguida, com toda certeza esta história permaneceria isolada nas profundezas de minha alma ou, no caso de tê-la escrito, talvez perdida em uma simples gaveta de minha escrivaninha. Estou convencido de que, conforme as interpretações encontradas, podemos mudar nossa visão e objetivo na vida e, com isso, o tipo de mundo que construiremos.

Como comentário inicial, e considerando o mesmo manual oculto das coincidências com significado, quero dizer-lhes

220   O mistério das coincidências

que não foi "um acidente" terem encontrado este livro e o fato de ele estar em suas mãos neste exato momento. Como provavelmente se convencerão depois, é consequência, também, do produto da sincronicidade representando a "divina dança do destino".

Tinha absoluta certeza de que a apresentação geral do problema era a correta: havia um grande mistério a desvendar nesse fenômeno que me guiava para além da vontade e das ordens conhecidas da matéria.

Muitas perguntas inquietaram-me durante toda a história:

Quando se trata de uma coincidência que é produto do acaso e quando nos vemos diante de um fenômeno diferente?

Atribuir as coincidências à lei das probabilidades é fruto da ignorância que nos impede de identificar uma lei natural que se ocupa individualmente de cada um de nossos destinos?

Por que tantos cientistas, filósofos e seres do mundo espiritual acreditavam que as coincidências provinham de uma ordem superior, de uma inteligência que é a mesma que organiza tudo no universo?

Qual é a melhor maneira de interpretar corretamente as coincidências que surgem em nosso caminho?

Eram muitas as perguntas. Mas o que, então, conseguira aprender?

A definição dada por quem analisou pela primeira vez o fenômeno a partir da ciência, o psicólogo Carl Gustav Jung, parecia conter uma das chaves: "Sincronicidade: coincidência com significado para a pessoa que a vive."*

---

* Carl Jung tentou várias definições, talvez por dificuldade de expressar em palavras simples o conceito de um fenômeno tão complexo. Estas foram algumas das definições de sincronicidade que encontrei: "Uma coincidência

A revelação do mistério das coincidências... 221

Apesar disso, teria preferido vê-la definida como: "Sincronicidade: a causalidade da casualidade; provém de mais além do acaso, de uma ordem superior que se encarrega de cada um de nós."

O nascimento da sincronicidade

Se Schopenhauer tinha razão (ao dizer que "quando se chega a uma idade avançada e se evoca a vida, esta parece ter uma ordem e um plano, como se fosse criada por um romancista"), algo muito particular deve ter acontecido na trama da história pessoal de Jung para que chegasse a descrever o fenômeno da sincronicidade.

Ao pesquisar, descobri que o nascimento da sincronicidade se "encaixava" perfeitamente no que lera sobre o funcionamento dessa força que parecia tão "inteligente". Para que chegasse a ser descrita, parecia que a própria "força" organizara os acontecimentos a fim de que os dois personagens que deviam participar — as duas pessoas que possuíam conhecimentos complementares que permitiam "compreendê-la" —

---

significativa de dois ou mais acontecimentos na qual está implicado algo mais do que a possibilidade aleatória."[34] "A coincidência no tempo de dois ou mais acontecimentos não relacionados causalmente que têm o mesmo significado ou um semelhante."[40] "Ações criativas"[40]. E como a (...) simultaneidade do estado normal ou comum com outro estado demonstra que um não gera casualmente o outro, e cuja existência apenas é vista posteriormente (...) um conteúdo mental inesperado que se conecta direta ou indiretamente com um acontecimento objetivo e exterior",[34].

222 O mistério das coincidências

se encontrassem. Tudo começara depois de muitas conversas entre o doutor Carl Gustav Jung e o físico quântico Wolfgang Pauli sobre o provável funcionamento intrínseco daquela força tão misteriosa. A trama da história? Para que seus destinos se unissem, muitos fatos dolorosos aconteceram na vida do genial Pauli, e por isso foi obrigado a recorrer aos cuidados terapêuticos do então afamado psicólogo Carl Jung. Refiro-me a situações de vida tão desgraçadas para Pauli como o suicídio de sua mãe por envenenamento, o casamento com uma bailarina de cabaré (que aparentemente o abandonou na semana do casamento) e seu grave e progressivo alcoolismo.

O certo é que, durante a terapia, Pauli não apenas conseguiu encontrar seu próprio "eixo de alinhamento" nas profundezas de sua mente, mas também pôde visualizar a dança que funciona subjacente a todas as partículas subatômicas, aquelas que constituem a base de todo o universo, visível e não visível. (Cabe destacar que os trabalhos de Pauli valeram-lhe, tempos depois, o Prêmio Nobel de Física.) Esse novo mundo fascinou tanto a Jung que lhe permitiu relacionar as coincidências que encontrava nas histórias de seus pacientes com o funcionamento da física quântica. Foi assim que Carl Jung, ao ver que tudo estava inter-relacionado dentro da mesma dança subjacente, resolveu, em 1952, escrever sobre tão deslumbrante fenômeno, dando o nome de "sincronicidade" àquele tipo particular de coincidências. Da história entre Jung e Pauli podia extrair dois fatores. Primeiro, a frequente necessidade de passar por situações conflituosas na vida para, com isso, mobilizar a energia da alma, indispensável para ativar a evolução pessoal que lhe correspondia. Se não tivessem surgido todos aqueles problemas, talvez nada tivesse mudado. O segundo fator, e poderia estar equivocado, já que ninguém o mencionou, é que tendo a pensar que essa descrição da sincronicidade parece ser a primeira manifestação na história do conhecimento a respeito de como o funcionamento do mundo subatômico se relaciona com os acontecimentos do nosso cotidiano.

A data em que a sincronicidade foi descrita também chamava minha atenção: eu havia nascido no mesmo ano, 1952, e agora estava escrevendo sobre ela. Outra coincidência?

Quando comparava as histórias, via que a minha, apesar de também estar sob o bombardeio de coincidências, não precisara de nenhum golpe fatal do destino para que elas ocorressem. Fizera algo acertado a ponto de permitir que fossem desencadeadas? O que favorecera a manifestação das sincronicidades?

Depois de analisar, adquiri a consciência de que, talvez, minha única virtude fora a de me deixar levar por acontecimentos inesperados, aliado à curiosidade de procurar o que estava mais além, aceitando o caminho da incerteza (que habitualmente tanto nos angustia).

Influíram em mim? Muitíssimo, tanto que acabei escrevendo este livro sobre o tema.

O fenômeno e sua manifestação na vida diária

Eu vivi aventuras que me impressionavam pelo seu caráter maravilhoso e chegara a sentir, às vezes, que era um detetive

224   O mistério das coincidências

à procura de pistas, e por isso me perguntava: existiriam, entre os seres que aparentavam ter evoluído mais do que os outros, aqueles que viviam procurando continuamente esse tipo de sinais?

Aquele que tanto admirava, o doutor Deepak Chopra,* dera uma explicação simples em um seminário:

> *Se me sento em um avião ao lado de um estranho que está procurando certa ideia para publicar, e essa é a mesma ideia na qual estou trabalhando, a explicação estatística de probabilidade não se aplica (...) As chances de que esse encontro aconteça são de milhões contra uma. Apesar de uma coisa dessas acontecer ocasionalmente, e de a explicação simplista "estava destinada a acontecer" ter mais sentido do que os números do acaso, isso não é científico. Na realidade espiritual, por sua vez, tudo acontece porque deve. O mundo é um lugar de significados: todos estão elaborando suas próprias vidas.*[17]

Quando lhe perguntaram quão frequente era o fenômeno na vida de todos os seres, respondeu que todos experimentamos, em algum momento, coincidências que contêm um significado e desafiam as leis das probabilidades. Citou exemplos,

---

* Deepak Chopra: médico, neuroendocrinologista. Conseguiu uma simbiose entre a medicina ocidental e a milenar ayurvédica procedente da Índia. Seu objetivo: tratar o ser não apenas a partir do corpo, mas também da alma. Diretor do Center for Well Being, em La Jolla, Califórnia. Autor de numerosos livros traduzidos a muitos idiomas. Entre eles, *A cura quântica, O caminho do mago* e *Como conhecer Deus*. É uma das referências mundiais em conhecimentos holísticos relacionados a um novo paradigma.

A revelação do mistério das coincidências... 225

como o de receber um telefonema de um amigo distante em quem acabáramos de pensar ou a aparição na vida real de alguma coisa que sonháramos. Disse que as coincidências com significado, muito além do que poderíamos crer, não são fenômenos inusitados, mas, acontecem, sim, o tempo todo, em todos os aspectos da vida.[18]

Mas Chopra não era o único a se referir ao tema. Um advogado bem-sucedido, Joseph Jeworski,* que mudou o rumo de seu destino pessoal seduzido pela magnitude do fenômeno, também explicara, com simplicidade, o que às vezes pode nos acontecer:

Todos experimentamos aqueles momentos perfeitos em que todas as coisas parecem se encaixar de uma maneira quase inacreditável, em que os acontecimentos que não podíamos prever, e muito menos controlar, parecem conduzir notavelmente nosso caminho. O mais perto que estive de encontrar uma palavra que defina o que ocorre nesses momentos é "sin-

---

* Joseph Jeworski era um bem-sucedido advogado dos Estados Unidos a quem a sincronicidade havia se interposto em seu caminho, até o ponto de decidir abandonar sua profissão para se dedicar a algo totalmente novo e criativo. Esse novo caminho, guiado pela sincronicidade, levou-o a criar o Center for Generative Leadership, com o objetivo de treinar uma nova geração de dirigentes. Mais tarde dedicou-se a divulgar "uma nova consciência" nas grandes empresas, como aconteceu ao trabalhar com a Shell. (Recentemente, pude ver, na televisão, como a Shell está promovendo o alinhamento de seus projetos com um critério ecológico e de preservação da Terra.) Essa experiência induziu-o a escrever um magnífico livro intitulado *Sincronicidade: o caminho interior para liderança* (Editora Best Seller).

226 O mistério das coincidências

cronicidade" (...) No delicioso fluir desses momentos parece que fomos ajudados por mãos ocultas (...) A esta altura, sua vida transforma-se em uma série de milagres previsíveis.[32]

Seu comentário deixava claro que podíamos esperar pela manifestação do fenômeno no cotidiano. Havia uma pergunta recorrente para a qual ainda não tinha resposta: por que, ao experimentar as sincronicidades, tivera a clara sensação de que alguém estava fazendo "travessuras" com meu destino?

Descobri que David Peat* emitira uma opinião a respeito. Dizia que as sincronicidades eram como "curingas" de um baralho de cartas que se recusavam a jogar com as regras que nós conhecemos. Isso nos indicava que talvez ignorássemos alguma chave do jogo: "a ponte entre a objetividade da ciência dura e a subjetividade dos valores pessoais."[40]

Depois de tomar conhecimento do pensamento de Peat, tive a sensação de que o tema estava derivando para que chegasse a pensar que, na realidade, tratava-se de alguma "inteligência superior" que intervinha organizando as coincidências. Pensava isso a partir da ciência?

---

* Doutor David Peat, físico quântico inglês: enquanto trabalhava ao lado de outro dos grandes pensadores do século XX, o doutor David Bohm, começou a se interessar, em 1971, pelas ideias do famoso psicólogo Carl G. Jung. A partir de então, escreveu inúmeros livros, tentando reconciliar os conceitos da psique com as visões da ciência, difundindo, assim, a nova filosofia da ciência (incluídas suas relações com a sincronicidade).
** Combs e Holland, autores do magnífico livro que intitularam *Synchronicity*. Allan Combs era professor de psicologia na University of North Caroline, Asheville. Mark Holland, inglês, trabalhava como professor na East Tennessee State University, tendo estudado exaustivamente psicologia junguiana.

Encontrei mais tarde a resposta em um livro de Allan Combs e Mark Holland.** Eles acreditavam, como tantos outros, que quando se produziam essas intervenções das coincidências em nossas vidas elas nos despertavam a sensação imediata de que algo mais além da sorte cega estava trabalhando nos bastidores dos dramas da vida. Como se houvesse uma "agência" trabalhando atrás do cenário, marcando os eventos do acaso com uma inteligência que só podia ser considerada intencional. Devíamos descartar a interpretação de que se tratava simplesmente de fatos fortuitos, pois a frequência com que eles podiam acontecer com tanta propriedade devia nos levar a descartar tal interpretação.[16]

Parecia, então, que a divindade criadora (ou algum de seus intermediários) usava o seguinte mecanismo: dedicava-se a organizar as coincidências que nos cabiam para se comunicar com cada um de nós. Como se essa fosse uma linguagem que tivéssemos em comum.

O significado e a trama de nossas histórias pessoais

As coincidências organizadas à "nossa medida" adquirem essa qualidade porque têm sentido, significam algo dentro da trama da nossa história pessoal.

A partir de C. G. Jung, todos os autores concordavam quando se tentava encontrar uma explicação que diferenciasse uma sincronicidade de um simples acontecimento ao acaso; o fator mais relevante nesse fenômeno tão particular

228 O mistério das coincidências

era "seu significado". Em uma sincronicidade, a pessoa que a experimentava recebia resposta a algum problema ou questionamento que o afetava, e seu significado passava a desempenhar importante papel em sua vida. O filósofo Michel Cazenave levava isso ao extremo ao dizer que um evento sincrônico era "portador de um sentido privilegiado para o sujeito que o vivia".[47] É por isso que tantas vezes sentimos que estamos terrivelmente mobilizados para analisar as coincidências pessoais e não tanto para ouvir as dos outros.

Rememorando o que Campbell e Schopenhauer disseram, talvez um dos pontos que me produzia mais entusiasmo fosse pensar que tudo nos acontecia dentro da trama de uma história e que ela estava dentro do sonho de um "grande romancista". O psicoterapeuta Robert Hopcke* apresentara a mesma questão a partir de outro ponto de vista:

E se todos fôssemos personagens de uma história? E se o que experimentamos como nossa vida fosse uma obra de ficção? Como poderíamos saber (...) a forma que um personagem saberia pertencer a uma história? Evidentemente, algo alheio à própria história, algo que viesse de mais além, poderia atrair a atenção de um personagem sobre a natureza da história que está vivendo. No entanto, fosse qual fosse esse acontecimento extraordinário, também teria de fazer parte da histó-

---

* Robert Hopcke, psicoterapeuta junguiano que dirige o Centro de Estudos Simbólicos para a formação de psicanalistas. Algo muito interessante em seu currículo mostrava que fora "seduzido" pela sincronicidade para escrever seu livro *El azar no existe* (O Azar não Existe).

ria, deveria ter um sentido ou significado para os personagens, a trama, a apresentação, o nó e o desenlace, não é mesmo?[31]

Com as explicações que surgiam, parecia então que devíamos interpretar nossa vida como algo parecido ao que acontece em um roteiro de cinema. E aí me lembrei de dois filmes que tinham nos últimos tempos se referido a essa força, demonstrando que ela estava voltando a ser considerada por nossa cultura.

Por um lado, *Mensagem para você* fora um exemplo claro de como a sincronicidade forçava a união de duas vidas e seus destinos. As coincidências que se interpunham em seus caminhos, inclusive contra os desejos conscientes dos personagens, eram tão significativas que acabavam unindo o que devia se unir.

O outro, *O show de Truman*, mostrava um aspecto diferente. Parecia semelhante àquilo de que falavam Combs e Holland: aquela espécie de "agência" que organizava os eventos que aconteciam com o personagem. Um diretor de televisão representava o próprio papel exercido pelos deuses do Olimpo na vida das pessoas da Grécia Antiga, organizando os "próximos capítulos" do que devia acontecer na vida de um ser humano real. Talvez de maneira muito parecida ao que é feito pela sincronicidade.

Mas, nesse ponto, percebia uma diferença em relação aos relatos de Homero. Neles, os personagens eram incapazes de se opor à vontade, muitas vezes caprichosa, dos deuses. O filme mostrava claramente uma característica que reconhecemos como real a partir de nossa experiência cotidiana. Qual?

230 O mistério das coincidências

O personagem tinha a possibilidade de optar, em cada situação, por meio do livre-arbítrio, coisa que estava mais além do fato de não poder evitar enfrentar o que se colocava em seu caminho. O livre-arbítrio parecia ser, então, nosso maior capital para poder tomar o caminho adequado.

Eram estas as deduções? Sobre isso, Hopcke dizia que existia um inegável paralelismo entre a coerência simbólica que esperávamos encontrar nos romances ou nos filmes e a que experimentávamos nas coincidências significativas. Elas deixavam clara a dimensão simbólica de nossa vida, e, obrigando-nos a examinar os vários aspectos constitutivos do acontecimento, levavam-nos a apresentar as mesmas perguntas que surgiam quando líamos um romance ou víamos um filme:

Qual é o sentido de tudo isso? Aonde nos leva? O que diz mesmo a meu respeito, quem fui, quem serei?[31]

A relação com nossos destinos

Se o "roteiro" era escrito dessa maneira, as coincidências deviam ser aquelas que influíssem, diretamente, nas mudanças de rumo que habitualmente aconteciam em nosso caminho. James Redfield* explicara como via a participação do fenômeno:

---

* James Redfield: escritor conhecido internacionalmente a partir de *La novena revelación* (A Nona Profecia). Outros livros: *A décima profecia, La undécima revelación* (A décima primeira profecia) e *La nueva visión espiritual* (A Nova Visão Espiritual).

Poucos de nós podem olhar para trás e contemplar suas vidas sem ver uma estrutura sincrônica nos misteriosos aconteci-mentos que se conjuraram para nos proporcionar nossa atual carreira, esposa ou a rede de amigos ou alianças com que con-tamos. Mais difícil é perceber esses importantes acontecimen-tos vitais no presente, no momento em que acontecem. As coincidências podem ser óbvias, mas também muito sutis e fugazes, e por isso podem ser, facilmente, mal interpretadas, como meros fatos casuais ou fortuitos.[46]

O próprio Jung sustentara que a sincronicidade era uma lei do universo que agia para orientar os seres humanos no sen-tido do aumento da consciência.[46] Operando assim, as sincro-nicidades ajudavam-nos a reorientar nossas vidas e a nos unir a nosso verdadeiro destino, aquele que está claramente apa-rentado com o "verdadeiro propósito da vida". Esse conceito parecia ter muita semelhança com o que no Oriente descre-viam com a palavra "dharma". Uma rápida procura bibliográfi-ca confirmou-o.

A sincronicidade, como era denominada a partir da ciên-cia, era simplesmente uma das acepções do Dharma. Essa palavra sânscrita podia ser usada com quatro diferentes signi-ficados.

O primeiro dos significados se referia à "grande ordem cósmica", a lei cósmica a que nosso mundo está sujeito.

O segundo significado empregado referia-se à "doutrina de Buda", porquanto esta proclamava a lei cósmica.

O terceiro era a "manifestação de todas as coisas": o mundo fenomenológico na medida em que este era o desdo-bramento da lei cósmica.

O quarto e último expressava o "caminho individual" de cada um dos seres: o objetivo individual dentro da lei cósmica.

Deduzia-se que o que estavam chamando de "sincronicidade" tinha uma relação estreita com os dois últimos significados. E aí compreendi por que meu mestre em sincronicidade, Deepak Chopra, preferia denominá-la de outra maneira, de "sincrodestino". Somava assim a quarta acepção da palavra Dharma (o caminho individual alinhado à lei cósmica) à da sincronicidade, permitindo então melhor noção do que essa força significava para nossas vidas.[18]

Como parecia difícil poder se alinhar com um propósito superior, com aquele de que o universo necessitava de cada um de nós para ajudar a evolução! Jaworski, usando o conceito de Joseph Campbell, dera-lhe sua verdadeira dimensão ao dizer que a viagem do herói era a de qualquer um de nós que escolhesse procurar seu verdadeiro destino. A chamada para nos convertermos naquilo que estávamos destinados a ser, alcançando nosso objetivo vital.[32]

Pensava que se a sincronicidade podia ser até relacionada com a mitologia (como no caso das intervenções dos deuses do Olimpo na vida dos humanos), na Antiguidade, certamente, muitos povos consideraram a participação desse fenômeno na vida. E foi assim, como a língua tibetana confirmava. Há muitos séculos existia nela uma expressão para denominar a sincronicidade: "rten brel."[45] Haveria outros exemplos de menção à sincronicidade na Antiguidade? Apresentado a essa questão, Chopra respondeu-me:

De acordo com a tradição Védica, só há dois sintomas que permitem definir uma pessoa que está a caminho da iluminação.

Primeiro, a sensação de que as preocupações estão desaparecendo. Não se sente abatida pela vida. As coisas podem ir mal, mas isso já não a incomoda mais.

Segundo, em cada área de sua vida começa a notar um grande número de eventos sincrônicos. As coincidências com significado parecem acontecer cada vez com maior frequência.[18]

Surpreendia-me ver como algo que nos parecia ser tão novo já tinha raízes milenares, como era o caso dos Vedas. Da mesma coisa falava o xamanismo mencionado por Carlos Castaneda* em seus escritos. Ele contava que uma vez perguntara a dom Juan, seu mestre, se os acontecimentos "acidentais", aqueles que produziam grandes mudanças interiores e nos permitiam cruzar o umbral mudando de rumo, eram o resultado de circunstâncias imprescindíveis regidas simplesmente pelo mero acaso:

Respondeu-me dizendo que seus passos e os meus foram guiados pelo infinito. As circunstâncias que pareciam ser regidas pelo acaso foram, em essência, guiadas pelo lado ativo do infinito. Chamou-o de tentativa.[14]

---

* Carlos Castaneda: autor de ensinamentos xamânicos do antigo México. *Os ensinamentos de Don Juan, O jogo interior, O poder do silêncio* e *O legado ativo do infinito* estão entre seus inúmeros livros.

234 O mistério das coincidências

Não cabia dúvida de que essa força magnífica não apenas tinha uma inteligência imensa, uma inteligência cósmica, mas que a manifestava por meio da tentativa. Tinha intenção!

E aqui surgia uma nova questão: se tudo isso era assim, parecia lógico nos entregarmos para que ela nos conduzisse. Jaworski dissera até que ponto achava que devíamos fazê-lo:

> Se estivermos verdadeiramente decididos a realizar nosso sonho, descobriremos que existe uma força poderosa que está mais além de nós mesmos e de nossa vontade consciente, uma força que nos ajuda no caminho, alimentando nossa busca e transformação.[32]

Como procurar a sincronicidade?

Estava conseguindo compreender diferentes aspectos da sincronicidade. Apesar disso, muitas perguntas ainda estavam sem resposta. Como devíamos fazer para "encontrar" sincronicidades? Como ela faria para nos convencer de que estávamos diante de sua presença?

Um dos diálogos de Redfield em *La novena revelación* (A Nova Profecia) forneceu-me a imagem de como poderíamos fazer para "sintonizar" o dial adequado, favorecendo assim a aparição das sincronicidades. (Para os que não leram esse livro de ficção espiritualizada, os personagens encontram sequencialmente revelações iluminadoras à medida que conseguem compreender e aprender as profecias anteriores.) Sintetizando, o diálogo era o seguinte:

— Uma parte do manuscrito foi encontrada. Com o texto original havia oito profecias, mas nele mencionava-se mais uma, a nona. Muitas pessoas procuraram-na.

— Você sabe onde está?

— Não, na realidade, não.

— E, então, como vai encontrá-la?

— Da mesma maneira que José encontrou as oito profecias originais. Da mesma maneira que você encontrou as duas primeiras e depois tropeçou em mim. Quando alguém consegue se conectar e gerar energia suficiente, começam a acontecer fatos coincidentes com regularidade.

— Diga-me como fazê-lo! Qual é a profecia?

— Conectar-se não é apenas uma profecia: são todas. Você recorda que na segunda profecia descreve-se que enviaram exploradores ao mundo para que, usando o método científico, descobrissem o significado da vida humana neste planeta? Bem, as profecias representam respostas conclusivas. No entanto, não provêm apenas da ciência institucional. As respostas a que me refiro vêm de muitas áreas distintas da investigação. Os achados da física, da psicologia, do misticismo e da religião chegam juntos a uma nova síntese baseada em uma percepção das coincidências.

Estamos aprendendo os detalhes do significado das coincidências e de como funcionam, e ao fazê-lo construímos uma visão da vida totalmente nova, uma revelação atrás da outra. Coloca tudo em perspectiva e nos dá o verdadeiro objetivo da vida.[44]

Depois de reler esse diálogo, senti-me satisfeito (provavelmente era uma coisa que só vinha do ego). De alguma manei-

236 O mistério das coincidências

ra, podia me considerar parte daquele grupo de exploradores que usando o método científico de investigação estava tentando descobrir, a partir das coincidências, o significado da vida humana no planeta. Parecia uma tentativa nobre e um grande alento para continuar procurando.

O estado da mente e do corpo que favorece a aparição de sincronicidades

Ainda faltavam muitos outros aspectos a decifrar. Entre eles, tentava deduzir quais eram os estados que favoreciam as sincronicidades. Não pude evitar tentar encontrá-los em minha história pessoal.

O exemplo da bompa permitia uma análise mínima. Quando Mercedes percebeu sua presença no *living* da nossa casa, depois de ter ficado no mesmo lugar durante três anos, pediu-me que a jogasse fora. Lembram o que aconteceu? Não só não o fiz, talvez porque minha intuição me dizia que não devia, mas tampouco me obstinei em defender a posição que a lógica me indicava: deixá-la onde sempre estivera, convencendo-a de que se tratava de superstições infundadas. A reação instintiva, a primeira coisa que me veio à mente, "então vou levá-la para o consultório", continha a decisão correta a respeito do que devia fazer. Por que a levaria ao consultório e não a outro lugar? Parecia que atrás de cada situação atípica pode se esconder uma nova pista para algo inimaginável e que o "primeiro pressentimento" que surge é

A revelação do mistério das coincidências... 237

o que pode conter o caminho a seguir. Tempos depois ouvi Chopra referir-se a essa questão. Ele achava que os acontecimentos sincrônicos não precisavam ser forçados para que começassem a acontecer. Acreditava que devíamos cultivar uma atitude relaxada de atenção e intenção, deixando que a natureza seguisse seu curso. Por quê? Ela própria estava construída sobre um número infinito de coincidências incríveis.[18]

A conclusão? Não devíamos nadar contra o fluxo da correnteza da natureza!

Duas chaves pareciam ter surgido: se deixar levar e considerar a importância do pensamento intuitivo. Pensava que devia existir outro ingrediente: o estado da mente e do corpo, que permitia que as sincronicidades se desenvolvessem (se é que existia algum).

Por que pensava assim? Pelo que acontecera em Minneapolis. Encontrara a bibliografia tão procurada no momento em que estava muito cansado. Naquela condição física e rompendo com tudo o que programara — quer dizer, ler com urgência o "cobiçado tesouro" —, deixei-me levar ao lugar em que encontraria a pintura (aquela que me arrependia de não ter comprado em Nurbulingka) e a imagem de Jamyang. Ter o corpo e a mente cansados, como acontecia naquela ocasião, favorecia realmente suas aparições? Quando o corpo está cansado, o bloqueio é rompido e podemos perceber os sinais que vêm de fora dele?

Uma das respostas para isso veio do xamanismo explicado por Castaneda. Eles cansavam o corpo para interromper o diálogo interno.

238   O mistério das coincidências

Parece que não pensar é uma coisa que também predispõe a percepções intuitivas. Dizia que os xamãs do antigo México realizavam os atos mais despropositados com o objetivo de procurar o silêncio interno e favorecer sua aparição. Entre eles, destacava-se algo tão estranho como passar a noite pendurado de cabeça para baixo no galho de uma árvore. O segredo desse tipo de situações era tentar acumular, ou amontoar, silêncio interno. A razão? A partir daquilo conseguiam "deter o mundo", como se fosse uma avenida que levava à suspensão do juízo. Dom Juan explicara-lhe que, conseguindo cancelar os pensamentos dentro desse estado tão peculiar, o indivíduo poderia funcionar em um nível distinto ao da consciência cotidiana. Qual era, então, o segredo para se atingir o silêncio interno? Suspender o companheiro perene do pensamento: o diálogo interior. A partir daí, a percepção deixava de depender dos sentidos e começava a funcionar outra faculdade que transformava o homem em um ser mágico, voltando sua verdadeira natureza a algo que chamavam de liberdade total.[14]

Analisando o que foi dito por Castaneda, parecia-me que, de alguma maneira, a sincronicidade podia ser considerada um estado elevado de consciência. Por quê? Porque nela parecia necessário "deter" a mente racional para chegar à descoberta de alguma resposta iluminadora e, assim, nos conectar a outros níveis de organização da vida.

O que os xamãs buscavam — suspender os pensamentos e o diálogo interno — não parecia diferir do estado que no Oriente procuravam por meio da meditação. Utilizavam-na para chegar à mesma coisa: encontrar respostas no silêncio interno, dentro do silêncio mágico da alma. Ouvir o "Mestre interior". Encontrei uma das descrições de que mais gosto sobre o que era a meditação em palavras de Sogyal Rimpoché.* Respondia à difícil pergunta de como podemos fazer, a partir da meditação, para eliminar os pensamentos e chegar ao silêncio interior.

> *Na mente ordinária, percebemos a corrente dos pensamentos como uma sucessão contínua e ininterrupta, mas na realidade não é assim. Você mesmo descobrirá que há um intervalo entre pensamento e pensamento. Quando o pensamento passado já passou e o futuro ainda não surgiu, sempre haverá um espaço no qual se revela "Rigpa", a natureza da mente. Assim, pois, o objetivo da meditação é permitir que os pensamentos se tornem mais lentos (ou, também, poderíamos dizer: mais espaçados ou menos frequentes), para que esse espaço vazio se torne cada vez mais evidente. Os pensamentos são como o vento: vão e vêm. O segredo está em não pensar sobre os pensamentos, mas sim permitir que circulem pela mente sem se deixar arrastar por eles. Deve-se ser como o oceano, que contempla suas próprias ondas, ou como o céu, que olha do alto as nuvens que o cruzam.*[55]

O que disseram devia ser completamente correto. Ao ler sobre "as situações que favoreceram as descobertas" na vida de muitos cientistas (assim como acontece com as sincronicidades em nossas próprias vidas), podia observar que muitas "criações" haviam surgido quando os personagens, na maioria

---

* Sogyal Rimpoché: autor de *O livro tibetano do viver e do morrer*.

240 O mistério das coincidências

das vezes involuntariamente, deixaram de pensar no tema e alguma situação provocou um grande cansaço ao corpo físico e deteve o pensamento que coagia em busca de soluções.

Encontrei exemplos ilustrativos. J. P. Mc Evoy* contava sobre o que acontecera com Werner Heisenberg,** prêmio Nobel por ter descoberto a mecânica matricial na física quântica (essa complexa estrutura que descreve o comportamento do átomo).[36]

Em 1922, em Gotinga, depois de terminada uma conferência de Niels Bohr (um dos "pais" da física quântica), Heisenberg levantou-se para apresentar sua objeção ao informe (sobre o conceito das órbitas dos elétrons orbitando como os planetas ao redor do sol).

Naquela tarde, Bohr convidou-o a fazer uma caminhada pela montanha. Heisenberg contou-lhe, então, a razão de suas dúvidas: "Os átomos não são coisas." De que servia falar de trajetórias invisíveis que se deslocavam dentro de pequenos átomos também invisíveis?

Mc Evoy relata que Heisenberg abandonou Copenhague para ser docente em Gotinga com apenas 22 anos. Detestando aquele conceito das órbitas imaginárias dos elétrons,

---

* J. P. Mc Evoy: ex-pesquisador e docente que passou a trabalhar como escritor e jornalista científico, escreveu um livro muito didático: *Teoria Cuántica para principiantes* (Teoria Quântica para Iniciantes).

** Werner Heisenberg: físico quântico da Escola de Copenhague. Descreveu a mecânica matricial da física quântica. Recebeu o Prêmio Nobel. Desenvolveu o conhecimento a partir de Niels Bohr e estudou ao lado de Wolfang Pauli. Algumas pesquisas sugerem que se negou, voluntariamente, a terminar de desenvolver a bomba atômica para o regime da Alemanha nazista.

mal dormia. Dedicava seu tempo a investigar a mecânica quântica, a escalar montanhas e a memorizar poemas de Goethe (Sua intenção era desenhar um código que relacionasse os números quânticos e os estados de energia de um átomo com as frequências e intensidades dos espectros de luz, que já haviam sido determinados experimentalmente.)[36]

Até o momento, a história não era muito distinta das que precederam as grandes descobertas. Mas que fatores confluíram para que depois nascesse a extraordinária concepção sobre as leis da natureza?

Por aquela época, Heisenberg foi atacado pela febre do feno, que mal lhe permitia enxergar. Estava em estado deplorável e por isso resolveu procurar uma atmosfera sem pólen, a ilha de Helgoland, no mar do Norte. Quando chegou, estava exausto e com o rosto muito inchado, tanto que a dona da pousada perguntou se ele levara uma surra.

Foi quando apareceu "o presente do céu", como relata o próprio Werner Heisenberg em sua autobiografia: A parte e o todo.[7] Sem pensar no tema, as imagens da solução para a mecânica matricial apareceram, arrebatando sua mente. Como se captasse uma ideia proveniente de algum centro superior de conhecimento.

Saiu da casa e esperou o amanhecer em cima de uma montanha e chamou a experiência de "a noite de Helgoland".

Mc Evoy conclui sua narrativa com um comentário simpático: "Já estava completamente recuperado de suas duas enfermidades: a febre do feno e as órbitas dos elétrons!"[36]

A história, maravilhosa, produzira, como resultado, uma mudança transcendental no conhecimento humano. Dela se

242 O mistério das coincidências

inferia que uma enfermidade que o obrigara a se desconectar da procura racional fora o que permitira que sua mente trabalhasse em outro nível, "no automático", para encontrar a solução do problema.

Mas achei muito mais divertida a técnica usada por outro grande da física, Erwin Schrödinger, para se conectar à sua "musa inspiradora". Mc Evoy descreve essa faceta sob o título "gênio e amante":

> *Assim como Heisenberg precisava da solidão das caminhadas pelas montanhas em uma atmosfera sem pólen e Dirac procurava a tranquilidade monástica dos pavilhões universitários de St. John, em Cambridge, Schrödinger recorria a algo um tanto diferente para se inspirar.*
>
> *Schrödinger era um mulherengo conhecido: volta e meia suas aventuras amorosas eram a musa inspiradora de seus trabalhos sobre física. Durante o recesso natalino de 1925, fez a descoberta mais importante de sua carreira durante um encontro apaixonado em seu hotel favorito do Tirol austríaco.*[36]

Achei fascinante saber de uma forma tão peculiar de inspiração. Naquela noite, Schrödinger descobrira nem mais nem menos do que a solução para uma equação que descrevia "a função de onda" dos estados de energia do átomo. Era a comprovação do conceito de "ondas de matéria". Esse princípio da física quântica diz que as partículas (e, portanto, a própria matéria) podem se comportar como ondas, ou seja, ter funções ondulatórias. Disso se inferiu que para compreender a luz era necessário aceitar essa dualidade "onda-partícula", pois tanto a luz como qualquer outra partícula podiam se comportar das duas maneiras. Inclusive a gente? A partir de então, daquela noite particular em um hotel, ela passou a ser chamada de a "equação da onda de Schrödinger".*36

Esses relatos demonstram que, uma vez definido corretamente o que se desejava descobrir e obtendo depois os conhecimentos básicos necessários à futura interpretação da inovação, o segredo estava, provavelmente, em parar de pensar sobre o problema e passar a se ocupar de outra coisa. Era como se a mente continuasse trabalhando "no automático", sem a intervenção do pensamento racional para, repentina e inesperadamente, nos dar a resposta ao dilema em questão. Não me parecia que isso diferisse muito do que haviam apon-

---

* Uma breve explicação para poder compreender de que se tratou a descoberta de Schrödinger. Alguns físicos não descartavam a ideia de visualizar todos os aspectos do universo físico, inclusive a estrutura do átomo. Essa fora a razão pela qual Schrödinger e muitos outros não receberam muito bem a mecânica matricial de Heisenberg. As ondas de matéria foram descritas anteriormente pelo príncipe Louis De Broglie em 1923. Faltava ainda sua comprovação matemática. Esse fora o motivo que o levou a procurar uma outra solução para o problema e a descrever "a função de onda" que depois lhe valeu também o Prêmio Nobel. A função da onda reflete todos os estados potenciais, com inúmeras possibilidades, em que se encontra um elétron até que se manifeste de uma maneira determinada. Ao fazê-lo, as infinitas probabilidades colapsam em uma só probabilidade ("colapso de função de onda"), descartando o resto. Talvez, pensava eu, isso não fosse muito diferente do que fazemos em nossas vidas com o livre-arbítrio. A equação da função de onda de Schrödinger era reconhecida como um dos maiores feitos do pensamento do século XX, já que, segundo dizem os entendidos, abarca a maior parte da física e toda a química.

244 O mistério das coincidências

tado, e experimentado na própria carne, a respeito de como funcionava a sincronicidade.

Continuei lendo e surpreendeu-me encontrar exemplos de outros criadores que demonstravam a mesma coisa: o que pode acontecer quando nos despreocupamos e ocupamos o corpo (cansando-o) em outra atividade. A doutora Von Franz, discípula de Carl G. Jung, referia-se a dois exemplos. Um, o caso de Henri Poincaré. Ele trabalhou exaustivamente em um problema, aquele que na atualidade é chamado de funções automorfas. Sem conseguir encontrar a solução, teve de cumprir o serviço militar. Uma noite, muito cansado e sem conseguir conciliar o sono — já que tomara café —, de repente viu, tal como ele mesmo relataria mais tarde, as ideias e as combinações fluírem como átomos no espaço. Combinavam-se e desconectavam-se, entabulando assim a conexão correta e vendo a solução do problema. Como dizia Von Franz, viu tudo em um flash. Levantou-se e levou cerca de meia hora para desenvolver o tema de cada argumento: disso se deduz aquilo e disso outro se deduz o mais além, até que, finalmente, conseguiu a prova que o tornou famoso no mundo da matemática.

Algo parecido acontecera ao famoso matemático Gauss quando quis descobrir um teorema numérico. Disse: "Minha mente estava até agora absorta no problema, mas não podia enxergar a solução e, de repente, pela graça de Deus, tive um flash e vi tudo claro, mas depois não conseguia dizer como chegara até ali ou como argumentei, e qual era a conexão." Von Franz diz que conseguiu ver a ordem eterna, depois precisou que sua mente consciente trabalhasse com os fios da conexão, para transformar aquilo em uma prova matemática

A revelação do mistério das coincidências... 245

que consistia em um primeiro, segundo, terceiro e quarto passo etc.[61]

Mas havia outras histórias que mostravam a sincronicidade com esplendor muito maior. Para o surgimento da solução (muito além de ser favorecida pelas condições que comentávamos anteriormente: o cansaço do corpo e da mente), em alguns outros exemplos era possível apreciar a participação de um fator que alguns chamariam de "sorte" ou "casualidade". Outros, olhando de um ângulo diferente, poderiam atribuir aquilo à "intenção" ou ao "propósito" do universo. Ali se via que não era necessário apenas saber o que se desejava buscar, mas que era preciso "estar no lugar e no momento adequados". Essa peculiar participação da sincronicidade nos atos criativos poderia ser observada claramente na história de outros dos "grandes" que mudaram o rumo da humanidade: sir Alexander Fleming.

G. B. Kauffman[33] relata que foi ordenado a um jovem micólogo (pesquisador de fungos) irlandês, C. J. La Touche, que mudasse de laboratório. Ao fazê-lo, passou a trabalhar exatamente embaixo do laboratório de Fleming. Os dois laboratórios tinham portas que davam das mesmas escadas. Devido ao fato de que no laboratório de Fleming era quase impossível abrir a janela, ele geralmente deixava sua porta aberta.

La Touche tivera a sorte de identificar um fungo: *Penicillium notatum*. Por sua vez, seu laboratório não tinha o isolamento necessário para trabalhar, o que fizera com que toda sua atmosfera fosse contaminada pelos esporos do fungo.

O que aconteceu?

246 O mistério das coincidências

Em setembro de 1928, ao voltar de umas férias, Fleming começou a descartar uns recipientes que deixara de lado antes de sair de viagem (aqueles que são usados para colocar meios de cultivo onde depois se desenvolvem micro-organismos). Naquela época, o Departamento de Inoculação usava, para armazenar, bandejas muito pouco profundas e com muito pouco antisséptico.

Quando descartava tais recipientes (chamados placas de Petri), a casualidade fez com que, involuntariamente, Fleming deixasse a placa de Petri que fora contaminada pelos esporos do *Penicillium notatum* em cima das outras que estavam dentro da bandeja.

Foi só então que percebeu que os estafilococos se dissolveram por causa do fungo de La Touche.

Como médico, e sabendo quão difícil é descobrir algo que seja realmente significativo, essa história me dá muito que pensar. Surpreende-me tudo o que teve de acontecer para que a humanidade obtivesse os antibióticos (a penicilina) que permitiram combater o flagelo provocado pelas infecções, uma das principais causas de morte daquela época, e mudar o rumo da história. Tenhamos consciência de que até aquele momento nem sequer era possível realizar intervenções cirúrgicas sem um altíssimo índice de infecções.

Uma análise simples permite observar que o somatório de fatores foi enorme. La Touche pesquisava fungos e conseguira isolar um "muito particular", não outro. Fleming tentava encontrar algo para combater as infecções. O laboratório de Fleming, onde mal se podia abrir a janela, era vizinho de umas escadas. Bandeja ruim e pouca quantidade de antissépticos. A mudança de La Touche para o mesmo edifício e debaixo de Fleming, ordenada não se sabe por quem, que desconhecia tudo. As más condições de isolamento do laboratório de La Touche, que também dava à mesma escada.

Tudo isso teve de acontecer para que se preparasse o campo que deixaria a natureza agir. Mas faltava algo mais: as férias de Fleming, para que a biologia tivesse o tempo necessário para trabalhar. E durante a ausência do pesquisador, a viagem dos esporos pelo ar, subindo a escada para colonizar os recipientes e matar os estafilococos. Surpreendente, não?

Mas ainda falta um ingrediente importantíssimo: que ao voltar, limpando o que deixara antes de partir, Fleming tivesse colocado sem querer a placa em questão em cima das outras. Era necessário que Fleming, e não um assistente ou alguém do pessoal da limpeza, as organizasse, pois era ele o intermediário idôneo para interpretar o que realmente acontecera.

A partir de então, começou a "era dos antibióticos", prolongando a vida dos seres humanos e favorecendo a maioria dos avanços da medicina do século XX.

Dessa análise surge uma pergunta de resposta quase óbvia (ao menos para mim): existe uma inteligência com objetivos que é a que "arruma" todos esses acontecimentos quando algum ser humano adquire a capacidade de interpretar corretamente o surgimento de algo novo? Ou devemos considerar a "lei das probabilidades" como se fosse "a divindade criadora"? Parecia que essa força tinha inteligência suficiente e poder de manifestação no mundo da matéria para planejar e organizar as coincidências que trariam a solução para favorecer a evolução.

"Os 'dois mundos' e as lágrimas"

Ainda não recebera resposta para uma coisa. Refiro-me ao que acontecera naquela profunda mobilização da alma relatada na Introdução do livro com título "Os 'dois mundos' e as lágrimas". Ela surgira depois de uma meditação, diante da vívida sensação de não poder unir o mundo interior com o exterior. Naquele momento, não pude dizer nada além de "Como é difícil unir os dois mundos".

Já que aquele me parecia um desejo compartilhado pela maioria dos mortais, o lógico era pensar que encontraria respostas. Alguém devia ter se referido à mesma coisa. Encontrei parte da resposta nas claras palavras de Peat:[40]

> *Cada um de nós enfrenta um mistério. Nascemos neste universo e depois crescemos, trabalhamos, brincamos, nos apaixonamos e, no final de nossas vidas, enfrentamos a morte. Apesar disso, no meio de toda essa atividade, somos continuamente confrontados com perguntas transcendentais: qual é a natureza do universo e qual é nosso lugar nele? Qual é seu propósito? Quem somos e qual é o sentido de nossas vidas?*

Continuava explicando que a ciência e as religiões tentavam oferecer respostas a essas perguntas. Por um lado, tínhamos o saber das vivências a partir da poesia, da arte, da música e do misticismo; e, por outro, as descobertas objetivas e as explicações da ciência. Surgia, portanto, uma brecha infranqueável entre as abordagens subjetivas e objetivas sobre a questão do universo e nosso papel nele. Ele pensava que

A revelação do mistério das coincidências... 249

esses dois mundos pareciam muito distantes entre si, mas era possível construir uma ponte (entre os mundos exterior e interior) a partir da sincronicidade, pois ela permitia um olhar mais além de nossas noções de tempo e causalidade dentro dos padrões da natureza.

> *Quando se tem a sincronicidade como ponto de partida, é possível iniciar a construção de uma ponte que conecte mente e matéria, psique e físico (...) A dança subjacente que conecta todas as coisas.*[40]

Não havia dúvida de que o projeto de Peat refletia o que acontecera comigo e, seguramente, aquilo que a maioria daqueles que estão lendo estas palavras terão sentido alguma vez. Insinuava-se assim que podia existir um propósito oculto atrás de tudo o que me acontecera: precisava compreender o funcionamento da sincronicidade para que fosse o princípio de uma nova visão da vida e me ajudasse a unir aqueles "dois mundos" que sentia totalmente separados.

O psicoterapeuta Robert Hopcke também tinha uma opinião a respeito:

> *Estamos habituados a dividir o mundo entre o exterior e o interior, o objetivo e o subjetivo, e embora essa divisão não tenha por que ser necessariamente conflituosa, os ocidentais fazem parte de uma tradição que valoriza e exalta o exterior e objetivo em prejuízo do interior e subjetivo. E não há nada mais interno, individual e subjetivo que os sentimentos.*
>
> *Por desgraça, nossa cultura resiste em reconhecer os sentimentos, como resiste a abandonar o pensamento causal.*[31]

250 O mistério das coincidências

Seu pensamento pareceu-me absolutamente coerente com o que sentira durante aquela meditação. Mas a intuição que mais me impactou foi a de outro grande pensador, Peter Russell.[*50] Ele usava a palavra "Mente" (com maiúscula) de um modo um tanto diferente do que estávamos acostumados. Com ela, designava todo o âmbito da experiência subjetiva, tanto consciente como inconsciente. Acreditava que não devíamos confundir essa "Mente" com o significado comum da palavra "mente", que se referia a nossos pensamentos e ideias como algo oposto aos sentimentos e emoções.

Sua visão pareceu-me magnífica, como se proviesse de outro nível de compreensão. Dizia que nossos corpos e órgãos sensoriais eram parte deste mundo: objetos físicos com massa que existiam em pontos bem definidos do espaço e do tempo. No entanto, nossas percepções, pensamentos, sentimentos, intuições e, definitivamente, todo o conteúdo de nossa consciência pertenciam ao mundo da Mente.

Às vezes, Russell imaginava a Mente (carente de matéria física e mais além do espaço e do tempo) conectando-se com o mundo físico por pequenos orifícios ou poros: nossos sentidos. Esses poros funcionavam como uma interface entre os dois mundos: o mundo da Mente podia ver o mundo da matéria através desses orifícios.

A riqueza dessa experiência era tão atraente que a Mente, cativada por ela, se esquecia de si mesma. Não se dava

---

* Peter Russell: autor de *O buraco branco no tempo*. Estudou em Cambridge matemática, física teórica, psicologia experimental e depois informática. Entre os anos de 1971 e 1974, pesquisou no campo da psicologia da meditação na Universidade de Bristol.

conta de que era a própria consciência observando este mundo, e imaginava-se, por outro lado, que estava unicamente naquele orifício através do qual podia olhar. Acreditava que despertar era se dar conta de que o mundo da Mente era igualmente real e que cada um de nós existia em ambas as realidades, dentro e fora do tempo.

> *São dois mundos completamente separados (...) Há um ser que olha, por meio dos sentidos, o mundo material: um ser que conhece o tempo, que se percebe como um indivíduo singular, encarnado em um corpo. E o ser que está fora do espaço e do tempo, que é consciência pura e que está atrás de toda experiência, está em nenhum tempo e em nenhum lugar.*[50]

Um comentário do filósofo Michel Cazenave relacionava o que foi dito acima ao fenômeno da sincronicidade, dizendo que em um evento sincrônico desaparecia a dualidade que habitualmente sentimos como acontecimentos "interiores" ou "exteriores", passando a experimentar o fato de que qualquer coisa está contida na própria totalidade.[47]

O que Cazenave disse esclarece algo difícil de se compreender até que consigamos vivenciá-lo: o que existia na alma, como ideia, chegava a se materializar, tornando-se "uno" com o evento do mundo físico. Como se estivéssemos praticando magia, ou como se os milagres estivessem brincando conosco.

Os sonhos e sua relação com nosso destino

Apesar de tudo o que aprendera, tomei consciência de que existia um fator que ainda permanecia na penumbra. Tratava-se do valor que podíamos dar aos sonhos, já que foi um sonho o que me dera a chave para poder tornar minha história coerente.

Habitualmente, os sonhos faziam-me sentir um grande paradoxo. Por um lado, na maioria das vezes, sentia que devia interpretá-los como simples fantasias, sem que tivessem nenhum tipo de conexão com a "vida real". Se isso fosse verdade, tentar outorgar-lhes significado seria um erro gravíssimo. Mas havia outras ocasiões em que pareciam ter significados reais.

Como mencionei, eu experimentara esta última sensação claramente com o sonho de Jamyang, o personagem de 1400. Parecia que ele, como por arte de magia, me permitira juntar todas as peças do quebra-cabeça que estava tentando armar. Em sonho, eu havia escutado aquele nome, absolutamente desconhecido e estranho: Jamyang. Tão desconhecido que no dia seguinte não me animei a mencioná-lo a Rimpoché, temendo que me chamasse de "louco".

Apresentado o paradoxo, resolvi procurar respostas. Surpreendeu-me descobrir, por exemplo, que o doutor Robert Hopcke tivesse decidido escrever *El azar no existe* (O Azar não Existe) a partir de um simples sonho:

Este livro surgiu de uma situação que se apresentou depois de uns sonhos peculiares que se tem de vez em quando. No sonho, via-me envolvido em uma história que eu mesmo estava escrevendo, incapaz de convencer meus personagens de que não era seu autor e que na realidade não pertencia à trama. Contrariado por não conseguir sair de minha própria história e ao mesmo tempo surpreso, finalmente despertei (...) Mas, naquele dia, recordando o que vivera no sonho, comecei a pensar nas histórias e no papel que elas representam em nossas vidas (...) O que havia de verdade naquele sonho? E se fosse de fato personagem de uma história?[31]

A reflexão de Hopcke parecia-me familiar. No fundo, não era diferente do que acontecera com minha história. Continuava afirmando acreditar que nossa vida era realmente uma história. Via nela uma estrutura narrativa, como nos romances, e também que os acontecimentos sincrônicos, causando-nos forte impacto, nos tornavam conscientes daquilo.[31]

Encontrei outras opiniões que continuaram aquietando minha alma. Uma delas, em palavras de Redfield, se referia à relação entre os sonhos noturnos e a sincronicidade.

De todas as experiências sincrônicas, os sonhos noturnos talvez sejam os mais nebulosos e difíceis de interpretar (...) Como regra geral, os sonhos são histórias, embora suas tramas careçam de sentido, apareçam nelas personagens estranhos e reúnam pessoas e cenários de um modo que dificilmente poderia acontecer na vida real. Por esta razão, a maioria rapidamente perde o interesse em encontrar uma interpretação.

> *Não obstante, penso que a chave para descobrir a sincronicidade dos sonhos está, no fundo, em ir mais além da interpretação convencional de tais símbolos e abarcar a imagem em sua globalidade: o significado que emoldura a trama e os personagens do sonho. É aí que podemos encontrar mensagens de uma natureza mais pessoal, amiúde vinculada diretamente a situações específicas que enfrentamos em nossas vidas (...) A chave para entender a mensagem do sonho é comparar sua trama básica (...) com a situação real do mundo pessoal.[46]*

Parecia então não ser tão absurdo assim acreditar que o sonho de Jamyang pudesse ser verdadeiro. Continuei indagando e tive uma grande surpresa ao descobrir que muitos outros cientistas reconhecidos também concordaram sobre o mesmo ponto. O doutor Jung dissera, inclusive, que as experiências sincrônicas de seus pacientes tinham, muitas vezes, relação com o mundo dos sonhos. Essa pista apontou-nos um caminho importante de investigação. Mas eu ainda não compreendera uma coisa: por que as sincronicidades, assim como os sonhos, às vezes pareciam funcionar como premonições. Encontrei no livro de David Peat exemplos muito interessantes de premonições, nascidas em sonhos e relacionadas com sincronicidades:

> *G. H. Lewis, companheiro de toda a vida do escritor George Eliot, conta a seguinte história sobre Charles Dickens:*
>
> *Dickens sonhou que estava em uma casa onde todos vestiam roupas escarlate. Tropeçou em uma dama que estava parada de costas para ele. Quando pedia desculpas, ela virou a cabeça e disse, sem que fosse provocada: "Meu nome é Napier."*

Ele não conhecia ninguém chamado Napier nem aquele rosto. Dois dias depois, antes de uma conferência, uma dama amiga entrou na sala de espera acompanhada por outra dama desconhecida vestida em um traje de gala escarlate. Segundo a amiga, ela "queria muito ser apresentada a ele". "A senhora não é miss Napier?", perguntou Dickens em tom de brincadeira. "Sim, sou miss Napier." Apesar de o rosto do sonho não coincidir com o de miss Napier, a coincidência da roupa escarlate e do nome foi espantosa.

Mas ainda mais profético foi o romance de M. F. Mansfield, de 1898, sobre o fabuloso transatlântico Titã, o maior já construído, que navegava pelo Atlântico levando passageiros endinheirados e famosos. Equipado com um número insuficiente de botes salva-vidas, o Titã, assim como o Titanic muitos anos depois, bateu em um iceberg e afundou. [40]

Extraordinário! Mas como aquilo funcionava? Supunha que ali estava escondida uma das grandes chaves de todo o mistério.

Mas ainda não tinha informações sobre outra questão: onde nascia o conteúdo dos sonhos? A doutora Von Franz referira-se a isso:

Seria possível dizer que compor sonhos durante o sono é um aspecto do espírito; algum espírito ou mente mestra cria uma série extremamente engenhosa de imagens que, quando se consegue decifrá-las, parecem transmitir uma mensagem altamente inteligente. [61]

Parecia que a maioria estava convencida de que as sincronicidades ofereciam uma solução para qualquer pergunta ou problema. Tinha a impressão de que isso não era muito diferente do que acontecia no nascedouro dos atos criativos. Era realmente assim? Patrick Morton, um cientista contemporâneo, professor associado de matemática do Wellesley College, manifestara-se a respeito.

Dizia em um artigo publicado pela revista *IONS*[38] que, muitas vezes, os sonhos haviam lhe indicado como resolver problemas matemáticos nos quais estava trabalhando. Seu maior interesse, tanto em relação à matemática como aos sonhos, era a questão do mistério. Comentava que quando se interessava por um problema o que realmente o atraía era o mistério fundamental presente: o fato de que ninguém o entendia nem sabia como resolvê-lo. Associando as coisas, parecia-lhe que as imagens dos sonhos continham o mesmo tipo de mistério: por trás do que se entendia, existia um significado mais profundo que esperava ser descoberto.

Impressionava-o o fato de que a novidade a ser descoberta fosse comparável a um jogo cujas regras ainda não eram conhecidas. O matemático descobria essas regras jogando e experimentando, e tentando ouvir sua lógica interna. Ao tentar resolver um problema que ninguém resolvera antes, via uma mistura selvagem do racional com o irracional, adivinhações intuitivas e meditação sobre imagens, cálculos que conduziam a lugar nenhum. E, de repente, via como tudo se encaixava, como o encaixe ficara depois de alguém ter lhe dado uma ordem lógica e racional.

Morton também se referia a outros aspectos mais que importantes. O primeiro tratava de quem seria a pessoa mais apropriada para interpretar o que fora vivido em sonho:

Cada uma de nossas vidas oníricas consiste em imagens, símbolos e ideias que vivem juntos na nossa imaginação. Essas imagens e símbolos encaixam-se maravilhosamente para dar mensagens de alento e às vezes premonições. Mais ainda, se começarmos a seguir as chaves proporcionadas por nossos sonhos e seguirmos suas pistas, começaremos a descobrir novas visões intuitivas sobre nós mesmos e nossas vidas (...) Ao examinar os sonhos, é importante tentar entender o problema em si mesmo, em seus próprios termos, e não assumir que a resposta está na teoria interpretativa de outra pessoa.[38]

Enorme intuição para descrever um fenômeno tão complexo. Ao se referir ao segundo aspecto, que tratava de como poderíamos determinar se o significado que havíamos outorgado ao sonho era o correto, dizia o seguinte:

Como na matemática, onde podemos determinar se algo funciona vendo simplesmente se encaixa ou não no resto da matemática, qualquer interpretação que fizermos tem de se relacionar com o resto de nossos sonhos e com nossa experiência de vida.

Tem de parecer correta para nós, deve ecoar profundamente nossa experiência e, também, de alguma maneira, deve nos levar a uma mudança. Esse é o critério de prova neste domínio.[38]

Descobri algo não muito diferente descrito no xamanismo ancestral de que falava Castaneda. Explicava que quando um xamã conseguia traspassar o ponto de ruptura e chegava ao

258 O mistério das coincidências

silêncio interno, os sonhos começavam a ser vivências muito especiais. Pareciam tão vivos e tão terrivelmente reais que, sem nenhuma dúvida, nos davam a impressão de que haviam resolvido um problema.

> *Quando disse a dom Juan que o considerava um "sonho-fantasia", ele me respondeu que o que eu vivera não era um simples sonho, pois não há sonhos que nasçam no silêncio interno.*[14]

O xamanismo agregava algo mais: uma vez atingido certo grau de evolução espiritual, os sonhos passavam a ter maior validez (tornavam-se "mais reais"). Parecia-me que essa visão da transcendência dos sonhos não era muito diferente daquilo em que os lamas tibetanos acreditavam. Pelo que pude entender, eles não consideram esses sonhos como simples fantasias, mas sim verdadeiras pegadas ou pistas que têm de seguir no processo de procura. Muitas vezes, os lamas veem vividamente "em sonhos" o lugar e meio ambiente onde ocorreu a reencarnação de algum lama mestre, e ali o procurarão.

Fenômenos da física que podem explicar tanto as sincronicidades como as premonições

Haviam me convencido: os sonhos podiam se comportar como chaves vívidas no processo de nossa reconexão aos nossos destinos. Faltava encontrar fenômenos descritos pela física nos quais as coisas acontecessem da mesma maneira. Tive uma sorte enorme: Paula, a esposa de Martín, meu companheiro de viagem, dera-me um livro que esboçava a chave do problema. Nele descobri que a psicóloga Marie-Louise von Franz* trabalhara muito sobre o tema. Escrevera um livro maravilhoso intitulado *Adivinhação e sincronicidade*, onde um dos aspectos mais analisados era o *I Ching* (aquele livro milenar que funciona como oráculo e dizem ter a característica de mudar com o tempo). Ela não deixava de mencionar Wilhelm, que provavelmente teria feito a melhor tradução interpretativa do *I Ching* para o Ocidente (com prólogo de Jorge Luis Borges):

> *Richard Wilhelm descreve o funcionamento do* I Ching *de uma forma bastante habitual por meio da seguinte imagem: as relações e fatos do* O livro das mutações *podem ser comparados à rede de um circuito elétrico que penetra em todas as coisas. Tem a possibilidade de ser conectado, mas não se conecta, a menos que a pessoa que faz a pergunta tenha estabelecido contato com uma situação definida. Portanto, não se deveria consultar o* I Ching *sem antes se perguntar: "Que pergunta tenho realmente em minha mente? O que realmente desejo perguntar?"*
>
> *Quando a pessoa que pergunta estabelece contato com uma situação específica que tem em mente, a rede e a corrente elétrica se estimulam e a situação se ilumina durante um momento.*[61]

---

* Marie-Louise von Franz: durante muitos anos foi colaboradora de C. G. Jung, chegando a ser uma autoridade reconhecida na interpretação psicológica de contos de fada, sonhos, mitos e alquimia.

O comentário de Von Franz fez com que extraordinárias mensagens mentais "explodissem" dentro de mim. Consegui visualizar minha pequena mente como um dos bilhões e bilhões de neurônios dentro da Grande Mente do universo. Todos estão interconectados, e por isso, quando se consegue fazer a conexão correta, toda a rede se ilumina.

Mas o que Von Franz comentara era apenas uma imagem mental, uma hipótese de funcionamento. Devia haver alguma descrição da ciência que pudesse justificar semelhante operação. Consegui encontrar explicações sobre processos da física quântica que me pareceram explicar bem e justificar a súbita irrupção da cadeia de eventos que, sem causa aparente e organizada com uma lógica superior, acontecia em um fato sincrônico. Talvez esses processos também pudessem nos explicar como ocorriam algumas premonições, pois, no fundo, muitas vezes os sonhos e as sincronicidades agiam como tais.

Se existisse esse funcionamento particular na natureza, seria possível compreender a similitude existente entre os processos da física quântica e o que acontece, magicamente e por instantes, quando se desencadeiam os fatos quase sobrenaturais que acompanham tanto o aparecimento de uma sincronicidade como a de um ato criativo. Eles poderiam ser os agentes daquilo que Richard Wilhelm descreve como iluminação momentânea da "mente-rede-corrente elétrica".

Apesar de muitas vezes ser difícil expressar em palavras simples conceitos científicos de grande profundidade, tentarei expor o que encontrei. O professor Margenau, da Universidade de Yale, opinava que na vanguarda da pesquisa física atual era necessário invocar a existência de "processos virtuais". Estes estavam restritos a durações extremamente breves. Durante lapsos muito curtos, o comportamento de cada processo físico podia adotar formas que desafiavam as leis naturais hoje conhecidas, refugiando-se nos interstícios do princípio da incerteza.* Quando se iniciava qualquer processo físico, o mesmo enviava, em todas as direções, "censores" com os quais podia se reverter o tempo, violar as normas habituais e acontecer todo tipo de coisas inesperadas. Esses processos virtuais esgotavam-se logo, e, ao cabo de certo tempo, as coisas normalizavam-se.[34]

O que foi dito por Margenau oferecia um claro embasamento científico para a súbita irrupção de uma sincronicidade no mundo da matéria. Era bom saber que na física quântica e, portanto, na natureza tudo também funcionava assim.

David Bohm, outro dos grandes físicos quânticos do século XX (em seu ensaio *Quantum Theory* [Teoria Quântica]) agregara algo mais importante relativo ao conceito das "transições virtuais". Dizia que, por não reter energia, se revertiam precocemente (como realidades de outros planos invisíveis materializados; como um simples lampejo dentro do mundo físico). Bohm afirmava que a terminologia usada, "transições virtuais", era infeliz, pois sugeria que tais processos careciam de efeitos reais. Muito pelo contrário, costumavam ter uma

---

* O princípio de incerteza, ou indeterminação, afirma que no mundo quântico só podemos conhecer alguma de suas características por vez, sendo impossível poder conhecer simultaneamente a situação em sua totalidade. Isso nos fazia vivenciar o sistema com incerteza.

262 O mistério das coincidências

importância extraordinária, pois muitíssimos processos físicos eram resultado dessas transições virtuais.[34]

O que eu acabara de ler justificava, a partir do funcionamento da própria física, uma quantidade de eventos para os quais habitualmente não tínhamos explicação, inclusive para os milagres.

O problema da participação de um tempo diferente nas sincronicidades

Continuando com a análise, as sincronicidades apresentavam outra particularidade: pareciam brincar com o tempo. E o tempo era um dos fatores que mais me torturara ao longo de minha vida. Por um lado, vivia a clara realidade daquele tempo que corria em linha reta e era marcado por meu relógio. Por outro, às vezes me parecia que um outro tempo estava em jogo. Um tempo no qual o passado e o futuro convergiam no presente, como se não importasse "o que vinha de onde". Tudo era a mesma coisa, como se tanto os dados do passado como os do futuro fossem conhecidos pela inteligência desse "outro tempo", que os fazia aparecer misturados com uma enorme lógica no presente para continuar participando do que aparentava ser uma única história. Como no caso das sincronicidades.

Descobri que o doutor Karl Pribram, famoso neurofisiologista, referira-se a essa sensação tão particular sobre a forma como vivenciamos os diferentes tipos de tempo.[47] Dizia que, em toda observação, começava percebendo corre-

A revelação do mistério das coincidências... 263

lações. Tanto nas observações de Jung como também na física
quântica se manifestavam fatos que pareciam vinculados, mas
cuja relação desafiava toda explicação ordinária. Não era possível determinar uma ordem de causalidade no terreno dessas correlações. Não havia dúvida, ou pelo menos no que me
diz respeito, que em muitas situações o tempo parecia se
comportar "caprichosamente", como assinalava Pribram.
Essas situações não respeitavam o relógio que usamos no
pulso, mas apresentavam-se no momento devido, como se
tentassem nos fazer recordar de algo que esquecêramos, sem
importar a grande separação de tempo entre os diferentes
eventos. Era um verdadeiro roteiro de um filme de ficção no
qual alguém inverte a ordem de algumas cenas ao fazer a
montagem. A pergunta, então, era: existiam realmente dois
tipos de tempo?

Umberto Eco, esse extraordinário escritor, colocara uma
frase muito feliz na boca de um dos personagens de *O pêndulo de Foucault:* " É uma ilusão moderna acreditar que o tempo
é uma sucessão linear e orientada, que vai de A a B. Também
pode ir de B a A, e o efeito produzir a causa."[23]

Pribram dava um exemplo que esclarecia esse conceito:
"O famoso exemplo de David Hume, do galo que canta e do
sol que sai, é típico. Habitualmente cabe esperar que o primeiro acontecimento seja a causa do seguinte. Agora, bem,
no exemplo do galo e do sol, a causalidade parece se desenvolver em sentido inverso."[47]

O exemplo era tão óbvio intelectualmente que parecia
quase irracional que alguém hoje em dia pudesse achar que o
canto do galo fosse responsável pela saída do sol (estava claro

que o galo existia graças ao sol, não é mesmo?). Mas, apesar de ninguém poder pensar dessa maneira, se nos ativéssemos estritamente a nossa visão de causa e efeito baseada em muitas de nossas crenças atuais sobre o passado-presente-futuro, assim deveríamos interpretar.

A pergunta que logicamente vinha a seguir era: a quantos acontecimentos aplicamos erroneamente essa visão sequencial de que o que surgia primeiro era a causa do segundo? Pribram, sabiamente, deixara-me um ponto para a reflexão: "Por isso, é preferível se perguntar, como no caso do galo e do sol: pode alguém reconhecer, por assim dizer, uma ordem que comanda a correlação observada?"[47]

A pesquisa levara-me a topar com a ideia da existência "de dois tempos". Descobri que o doutor Paul Davies*[21] enfrentara esse complicado dilema sobre o tempo e qual era o principal problema com sua percepção:

> O relógio é hoje um problema de nossa cultura científica. Antes de Galileu e de Newton, o tempo era algo subjetivo e orgânico. Não era um parâmetro que podia ser medido com precisão geométrica.
>
> Newton levou o tempo para fora da natureza e deu-lhe uma existência abstrata e independente.

Ao ler Davies, deduzi que, depois de Newton, o homem se "apropriara" do tempo e começara a carregá-lo trancado dentro de um relógio. Dessa maneira, transformara o tempo

---

* Paul Davies: professor de filosofia da Universidade de Adelaide, Austrália.

A revelação do mistério das coincidências... 265

em uma força absoluta e começara um diálogo individual com ele. Para nosso extremo pesar, esse "tempo que encerráramos dentro de um relógio" começara a determinar um novo ritmo para nossas percepções.

Davies esclarecia que isso acontecera apenas até Einstein (conhecimento o qual mortais comuns ainda não possuíam). Ele reintegrara o tempo ao coração da natureza, convertendo-o, de novo, em parte do mundo físico. Seu espaço-tempo era apenas outro campo. O tempo de Einstein não tinha seta (podia se movimentar em todos os sentidos). Era cego à distinção entre passado e futuro.

Acrescentava depois um dado importante: os cientistas Costa de Beauregard e Albert Lautmann chegaram à conclusão de que existiam, no universo, duas áreas de realidade e, portanto, dois tipos de tempo. O único que habitualmente percebíamos era o que concebíamos de forma linear e estava intimamente ligado à nossa consciência (e ao nosso relógio). Nossa consciência era a única a caminhar junto do tempo linear, levando-nos a sentir o princípio da irreversibilidade.

Isso não diferia muito do que acreditavam os xamãs andinos acerca de que o "verdadeiro tempo" era circular.

As explicações descobertas sobre a percepção dos "dois tempos" pareciam esclarecer o que acontecia na sincronicidade, fator que tínhamos tanta dificuldade de interpretar corretamente. Se tudo aquilo era assim, a sincronicidade trabalhava com outro tempo, o universal (e não sobre o que tínhamos encerrado em nossos relógios). Fazia-o unindo sonhos e aspectos do passado e do futuro para nos dar uma resposta

266 O mistério das coincidências

material no mundo físico do presente. Responde àquele tempo circular de que falam os xamãs andinos.

Refletindo sobre tudo o que foi exposto, pensei que em todas as histórias, se realmente eram como roteiros, existiriam fatores que se repetiam em diferentes momentos delas mesmas, dependentes daquele outro tempo, o universal, mantendo "vivo" o roteiro. Comecei a recapitular minha história para ver se encontrava algum padrão recorrente, algo da trama que tivesse se repetido em diferentes momentos da história. Encontrei imediatamente um deles.

Aparecia em vários momentos da história: as relações com o filme *Sete anos no Tibet*. A primeira correlação apareceu de cara, quando Ron Moore, depois de me mostrar sua foto com o Dalai Lama, disse-me que era amigo do autor do livro, que vivera tal experiência. Disse-me, também, que gostaria que o conhecesse. Mais tarde, já na Índia tibetana, no pior dos interrogatórios e confusões na lamaseria de Namgyal, tudo fora resolvido quando disse ter levado, guiado pela intuição, os *dorjes* três vezes para Mendoza e que isso talvez tivesse contribuído para a realização do filme naquele lugar. E a última apareceu quando estava organizando aquele seminário dedicado ao espiritual. Dois dias antes do evento, a pessoa que cuidara da produção cenográfica do mencionado filme apresentara-se espontaneamente, oferecendo-nos os ornamentos originais para a decoração do auditório. Ah! Resta mais uma coisa em meu tinteiro. Em janeiro de 2002, quando estava corrigindo as palavras desta história, a queda de um vidro enorme obrigou-me a operar em uma seção todos os tendões do dorso da mão direita de quem decorara o auditório de "Dança com o Espírito". Essa pessoa, Hugo, deu-me de presente uma coisa muito especial. Um enorme colar, trazido do Tibete, que fora usado por um dos lamas principais durante o filme.

Tema recorrente, não é mesmo?

O tempo e sua relação com as descobertas (cientistas, sincronicidades etc.)

Durante minha formação científica sempre me chamou a atenção outra das "travessuras" do tempo: as mesmas ideias pareciam "surgir" simultaneamente em vários lugares do planeta. Por que acontecia assim? Era tudo parte de uma coisa só?

Uma das respostas também foi trazida pelos escritos da doutora Von Franz. Ela dizia que os ocidentais tinham acabado de perceber que existia uma clara tendência para que as coisas acontecessem simultaneamente. Afirmava que isso se observava claramente na história da ciência: existia uma estranha tendência para que certas ideias e invenções surgissem em lugares diferentes e ao mesmo tempo. Quando um cientista fazia uma nova descoberta ou quando era inventado algo que realmente mudava a condição da humanidade, havia uma tendência de que vários cientistas, no mesmo momento e no mesmo ano, tivessem a mesma ideia de forma independente. Acontecia, também, que duas pessoas que não se conheciam em absoluto inventassem algo em uma mesma época. Tinham lugar, então, acusações de plágio; queria se saber se um ouvira falar do outro ou se um roubara a invenção do outro. Mas em muitas dessas situações realmente era possível provar que não havia conexão alguma. Os dois fize-

268 O mistério das coincidências

ram a mesma descoberta, no mesmo momento. Essa era a visão chinesa de como aconteciam todas as coisas e, a mencionada, a única área na qual esse fenômeno fora reconhecido pela mente ocidental.[61]

Peat, reafirmando o que fora dito por Von Franz, comentava que os chineses preferiam não ver a história em termos de redes causais, mas sim como as coisas aconteciam juntas no tempo. Sua explicação:

> Um exemplo óbvio dessas sincronicidades são as descobertas simultâneas feitas por cientistas que não se comunicam diretamente. Os cientistas habitualmente falam das ideias como se "estivessem no ar", quase como se os novos conceitos adquirissem a forma de ondas de rádio, completas em si mesmas e esperando que algum receptor competente as consiga captar. Uma das mais famosas dessas descobertas coincidentes é a da teoria da evolução.[40]

Resolvi pesquisar o que acontecera com a mencionada teoria. Charles Darwin, seguindo o conselho de seu amigo sir Charles Lyell, começara a escrever sua teoria sobre a evolução das espécies:

> (...) já tinha escrito a metade do meu trabalho (...) Meus planos foram por água abaixo, pois no princípio do verão de 1858, o sr. Alfred R. Wallace, que então estava no arquipélago malaio, enviou-me um ensaio intitulado "On the Tendency of Varieties to Depart Indefinitely from the Original Type", e esse trabalho continha uma teoria que era exatamente igual a minha.[20]
>
> (Relatado por Darwin em sua autobiografia.)

A revelação do mistério das coincidências... 269

Tive a sorte de ter de proferir algumas palestras no Equador e assim pude visitar as ilhas Galápagos e ouvir o resto da história contada por um biólogo que trabalhava ali.

No princípio da década de 1830, Darwin estivera nas ilhas Galápagos e até 1858 só conseguira desenvolver metade de seu trabalho. Naquele ano, um biólogo chamado Wallace, pesquisando na Malásia, produziu surpreendentemente o milagre. Conseguiu desenvolver a teoria em uma única noite, desprovido das faculdades de sua consciência. Segundo relatavam, conseguiu visualizar tudo em uma noite na qual foi atacado por febres altas provocadas pela malária. Na manhã seguinte, já recuperado, escreveu a teoria completa (e talvez sem compreendê-la completamente).

Foi por isso que, um ano depois e aceitando a sugestão de Lyell, ambos apresentaram a teoria da evolução, em sua forma completa, aos cientistas em Londres.

Peat confirmava em seu livro:

Uma das teorias mais revolucionárias da ciência foi descoberta, então, de maneira independente por dois homens que trabalhavam sem ter nenhuma relação entre eles. Tão importante foi a descoberta independente do cálculo infinitesimal por Newton e Leibniz.[40]

"Conexões" entre vidas

Depois de ler o livro de Jaworski, outro dos "atingidos" pela sincronicidade, descobri uma nova coincidência, que refletia,

270 O mistério das coincidências

de alguma maneira, aquela teia de aranha sobre a qual estavam tecidas as conexões entre vidas.

Os nossos caminhos cruzaram-se, pois ambos escrevíamos sobre a sincronicidade, com um mesmo personagem. Refiro-me ao famoso biólogo inglês Rupert Sheldrake. Ele também (a partir de seu trabalho sobre os "campos mórficos e a ressonância mórfica") ajudara Jaworski a compreender como funcionava a sincronicidade por meio de um "campo" (poderão ler as explicações sobre o que se entende por "campo" no Apêndice). Impressionava-me muito o fato de que os dois "precisaram encontrar" Sheldrake. Talvez, quem sabe, a própria sincronicidade tenha provocado o encontro para que pudéssemos compreendê-la com maior profundidade.

No fundo, toda minha pesquisa não fizera mais do que tentar interpretar um tipo muito especial de campo: o Campo da Energia Consciente do Universo, onde tudo nascia (inclusive nós mesmos). E para isso talvez tivesse de estudar e conhecer os escritos do biólogo, como, de fato, aconteceu. Isto é o que Jaworski contava sobre o fato sincrônico que o havia feito se encontrar com Sheldrake:

Tinha consciência de que os cientistas haviam começado a falar de "campos" para explicar as conexões que observavam. Quando nos reunimos em Londres, Bohm mencionou o "campo geral" que abarca toda a humanidade. "Estamos conectados e operamos em campos viventes de pensamento e percepção", havia comentado.

Alguns meses depois de me transferir para Londres para ocupar meu posto, tive a oportunidade de aprender mais

> *sobre a teoria dos campos com um eminente biólogo inglês, Rupert Sheldrake. Sheldrake e eu fomos hóspedes de uma amiga comum que vive em Santa Fé, no Novo México. Passei o fim de semana mergulhado em uma conversa com ele e saí daquele encontro com uma compreensão mais profunda do fenômeno do diálogo, de como o universo está interconectado e de como meu trabalho na Shell poderia contribuir em uma base mais ampla.[32]*

Essa conexão mútua levou-me a refletir, e creio que o fará até com o mais cético, acerca daquele "tapete comum" sobre o qual tudo estava tecido.

Havia alguma confirmação proveniente das ciências?

David Peat, que tanto analisara o tema, respondia à inquietação. As ciências demonstraram que cada evento emergia de uma rede infinita de relações causais. Por exemplo: a velocidade de uma bola de tênis não depende apenas da força com que foi golpeada, mas também da altura acima do nível do mar, da resistência do ar, da temperatura, da umidade, das correntes de ar etc. Portanto, explicava, se analisarmos o mecanismo intrínseco de qualquer evento, veremos que "tudo causa todo o resto".[40]

Outro cientista famoso, Ervin Laszlo, também especificava esse ponto:

> *Apesar de todas as coisas estarem conectadas neste universo, não estão conectadas no mesmo grau: o parecido está mais conectado ao parecido do que ao diferente.[16]*

272 O mistério das coincidências

Perguntava-me se existiria alguma demonstração concreta de que aquilo era assim. Laszlo[16] dizia que a física quântica, a "mais dura" de todas as ciências, demonstrara que isso era correto a partir da famosa experiência de pensamento EPR (as iniciais de seus autores: Einstein, Podolsky e Rosen) e da comprovação experimental do mesmo, em 1982, por Alain Aspect. Se duas partículas (fótons e elétrons) se originaram no mesmo estado quântico (emitidas como gêmeas idênticas), elas sempre estarão "ligadas", ainda que separadas uma da outra por distâncias astronômicas. Trocarão informações entre elas a uma velocidade até mesmo superior à da luz. As duas partículas responderão da mesma forma, apesar de se estar medindo apenas uma delas, e embora estejam em lugares opostos do universo! (A função de onda de uma partícula entra em colapso quando se realiza um sobre o outro confronto.)

Ervin Laszlo completava sua argumentação com algo que estava muito mais perto de nós:

> Estabeleceu-se, também, que gêmeos idênticos de tipo humano permanecem "interligados". Milhares de casos mostraram que um gêmeo pode, habitualmente, sentir a dor do outro e um trauma que o outro ou a outra está sofrendo.
>
> Os gêmeos, eletrônicos ou humanos, são simplesmente dois tipos de "semelhantes" que estão "ligados" a seu "semelhante" no mundo conhecido.
>
> Há muitos outros.[16]

Descobri depois, no livro *El misterio de los genes*, que seus autores, Hamer e Copeland, contavam uma história ilustrativa acontecida com gêmeos.

A revelação do mistério das coincidências... 273

Jim Lewis e Jim Springer, gêmeos idênticos, foram separados quando nasceram e encontraram-se pela primeira vez aos 39 anos de idade.

Quando se encontraram, ambos mediam 1,80m, pesavam 81 quilos, e eram tão semelhantes que mal era possível distingui-los. Quando se sentaram para conversar, descreveram outras semelhanças muito estranhas. Ambos haviam se casado duas vezes; a primeira, com mulheres magras chamadas Linda; a segunda, com mulheres chamadas Betty.

Um tinha um filho chamado James Alan; o do outro chamava-se James Allen. Quando crianças, deram o nome Toy aos seus cachorros. Fumavam a mesma marca de cigarros.[26]

O exemplo, além de simpático, era muito eloquente. Faltava saber se o mesmo fenômeno podia acontecer se os gêmeos não fossem idênticos. Laszlo explicava que, provavelmente, a menos controvertida das descobertas relevantes relativas a "interconexões" humanas era a que mostrava que, em estado de meditação profunda, as pessoas que estão inter-relacionadas emocionalmente sincronizavam as ondas de seus eletroencefalogramas mesmo quando não existia contato sensorial entre elas.

Para concluir aportes tão maravilhosos, no final de seu texto conectava tudo o que fora dito com os eventos sincrônicos. Opinava que a sincronicidade era um fenômeno de conectividade na experiência humana. Isso derivava do fato de que os átomos (aqueles que constituem as células do nosso corpo) tinham propriedades e interações emergentes, tanto entre os componentes como entre os componentes e seus arredores.

274 O mistério das coincidências

Eram eles que davam nascimento aos fenômenos sincrônicos.[16]

Esta última afirmação recordava o que fora dito sobre
o envio de "censores" em todas as direções nos processos
virtuais.

Análise do funcionamento da sincronicidade

Não consegui encontrar nenhuma análise metódica e ordenada sobre a natureza do verdadeiro mecanismo de funcionamento da sincronicidade. Em algo os cientistas coincidiam:
asseguravam que se tratava de uma força poderosíssima e
misteriosa que estabelecia um diálogo pessoal com cada um
de nós. Opinavam também que não fora possível determinar
seu funcionamento em detalhe. Apesar disso, muitos se refe-
riam a alguns aspectos que puderam ser observados.

As palavras de Peter Senge ofereciam uma introdução
interessante ao tema:

> Não há nada que aconteça acidentalmente. Tudo o que acon-
> tece é parte do que tem de acontecer em um mesmo mo-
> mento. Só cometemos os erros que temos de cometer para
> aprender agora mesmo (...) A única maneira de não estar
> comprometido é perder essa consciência, voltar a cair na ilu-
> são de que não estamos participando da vida.
>
> (...) Quando esse novo tipo de compromisso começa a
> operar, há um fluxo ao nosso redor. As coisas parecem acon-
> tecer sem mais nem menos.

(...) Começamos a perceber que certas coisas são atraí-das repentinamente em nossa direção de maneira muito sur-preendente. Começa a operar uma estrutura de causas subja-centes, um conjunto de forças, como se estivéssemos cercados por um campo magnético no qual os ímãs se alinhassem automaticamente. Mas tal alinhamento não é absolutamente espontâneo; trata-se, simplesmente, do fato de os ímãs esta-rem respondendo a um nível de causalidade mais sutil.

Custa-nos muito entender as causas que levam a esses acidentes, mas parece que quando começamos a operar nesse novo estado mental, baseado em outro tipo de compro-misso, algo novo começa a agir ao nosso redor. Podemos chamá-lo de "atração": é a atração da gente que está em estado de rendição.

Por último, quando estamos em um estado de compro-misso e rendição, começamos a experimentar o que às vezes foi chamado de "sincronicidade". Em outras palavras, a sincro-nicidade é um resultado. É importante compreender as cau-sas subjacentes da sincronicidade porque, se não o fizermos, poderíamos tentar produzi-la da mesma maneira que tenta-mos controlar o resto de nossa vida. As pessoas tendem a ele-var a sincronicidade à categoria de uma experiência mágica, mística. No entanto, é algo muito terreno: a água flui ladeira abaixo devido à atração da gravidade. Logicamente, a gravida-de em si mesma é um fenômeno bastante misterioso. Parece consistir em um tipo de campo no qual todos os objetos do universo exercem uma atração mútua. Mas, ainda que nin-guém saiba exatamente como a gravidade funciona, podemos observar seu resultado: a água flui ladeira abaixo (...) Em

276 O mistério das coincidências

grande medida, é assim que a sincronicidade parece operar dentro do campo do compromisso profundo.[32]

Ao analisar o que foi dito por Senge, separei alguns componentes que pareciam fundamentais à manifestação da sincronicidade. Por um lado, comprometer-se, quer dizer, apresentarmos adequadamente o problema, para que se produzisse a atração. Essa atração facilitava a aparição da resposta, e a exercíamos aumentando a gravidade pessoal, como se fôssemos grandes ímãs. O segundo componente era deixar fluir os acontecimentos. Este ponto parecia muito importante. Devíamos compreender que não era possível "controlar" os acontecimentos com nossa lógica e vontade. Se desejássemos controlá-los, provavelmente impediríamos que se produzissem. O motivo? Habitualmente tinham um enfoque totalmente diferente daquele que nós poderíamos formular. E, por último, talvez o mais importante, o objetivo da sincronicidade. Aparentava existir para represar nossa aprendizagem dentro de um caminho que desconhecíamos por completo, como uma mente inteligente que nos guia.

O doutor Hopcke pensava algo semelhante a respeito de que não devíamos tentar controlar com nossa personalidade (ou nosso ego) o surgimento de sincronicidades. Dizia que se pensássemos de outra maneira, tal como nos sugeria a sincronicidade, poderia ser um duro golpe para nosso ego, pois se opunha à visão de controle e poder absoluto que nós mesmos criáramos. Chegava ao extremo de acreditar que a ideia de que pudessem nos ocorrer acontecimentos fortuitos (fora do nosso controle) poderia criar, à maioria, uma profunda ansiedade.[31]

Havia outro componente que alguns mencionavam: para se conectar à sincronicidade era importante a atenção ou estar alerta. O xamanismo também propunha algo semelhante. Qual era o segredo para se conseguir? Castaneda dizia o seguinte a respeito:

> *Uma vez dom Juan disse-me que não era culpa minha que passasse certas coisas por alto; era porque nunca aprendera a ficar atento.*
>
> *Apesar de eu ter lhe dito que em muitas ocasiões estivera vigilante em situações da vida diária, explicou-me que estar alerta não significava ser vigilante. Para os xamãs, estar alerta é estar consciente da tela do mundo cotidiano que parece estranha à interação do momento.*
>
> *Não se deve se fixar nos detalhes que são óbvios. Estes são apenas a tela externa do mundo que nos cerca. É necessário se desprender do supérfluo. É preciso tentar "ver" o que no mundo cotidiano parece estranho ou não corresponde à interação do que está sucedendo no momento.[14]*

Castaneda agregara um terceiro ingrediente para o funcionamento da sincronicidade: estar alerta ao que não dizia respeito ao rotineiro e esperado.

A partir da psicologia, Hopcke também descrevia algo parecido ao de Castaneda: aquele "encontro" do que parecia "não se encaixar" com o que estávamos esperando que acontecesse.

Perguntam-me frequentemente como trabalho com a sincro-nicidade. Minha resposta é quase sempre a mesma: "Tendo uma atitude aberta em relação ao significado das coisas que não quero que aconteçam." Só essa atitude de abertura, a capacidade de deixar à margem os próprios planos e conside-rar que nossa história é imprevisível, nos permite que aquilo que a princípio parece um golpe de sorte floresça naquilo que está destinado a ser."[31]

Todas as explicações encontradas tornavam cada vez mais claras a provável maneira de funcionamento de força tão majestosa.

Creio que uma das análises mais detalhadas era a do dou-tor Peat. Ele mencionava que o psicólogo Arnold Mindel fize-ra uma pesquisa interessante. Seu grande interesse pela sin-cronicidade e as possíveis ressonâncias entre a física e a psi-cologia haviam-no induzido a conduzi-la por meio de um questionário enviado a vários psicoterapeutas junguianos. Baseado no trabalho de Mindel, somando-lhes as observa-ções de Jung e de outros comentaristas, Peat delineava um perfil dos acontecimentos sincrônicos[40]:

1. A natureza da sincronicidade é ter significado, um pro-pósito.
2. Está associada a uma profunda ativação de energia que se origina bem no interior da psique.
3. É como se a formação de padrões dentro da mente inconsciente fosse acompanhada de padrões físicos no mundo exterior.

A revelação do mistério das coincidências... 279

4. Quando os padrões psíquicos estão a ponto de chegar à consciência, as sincronicidades atingem seu pico máximo.

5. Geralmente desaparecem quando o indivíduo se torna consciente de um novo alinhamento de forças em sua personalidade.

6. Portanto, estão geralmente associados (os acontecimentos sincrônicos) a períodos de transformação; como, por exemplo, nascimentos, mortes, paixões, psicoterapia, trabalho criativo intenso, como também mudanças de profissão. É como se a reestruturação interna produzisse ressonâncias externas ou como se a "energia mental" se propagasse para fora, para o mundo físico.[40]

Por outro lado, Hopcke, em uma análise detalhada da sincronicidade, também descrevia sua opinião sobre as principais características da sincronicidade:

Os eventos sincrônicos têm quatro traços fundamentais.

Em primeiro lugar, são acontecimentos imprevisíveis que não estão relacionados a uma cadeia de causas e efeitos que possam ser considerados deliberados.

Em segundo lugar, supõem uma profunda experiência emocional, geralmente no mesmo momento em que acontecem, embora nem sempre.

Em terceiro lugar, o conteúdo da experiência sincrônica, ou seja, do fato em si, é sempre de natureza simbólica e costuma se relacionar com o quarto aspecto da sincronicidade, a saber: que essas coincidências ocorrem em momentos de importantes transições em nossas vidas. Os eventos sincrôni-cos costumam pressupor um giro em nossa história pessoal.[31]

Apesar de não terem dito, eu começava a intuir a existência de algo completamente novo. Li que achavam, a partir da ciência, que tudo na natureza optava pelo caminho mais curto. Não se desperdiçava energia. Por um lado, explicavam que, à maioria dos seres, as sincronicidades aconteciam quando estávamos em situações conflituosas, dramas pessoais às vezes produzidos pela própria sincronicidade. Devia acontecer assim, pois para que as sincronicidades acontecessem era necessário, na maioria dos casos, que a energia da mente fosse ativada. Mas passara a intuir, recentemente, que poderia existir uma forma consciente, e muito menos traumática, de se conectar ao próprio destino, sem a necessidade de sofrer um forte golpe para poder ativá-la.

Senge* dizia algo que podia servir de base ao que eu estava intuindo:

> *Desenvolvemos o que os artistas denominam de "economia de meios", pela qual, em vez de conseguir as coisas por meio do esforço e da força bruta, começamos a operar sutilmente, como se fizéssemos parte de uma conversa maior.*[31]

---

* Peter Senge: autor de *A quinta disciplina* (Editora Best Seller, 1998), livro pioneiro que despertou enorme interesse em todo o mundo, dentro de organizações de aprendizado. Além disso, foi escolhido por Jaworski para escrever o prólogo de seu livro.

A revelação do mistério das coincidências... 281

Foi esse aspecto que desenvolvi, quando voltávamos de trem de Machu Picchu, nos diagramas de fluxo, para favorecer a manifestação das sincronicidades. No primeiro explico como me parece a forma involuntária, quando não temos consciência do funcionamento da sincronicidade, e como ela habitualmente nos golpeia tão forte quanto for necessário para ativar a energia da alma. No segundo, sendo conscientes, descrevo os fatores que parecem necessários para que possamos nos conectar a nossa evolução sem tanto sofrimento.

Ensaio sobre a sincronicidade

O que vem a seguir é o que nasceu naquele trem que nos trazia de volta de Machu Picchu. Talvez a meditação na praça central, somada à magia de Kucho, tenha me aberto uma porta àquele ponto onde tudo se encaixava.

Tentarei colocar em palavras o que naquele momento percebi interiormente sobre o que é a sincronicidade, como se produz e qual é sua intenção.

A sincronicidade aparenta ser a força da natureza que responde à atração da alma, quando aumentou sua energia, para nos ajudar a conectar "os dois mundos": o mundo da matéria e o mundo do espírito. Dentro dessa força de atração, poderíamos descrever "as sete leis heurísticas da sincronicidade" para abordar seu aparente funcionamento.

282 O mistério das coincidências

As sete leis da sincronicidade*

Primeira lei: A causa

A sincronicidade é causada pela ativação da "gravidade individual da alma", consciente ou inconscientemente.

Essa gravidade é ativada quando existe um dilema transcendente para a evolução do indivíduo que não pode ser respondido pelos conhecimentos disponíveis, por sua lógica racional.

Foram descritas várias partículas subatômicas para se referir a diferentes forças e funções. Por exemplo, o "gráviton" é descrito como o que atua na lei da gravidade.

Se tivesse que descrever uma partícula que nasce da força gerada pela ativação da alma, a chamaria de "almátron".

Essa ativação da alma, com sua grande emanação de almátrons, gera enorme quantidade de energia que dará lugar à formação de uma sincronicidade (talvez por meio da emissão

---

* Utilizo aqui o termo "lei" no sentido científico, como descrição das regras de funcionamento dentro do comportamento geral; e a palavra "heurística" com o significado de "solução não rigorosa, mas instigadora de novos avanços e comprovações".

As "sete leis", "a gravidade da alma" e os conceitos de supostas partículas subatômicas da alma (como veremos: "almátron", "síncrolon" e "religião") foram escritas durante aquela viagem de trem e depois expressas em uma das palestras no seminário de setembro de 1999. Em cada lei, às originalmente elaboradas no trem se agregaram depois alguns conceitos para a apresentação de setembro de 1999 (incluí-os conjuntamente para melhor compreensão).

desses "almátrons mensageiros", assim como o RNA, mensageiro do DNA no reino da genética).

Segunda lei: *A condição*

A manifestação de uma "coincidência com significado" como resposta a um dilema profundo da alma não teria sentido se não estivéssemos suficientemente "despertos" para perceber sua existência.

O estado mais adequado para poder identificá-la é o de "alerta intuitivo". Descobrirmos que esse estado facilita a percepção dos sinais que se apresentarão para nos mostrar um novo caminho.

É importante se deixar levar por essas pistas e não lhes colocar travas. Devemos nos deixar levar pelo "fluxo" e estar abertos ao desconhecido (incerteza). Os obstáculos habituais apresentam-se por meio da mente lógico-racional; de nossa interpretação dos fatos a partir do tempo linear, esse que acreditamos ter fisgado em nossos relógios; e da vontade de evitar viver algo que depois teremos medo de contar aos demais devido a "o que dirão", como habitualmente acontece a todos nós com as experiências místicas.

Devemos nos encontrar, ou nos colocar, em uma posição em que nos "desapeguemos do interesse pelo resultado".

284   O mistério das coincidências

Terceira lei: *A "agência" organizadora das sincronicidades*

Após ativar a energia da alma e nos colocar em um estado de alerta intuitivo sem esperar um resultado, algo, a partir de um plano superior a nossa compreensão, começa a organizar o evento que se materializará, quase magicamente, dentro do "mundo real dos sentidos e da matéria".

É como se a sincronicidade fosse produzida por uma "agencia organizadora de eventos", tal como o faria uma agência de turismo ao programar uma viagem feita sob medida para nossas solicitações.

Para dar outra imagem ao conceito de "agência" poderíamos compará-la a um diretor de cinema ou a um romancista que estivesse em processo de organização das cenas que virão em seguida e nas quais será desenvolvida a trama geral.

Quarta lei: *A manifestação*

Uma vez ativada a energia da alma, aumentada a gravidade pessoal, com uma atitude alerta intuitiva e já organizado o evento pela "agência", chega, então, o momento da "manifestação" de uma "coincidência com significado".

Ela, manifestando-se no mundo da matéria, como no caso dos processos virtuais, nos produz uma imensa mobilização emocional. E, ao mesmo tempo, nos traz as "pistas" de que depois precisaremos para decodificar e compreender a resposta do que foi requerido pela alma.

Quinta lei: *O significado*

A sincronicidade contém "a resposta" para esse dilema particular da alma. É a pessoa que a vivencia, e ninguém mais do que ela mesma é quem pode "decifrar seu significado".

O significado, contido na coincidência, responde a algo que seria quase impossível de ser respondido de outra maneira, mais efetiva e real.

Esse tipo de resposta tem, sobre um conceito puramente abstrato e intelectual, a vantagem de provir da vivência de uma experiência.

Temos clara a sensação de que o acontecimento e seu significado parecem estar "conectados a uma espécie de rede ou campo", que o desenha sob medida, demonstrando uma imensa inteligência e poder sobre o mundo da matéria, conhecendo, sem dúvida, o propósito de nossa alma individual.

Sexta lei: *Os efeitos sobre a alma e seu destino*

Poderíamos dizer que por meio da sincronicidade a "agência" tenta "nos reencaminhar dentro de nosso destino individual". Um destino que na maioria das vezes desconhecemos.

Na natureza, tudo, inclusive nossa própria vida, aparenta "evoluir por meio de saltos bruscos", assim como os saltos quânticos das partículas subatômicas (a única maneira que têm para mudar de órbita).

A resposta com significado produz um salto quântico nessa consciência individual, o que permite um reencontro temporário com sua trilha individual preestabelecida.

A partir desse reencontro, o indivíduo reestrutura os valores de sua vida. Permanecerá com mudanças mínimas, quase como em repouso, até o próximo salto evolutivo.

Sétima lei: *O objetivo da "força"*

Se a "evolução tem objetivo", como aparenta, deve utilizar também algum meio para atingir seu propósito: o avanço na evolução da consciência humana.

Um dos meios que utiliza para atingir seu objetivo parece ser a "sincronicidade": uma forma de comunicação criativa que conecta os seres, diretamente, ao "propósito" do espírito da natureza. Talvez, a linguagem que temos em comum com as ordens superiores.

O objetivo imediato dessa força, a sincronicidade, é se manifestar a muitas pessoas com o fim de ser compreendida e "mudar rapidamente o paradigma" (a cor das lentes dos óculos com que olhamos e decodificamos a realidade).

Seu objetivo é nos despertar para que alinhemos nossos destinos na mesma direção que a direção do universo. Nascemos da natureza (não somos outra coisa que seus próprios átomos organizados para abrigar a consciência), e nadar contra ela produz sofrimento e enfermidade.

Chegamos a um ponto de não retorno, que é perigoso se não for bem utilizado: aqui na Terra "somos cocriadores" ao lado das forças da natureza, e hoje já obtivemos o conhecimento e o poder para exercê-lo.

Conclusão

Resumindo, a sincronicidade aparenta ser a maneira como a "tentativa do espírito" (a da totalidade) parece se manifestar de forma quase milagrosa no mundo da matéria e dos sentidos (esse mundo que nós humanos consideramos "o real").

Trata-se de uma "força" que deseja nos ajudar a unir por meio da "tentativa" os "dois mundos" que vemos separados (vistos da experiência interior e dos sentidos): o mundo do espírito com o mundo da matéria.

A sincronicidade tem efeito indiscutível sobre a alma.

Mas qual é o papel da alma? Parece-me que a alma é aquilo que está no meio desses mundos ainda desconexos. Parece-me que a alma é o instrumento que conseguirá acoplar, o que conseguirá dotar de inteligência toda a matéria, o que logrará "espiritualizar a matéria". Essa força quer nos demonstrar seu poder criador ou quer que nos convençamos de nosso próprio poder criador? Poderíamos chamar essa energia liberada pela alma de "almatricidade"?

Aparentemente, sim.

A sincronicidade funciona utilizando outro tempo, diferente daquele que temos confinado em nossos relógios: um tempo no qual se confundem passado, presente e futuro. Esse parece ser o "tempo da alma", que poderíamos chamar de "almacronicidade".

E aqui surge a grande pergunta: o destino está predeterminado? Parece-me que nem tanto nem tão pouco. O que está predeterminado são os avatares que se apresentarão no caminho, muitos por intermédio de coincidências que tentarão nos orientar a respeito do sentido de nossas vidas. O que não está determinado é o que decidimos diante de cada evento, por meio do livre-arbítrio. Optamos por uma entre muitas possibilidades e em cada situação lhe damos uma nova direção.

Algo chamara poderosamente minha atenção. Em seu livro *Quest for a Theory of Everything*[28] (A Busca pela Teoria de Tudo), Stephen Hawking, esse físico genial que temos visto em cadeira de rodas, diz que, no universo, o enorme "zoológico" de partículas subatômicas encontradas ou descritas (mais de uma centena) se pode resumir a partículas com apenas dois tipos de funções.

Por um lado, há as partículas que fazem parte da matéria, os férmions. Entre elas estão os prótons e nêutrons dos núcleos e os elétrons, que os orbitam. O interessante é que entre elas há um sistema de mensagens, destinado a passar informações. Fazem isso por meio de um segundo tipo de partículas "mensageiras": os bósons. Daquilo que estas últimas comunicam entre férmions é que se produzem as forças, como, por exemplo, a força da gravidade. Esta última, que experimentamos continuamente, não seria outra coisa que o produto entre a relação dos férmions de nossos corpos com os férmions dos átomos da Terra! Se fizermos outra analogia, o mesmo acontece no corpo humano com o código genético, o DNA e seu imprescindível RNA Mensageiro, que permite a transmissão de informações.

Por que, então, não podem existir férmions e bósons dependentes de nossas almas?

Baseado nesta hipótese, nos próximos diagramas veremos essas supostas partículas: "espíritron", "almátron", "dhármatron", "síncroton" e "lígion".

Lígions (porque "ligam"): férmions da alma e do espírito.

Espíritron: bóson (mensageiro) do espírito.

Almátron: bóson (mensageiro) da alma.

Síncroton: bóson (mensageiro) da "agência" para a criação de uma sincronicidade.

Dhármatron: bóson (mensageiro) para "re-ligar-nos" a nosso verdadeiro destino.

Nos dois esquemas a seguir tentei interpretar duas formas distintas pelas quais a sincronicidade aparece em nossos caminhos para nos sugerir a mudar o rumo que adotáramos.

No primeiro, quando ainda não estamos "despertos" e atentos às pistas, tudo parece acontecer a partir de grandes "golpes do destino". Com eles não só se ativa a energia da alma, mas também nos tornam mais "permeáveis" para poder mudar os valores de nossa vida.

No segundo diagrama já temos consciência da operação da natureza em nossas vidas. Estamos "despertos" às pistas e seu significado, não necessitando, então, de se manifestar por situações muitas vezes tão dolorosas

Diagrama de fluxo da energia da alma para a evolução espiritual:

I — forma involuntária-inconsciente

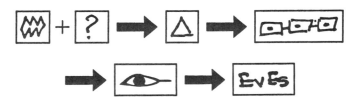

〰	sonho ou situação arquetípica (nascimento, morte, catástrofe econômica, doença, amor intenso etc.).
?	pergunta da alma sem resposta (questionamento de um grande problema sem solução).
△	ativação da energia da alma.
▭▭▭	sincronicidade — cadeia de eventos (coincidências) contendo a resposta no plano material.
👁	dar-lhe significado (com o pensamento analógico).
Ev Es	evolução espiritual (salto quântico na evolução espiritual — nesse estado até o próximo estado evolutivo).

Diagrama de fluxo da energia da alma para a evolução espiritual:

2 — forma voluntária-consciente

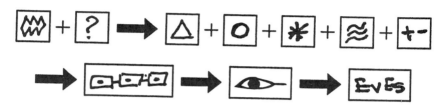

🎵 sonho ou situação arquetípica (nascimento, morte, catástrofe econômica, enfermidade, amor intenso etc.).

❓ pergunta da alma sem resposta (questionamento de um grande problema sem solução).

△ ativação da energia da alma.

○ tentativa.

✻ estado de alerta intuitivo.

≈ deixar-se levar pelo "fluxo" dos acontecimentos aceitando a incerteza.

+- desapego ao resultado.

🔗 sincronicidade — cadeia de eventos (coincidências) contendo a resposta no plano material.

👁 dar-lhe significado (com o pensamento analógico).

EvEs evolução espiritual (salto quântico na evolução espiritual — nesse estado até o próximo estado evolutivo).

Concepção heurística do sincro-dharma:

(sincronicidade)
(tentativa espiritual)

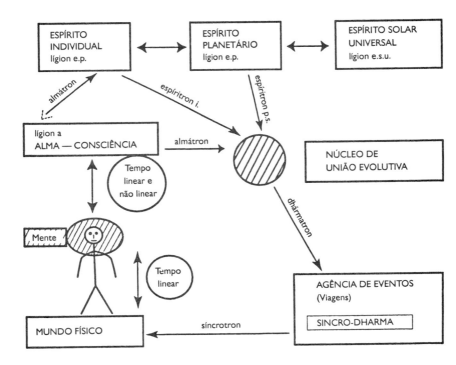

Capítulo 9
Epílogo...

Não recordo se mencionei um detalhe. Naquele encontro imaginário com o conhecimento na praça central de Machu Picchu tive a impressão de ouvir que seria organizado um seminário que trataria da sincronicidade. Nele se reuniriam os personagens de todas as épocas (?) que mencionaram a sincronicidade e os conhecimentos aplicáveis. Diziam que participariam do encontro Einstein, Jung, Heráclito, Schopenhauer e muitos outros seres que se destacaram na história da humanidade. E aqui está o problema. Achei que faziam um convite dirigido a "desconhecidos", se alguém achasse que podia dar alguma contribuição ao tema da sincronicidade. Nada me entusiasmava mais. Aquelas contribuições seriam avaliadas por quem participasse do painel, e se existisse algo interessante, o inscrito seria convocado pela "sincronicidade" a participar do encontro.

Neste ponto quero ser totalmente sincero com vocês, leitores. Pensando bem, não sei se posso ser ainda mais sincero do que fui durante todo o livro. Devem ter consciência de que lhes contei até mesmo as experiências mais profundas de minha alma, e não sei se algum dia terei de me arrepender por isso. Em outras épocas, muitos dos que tentaram algo parecido terminaram na fogueira, como Giordano Bruno. Mas voltemos ao ponto.

294 O mistério das coincidências

Realmente me esforcei sobremaneira tentando dar alguma contribuição. Assumi o trabalho de escrever este livro, relatando minuciosamente as sincronicidades com as quais estive envolvido. Creio que ficou claro que me entreguei e me deixei levar, quase sem condicionamentos, pelas "pistas" que a sincronicidade colocou em meu caminho.

Fiz um esforço máximo para descrever de maneira compreensível "as sete leis da sincronicidade", tal como as havia compreendido ao voltar de Machu Picchu. Agreguei, inclusive, alguns esquemas de como a sincronicidade poderia funcionar em sua relação com a física quântica mencionando aquelas inovadoras partículas que gostei de chamar de "almátrons". Como tinha imensa vontade de que me convidassem para o tal encontro, creio que foi a própria sincronicidade que me ditou o possível "diagrama de fluxo" da energia da alma em sua evolução espiritual.

Posso lhes assegurar que me entreguei de corpo e alma, durante estes três últimos e divertidos anos, para preencher estas páginas que serviriam como um pedido de inscrição para o mencionado encontro.

Mas estou decepcionado. Não sei que caminho tomar: não sei se devo fazer uma reclamação ou desistir, definitivamente.

A razão?

Ainda não me responderam!

Namasté
Buenos Aires, 20 de julho de 2001. Dia do amigo.

Apêndice

1. Aplicações da física quântica à vida diária
2. O "Campo do universo" de onde tudo nasce...

1. *Aplicações da física quântica à vida diária*

No decorrer de minhas pesquisas sobre os conhecimentos existentes adquiri consciência de que se conheciam muitos dados de como funcionava a natureza e todo o universo. Todos sabemos que nossa consciência se hospeda nesses corpos compostos por órgãos. Eles não são nada mais do que células inteligentemente interconectadas, compostas por átomos; estes, por sua vez, são formados por partículas subatômicas. Não existe razão, então, para se pensar que nossos corpos, e, portanto, nossa alma possam se comportar de maneira diferente, como fazem as partículas subatômicas no reino da física quântica.

Na atualidade, o ramo da medicina que mais evolui é a genética, que estuda a enorme quantidade de informação contida nos genes. Eles têm a informação completa da própria vida, com a capacidade de se reproduzir e enviar a informação requerida em cada momento exato. Possuem, portanto, uma gigantesca inteligência. Mas onde está localizada tal inteligência?

A primeira coisa que nos ocorreria seria buscá-la nos componentes dos genes. De que são compostos? De bases.

298   O mistério das coincidências

De quatro bases: guanina, timina, adenina e citosina. E essas bases, de que são constituídas? Chegamos aqui ao ponto máximo de decepção na tentativa de encontrar "os elementos inteligentes". Essas bases não são compostas de nada além de quatro elementos que estão em toda a natureza (oxigênio, nitrogênio, carbono e hidrogênio), associados a duas moléculas frequentes, uma de açúcar e outra de fósforo. Portanto, só podemos encontrar um modelo onde armazenar a informação (como nos *chips* de silício), mas ali não é possível encontrar a inteligência criadora da vida.

Senti a mesma decepção produzida pelo exemplo anterior ao analisar fenômenos já demonstrados no campo da física quântica e tentar relacioná-los à forma que adotávamos para interpretar nossa vida. Existia uma enorme divergência, e isso me revoltava.

Como podia ser possível que não houvessem me transmitido esses conhecimentos, nem no ensino médio nem na universitária, se a maioria de tudo isso era conhecida desde a Conferência de Solvay de 1927? Era por causa de interesses ou por falta de preparo dos docentes? Como ainda era possível que não tivessem podido "reduzir" esses conhecimentos ao ensino popular com uma linguagem simples?

Parecia-me que o que o doutor Richard Feynman, Prêmio Nobel de Física em 1965, dissera não tivera muito eco:

> *Se alguém elabora uma teoria e não consegue contá-la à sua avó de maneira que ela a entenda, é porque não sabe direito o que está investigando.*[50]

O que pude aprender da física quântica para poder aplicá-la à vida diária?

A — *Espectadores ou participantes?*

Nossa cultura ocidental me ensinara a ver a maioria dos acontecimentos do ponto de vista de um espectador. Pelo que já foi exposto, se estamos vivendo continuamente o que nos cabe, a força que está organizando tudo deve nos considerar participantes e não espectadores.

A ciência confirmava-o. David Peat referia-se ao enunciado, citando o famoso físico e Prêmio Nobel John Wheeler:

> *Hoje, o cientista não é mais um observador imparcial que se coloca fora do universo e observa variados eventos. Nas palavras de John Wheeler, o termo "espectador" deveria ser retirado dos arquivos, e a nova palavra, "participante", substituí-lo. Em virtude da teoria quântica, vê-se com clareza que qualquer observação ou tentativa de determinar as condições iniciais tem um efeito irredutível sobre o resto do universo. Os físicos e a física não são mais separáveis; são, sim, um todo indivisível.[40]*

Deduzi daí que aquilo que os físicos quânticos procuravam fazer com que compreendêssemos era que já não era mais possível continuar separando o experimentador, o aparelho de medição e o evento que se queria medir. Eram três partes do mesmo sistema quântico, e, portanto, inseparáveis. Pareceu-me que tudo aquilo não diferia do que acontecia em nossa vida. Isso significava que, de alguma maneira, aceitava-se a participação ativa do "observador" no sistema, e se devia ter presente que não se podia descartar a intenção do pesquisador ao procurar um significado para a experiência. Isso acontecia, assim, quando o cientista explicitava o objetivo de sua investigação, e ao fazê-lo, sua mente já estava influenciando, de alguma maneira, o resultado que ia obter.

Corroborando esse ponto, encontrei um exemplo muito simpático no chamado "efeito Pauli". Esse fenômeno já fazia parte da mitologia da ciência. J. P. Mc Evoy comentava que os primeiros registros do "efeito Pauli" datavam de quando Wolfgang Pauli, o mesmo que descrevera a sincronicidade com Jung, chegara a Hamburgo como professor particular, depois de estar em Gotinga com o famoso Born.

> Cada vez que entrava em um laboratório, algum elemento do equipamento experimental parava de funcionar! Era conhecido que os teóricos se viam perdidos na hora de experimentar; mas Pauli era um teórico tão excepcional que sua simples presença descompunha os aparelhos. Ele mesmo contava, entre risos, que seu colega de Hamburgo, o respeitado experimentalista Otto Stern, só o consultava do outro lado da porta que dava acesso ao seu laboratório.[36]

Sobre o mesmo "efeito", David Peat contava que durante o tempo em que Pauli vivera os comentários sobre sua pessoa chegaram a dimensões tão absurdas que bastava que entrasse em um laboratório para que um contêiner de vácuo ou alguma agulha altamente sensível quebrasse.

Contava que existiam muitas anedotas sobre o mencionado fenômeno, mas preferia se referir a uma das mais populares entre os físicos, uma que provinha do professor J. Franck.

Certa vez, uma peça complicada de um aparelho entrou em colapso em um laboratório de Gotinga. Franck escreveu a Pauli dizendo-lhe que, como Pauli vivia em Zurique, não era possível lhe imputar, nesse caso específico, o "efeito Pauli". Mas Pauli respondeu-lhe que viajara a Copenhague e seu trem parara na estação de Gotinga na hora do evento. Quando li aquilo, imaginei todos os cientistas da história rindo, mas quem devia estar rindo mais era o próprio Wolfgang Pauli.

B — O princípio da incerteza (ou indeterminação)

Quem o descreveu foi Werner Heisenberg, em 1927. O princípio da incerteza diz que em microfísica é impossível atribuir a uma partícula, em um mesmo instante, sua posição e sua velocidade. Ou medimos sua posição ou medimos sua velocidade. Ao fazê-lo, devemos nos conformar com essa única propriedade, aceitando desconhecer a outra. É impossível medir ambas ao mesmo tempo. Sempre resta uma das propriedades da partícula no universo da incerteza. Os cientistas creem que tal imprecisão se deve mais à própria natureza das partículas do que à imperfeição de nossos métodos de medição.[39]

Esse princípio da incerteza manifesta-se nas sincronicidades quando aparecem situações afastadas do que havia-

302 O mistério das coincidências

mos planejado ou esperado (ou daquilo que estávamos "medindo").

C — O princípio de correspondência

Foi anunciado por Niels Bohr em 1916. Diz que o mundo das partículas subatômicas se comporta como o mundo da física clássica quando se consegue acumular um número de partículas suficientes (quando se atinge certo umbral de partículas, os quanta propostos por Mario Bunge).[39]

Parece-me que esse princípio se manifesta em nossa vida quando conseguimos acumular energia suficiente na alma (emissão de almátrons) e com ela logramos desencadear, no mundo da matéria, eventos que parecem se corresponder com o mundo da magia, quebrando assim todas as regras que conhecemos (como no caso das sincronicidades, das premonições, da magia e dos milagres)

D — O princípio da complementaridade

Formulado também por Bohr, em 1927, afirma que se deve colocar um ponto final no dualismo onda-corpúsculo. Como explicam claramente Ortoli e Pharabod, o aspecto corpuscular e o efeito ondulatório da luz (dos fótons) eram apenas duas representações "complementares" da mesma realidade.[39] Os fótons podiam, então, comportar-se de maneira diferente de acordo com o tipo de experiência a que os submetêssemos. Em algumas, manifestaram-se como ondas e, em outras, como corpúsculos.

Tenho a impressão, e é simplesmente a de um neófito, que nesse princípio existe tanto a imperfeição de nossos aparelhos de medição como a intenção do pesquisador em relação ao que deseja procurar. Eu imagino-o semelhante ao que poderia acontecer se alguém que estivesse no outro lado dos confins do universo quisesse me registrar com fotografias isoladas tiradas em diferentes momentos do dia. O que seria visto?

De madrugada, veria um ser em posição horizontal "revestido" com um pijama. De manhã, um ser que se desloca verticalmente caminhando e vestido com paletó e gravata. Mais tarde, sentado com uma estranha roupa azul, com um par de lupas geminadas diante dos olhos e estranhos objetos nas mãos (operando). Ao entardecer, disfarçado com roupa branca e calças curtas, movimentando-se a uma velocidade não registrada em medições anteriores (jogando tênis).

Qual dessas imagens é a real? Chegariam à mesma conclusão a que nós chegamos em relação aos fótons: diferentes manifestações "complementares" de uma mesma realidade.

Como podemos superar a dualidade em nossas vidas? Conseguindo ver o *continuum* de todo o filme. Dando-nos conta de que os complementos são apenas vários aspectos de uma mesma realidade. Relacionando "fazer carne" ao significado da palavra tibetana *drala*: "mais além dos opostos."

E — A energia

Ouvi muitas vezes algumas pessoas dizerem que não acreditam na energia. Talvez isso seja motivado pelo mal uso que foi feito dela por alguns dentro da corrente denominada New Age. Por menos que nos agrade, desde Einstein não restam dúvidas de que a matéria (e, portanto, nós também) e a energia são equivalentes.

$E = mc2$
Energia = massa x velocidade da luz ao quadrado.

F — A condensação de Bose-Einstein

Como explicam Marshall e Zohar em seu livro *Who's Afraid of Schrödinger's Cat?*[35], graças a esse curioso fenômeno é possível experimentar os efeitos do mundo quântico em nosso mundo de escala maior. Temos exemplos em nossa tecnologia que funcionam baseados na aplicação da condensação de Bose-Einstein: os *lasers*, os supercondutores e a superfluidez. Extraordinárias conquistas, dependendo do seu acionamento. Mas como funciona?

Se, por exemplo, temos um foco de luz comum, seu efeito luminoso se estenderá por uma distância limitada, debilitando-se à medida que se afasta. Por quê? Porque os fótons que emitem se encontram em diferentes estados de energia, estão todos fora de fase — cada um na sua. Mas quando todos os fótons se congregam em um único estado quântico, produzindo um fenômeno coletivo, conseguem efeitos milagrosos como, por exemplo, poder chegar com sua luz desde a Terra até a Lua quase sem dispersão — no caso de ser possível dispor de um *laser* suficientemente potente. O resultado? Uma função de onda coerente através de dimensões macroscópicas, de uma maneira cooperativa com cada fóton na mesma fase de todos os demais

E como funciona um supercondutor? Por suas características, os elétrons não podem estar no mesmo estado quântico (como, por exemplo, os elétrons, todos em diferentes fases, na superfície de um metal). Mas se os levarmos quase a zero absoluto de temperatura — quase a sua "aniquilação" —, veremos que se comportam de uma maneira análoga à condensação de Bose-Einstein, na qual a corrente elétrica que flui o faz em uma mesma função de onda. O interessante nesse fenômeno é que, em vez de produzir resistência elétrica, o fluxo completo de elétrons consegue se comportar como um balé coordenado que passa suavemente por qualquer obstáculo em seu caminho. Uma corrente circulando em um supercondutor continuará fazendo isso por milhares de anos!

O físico Herbert Frölich crê que a condensação de Bose-Einstein é característica da própria vida

A pergunta? Quando todos os seres humanos conseguirão se comportar dentro da mesma fase coerente?

G — *O paradoxo EPR*

Já mencionamos esse paradoxo, chamado de EPR devido às iniciais de seus autores (Einstein, Podolsky e Rosen), e a res-

306 O mistério das coincidências

sonância que partículas gêmeas que podem estar a enormes distâncias têm entre elas. Podem se comunicar, inclusive, a velocidades superiores à da luz. Correlacionam-se instantaneamente, mais além da presença de forças conhecidas ou de sinais. Estão "interligadas" através do espaço e do tempo, sem importar a distância que as separa. Uma sabe instantaneamente o que acontece com a outra. Como se tivéssemos dois baralhos de cartas, um em Buenos Aires e outro em Katmandu. Ao tirar o rei de copas do baralho de Buenos Aires, simultaneamente "salta" do baralho de Katmandu o outro rei de copas. Chamam isso de não localidade.

O paradoxo, que dizia ser impossível que duas partículas pudessem transmitir sua informação instantaneamente (já que ia contra a relatividade), foi concebida, décadas mais tarde, em um teorema (o teorema de Bell); em 1982, sua veracidade foi demonstrada experimentalmente por Alain Aspect.

Aqui, o interessante é começarmos a pensar que todos os átomos do universo nasceram no mesmo lugar. Todos estiveram "ligados" no momento do Big Bang. Se, então, tudo o que existe no universo pode ter uma forma de comunicação como a descrita, é lógico aceitar aquilo que dizem sentir os santos a respeito de quando estão em estados místicos especiais: que "são UNO com o universo"

2. O "Campo do universo" de onde tudo nasce...

Revisando o que aprendi, via que ainda faltava analisar uma coisa. E não parecia tarefa fácil. Tanto a sincronicidade como a consciência, e todo o restante, levavam ao mesmo ponto: ao "Campo de onde tudo nascia". Se conseguisse averiguar algo acerca Dele, seria como ver, por baixo, "as plantas dos pés do Criador".

Por algum lugar teria de começar, e pensei que o lógico seria tentar procurar, primeiro, a relação entre "o Campo" e a sincronicidade. Chopra respondera assim a essa pergunta:

> *Meus pensamentos a respeito são meramente pessoais: creio que todas as coincidências são mensagens do não manifestado (...) irrupções súbitas de um plano mais profundo na vida superficial (...) Essas mensagens provêm de um nível mental que conhece a vida como um todo (...) O todo está falando a sua partes.*
>
> *Nos momentos de sincronicidade, se tem uma visão furtiva de quão conectada está a vida, quão completamente tecida dentro do infinito tapete da existência.[17]*

Não tinha dúvida de que aquilo que gostaria de estudar nesta vida era essa questão, a desse "Campo" e suas relações com tudo o que existe. Parecia que estava mais além de disciplinas como a filosofia. Decidi pesquisar se alguém que não estivesse envolvido com as religiões tradicionais se dedicava a estudar essa força divina.

308 O mistério das coincidências

Surpreendentemente, descobri que existia, sim. Christopher Bache* mencionava-a em um artigo publicado pela revista *IONS*. Transcrevo-o a seguir, pois acredito que foi escrito com enorme clareza e simplicidade:

> *Devido ao fato de as verdades mais profundas da vida tenderem a repetir a si mesmas em múltiplos níveis, de repente adquirimos a consciência de que, ao estudar o universo "lá fora" também estamos vivendo padrões do universo "aqui dentro" em nossas mentes e corpos individuais.*
>
> *A teoria de Sheldrake (dos campos mórficos), a teoria de Prigogine (das estruturas dissipativas) ou a teoria de Bohm (da ordem implicada) têm implicações profundas para a compreensão não só da natureza, mas também de nós mesmos, como parte da natureza.*
>
> *Nessa dança lúdica de conteúdo e ressonância energética o aprendizado ordinário, às vezes, cruza o umbral para se transformar em "aprendizado transformacional". Velhos limites podem desabar em segundos, e velhas feridas podem ser abertas e drenados os seus venenos acumulados.*
>
> *Na Índia, o "aprendizado transformacional" é chamado de jnana ioga, a trilha que leva ao Divino por meio de um questionamento intelectual habilidoso (...) O Divino, ou como cada um quiser denominar esse extraordinário poder, inteligência e beleza que se manifesta como o cosmos, parece se delei-*

---

* Christopher Bache: professor do Departamento de Filosofia e Estudos Religiosos da Youngstown State University, Ohio, EUA. Atualmente é diretor de aprendizagem transformacional no Instituto de Ciências Noéticas.

tar em ser conhecido. Cada passo dentro do conhecimento genuíno é visto como um passo mais profundo dentro do ser do Divino. O alinhamento com a verdade significa se alinhar com a realidade, e o alinhamento abre-nos e à cura, ao "insight" e à transformação que está fluindo continuamente a suas muitas partes.[1]

Chamava-me muito a atenção o que fora dito por Bache, de quanto o divino se deleitava em ser conhecido. Disso se depreendia que os humanos tinham o enorme privilégio de poder tentar. Mas por que se permitia que simples humanos ascendessem ao conhecimento sobre o Divino? Chopra também me respondera:

Estamos edificando o argumento de que todos os aspectos da criação requerem que sejamos co-criadores, e essa noção torna mais e mais possível a intimidade com Deus.[17]

Recordava, também, outro pensamento de Chopra, que era aproximadamente o seguinte: ninguém descobre nada; é a natureza que descobre a si mesma. O sistema nervoso central não é outra coisa do que a própria natureza. Tudo esteve junto e nasceu no Big Bang; a poeira de estrelas continua descobrindo a si mesma e evolui continuamente a níveis cada vez mais altos de criatividade.[19]

Parecia lógico que tudo funcionasse assim, mas por alguma razão nossa cultura moderna, junto de toda sua tecnologia, queria nos levar a ver a vida como se fosse desprovida de seu conteúdo poético e amoroso. Considerando o ensinamento

310 O mistério das coincidências

da história dos índios, relatada em outra parte do livro, depreendia-se que, na verdade, "nosso mundo atual" deixara a alma para trás. Talvez tenhamos que aprender com eles e esperar sentados até que ela nos alcance. Combs e Holland diziam que, inclusive, os maiores feitos científicos foram drenados de suas dimensões poéticas:

> *Anos atrás, durante a transmissão da primeira descida do homem na Lua, Norman Mailer foi convidado a participar de um painel televisivo. Todos os participantes comemoravam o feito tecnológico representado pela alunissagem, mas Mailer manifestou seu desagrado diante da ausência da poesia na discussão do tema. Um acontecimento que desde o princípio dos tempos estava destinado a encher nossos espíritos de surpresa e inspiração fora reduzido ao egoísmo tecnológico e a descrições das rochas lunares.*[16]

Que exemplo feliz! Diante disso, creio que o "universo consciente" reagiu para nos despertar, induzindo vivências como a que aconteceu com o astronauta da Apolo XIV, Edgar Mitchell. Senti grande impacto ao ouvi-lo relatar que lhe coube, por ocasião de sua viagem à Lua, experimentar algo que poderia se chamar de "êxtase" ou "unidade" com todo o universo. Tal experiência motivou-o a fundar mais tarde o Instituto de Ciências Noéticas (do qual participam numerosos cientistas dedicados ao estudo da consciência) e escrever um livro extraordinário, *The Way of the Explorer* (O Caminho do Explorador). Na minha humilde opinião, gente como ele, com esse tipo de visão interior, devolveu-nos o encantamento em relação à vida e ao universo.

Descobri que diferentes facetas do "Campo" eram vistas a partir dos vários ramos do conhecimento. Todas elas destacavam que atrás de tudo o que existe na natureza, como também na sincronicidade, vislumbra-se a existência de algo que chamam de "propósito".

Castaneda dizia que o xamanismo era "a tentativa do infinito", descrevendo esse infinito como uma força consciente de si mesma. Quanto havíamos perdido no caminho! Em sua descrição, Castaneda mencionava como essa "tentativa do infinito" fazia para se conectar com cada um de nós:

> Dom Juan descreveu-a como uma força consciente que intervém deliberadamente na vida de um xamã. Chega um momento em que o infinito nos "marca", preparando-nos para algo transcendental. A respeito disso, disse-me que devia abandonar a procura habitual baseada em premissas lineares de causa e efeito. Quando o infinito começa a nos reclamar como próprios, não importa a que recorra para nos apontar isso, não tem outra razão ou causa além dessa. Quando isso acontece, devemos estar em um estado de contínuo desvelo para poder ter firmeza ao receber o ataque do infinito.
>
> Um dos resultados mais cobiçados do silêncio interno é a interação específica de energia que sempre se anuncia como uma profunda emoção. Quando descende ao infinito, o faz como se fosse um assalto, um total domínio de nossas faculdades.
>
> O que devemos ter presente é que o infinito é que escolhe. O guerreiro-viajante só pode ceder à sua escolha.[14]

312 O mistério das coincidências

O que Castaneda dissera parecia conter enorme sabedoria. Decidi indagar depois como os vários ramos do conhecimento viam as descrições daquilo de onde se originava tudo o que existia.

Pelo que já haviam insinuado, parecia que o universo se manifestava por meio de um "Campo" que interpenetrava e abarcava tudo, e no qual podíamos detectar sua ação, que continha um verdadeiro "propósito". Tudo o que existia nascia Dele.

Mas o que era entendido cientificamente como "Campo"?

Foi nesse ponto que me ajudou muito o que o biólogo Rupert Sheldrake, que tive a sorte de encontrar, escrevera sobre o tema:

> O termo "campo" foi introduzido pela primeira vez na ciência por Michael Faraday por volta de 1840, ao abordar a eletricidade e o magnetismo. Sua percepção foi a de que era necessário dirigir a atenção ao espaço que circunda uma fonte de energia, e não à própria fonte. Durante o século XIX, o conceito de campo foi limitado ao eletromagnetismo e à luz. Nos anos 1920, Einstein estendeu-o à gravitação em sua teoria geral da relatividade. Segundo Einstein, todo o Universo está contido no campo gravitacional universal, curvado na cercania da matéria. Além do mais, devido ao desenvolvimento da física quântica, acredita-se que há campos subjacentes a todas as estruturas atômicas e subatômicas.
>
> (...) Hoje acreditamos, sim, que as partículas fundamentais (e, portanto, também nós mesmos) emergem dos campos. A física já sofreu uma transformação provocada pela

extensão dos conceitos de campo, mas essa revolução ainda engatinha na biologia. Começou nos anos 1920, quando vários embriologistas e biólogos evolucionistas postularam pela primeira vez os campos morfogênicos para ajudar a explicar como as plantas e os animais se desenvolvem. Os campos foram concebidos como anteprojetos ou planos invisíveis que davam forma aos organismos em desenvolvimento.

(...) Os campos desempenham um papel formador de um modo semelhante ao dos projetos dos arquitetos. Partindo dos mesmos materiais de construção, é possível construir casas distintas, atendo-se a projetos diferentes. O projeto não é o material constitutivo da casa: limita-se a dar forma ao modo de trocar os materiais.

Hoje o problema reside no fato de que ninguém sabe a respeito dos campos morfogênicos ou de como funcionam. A maioria dos biólogos assume que, cedo ou tarde, eles serão conhecidos pelos termos da física e da química convencionais; mas eu acredito que se trata de campos de tipo diferente para os quais propus o termo **campos mórficos**. Na hipótese da causa formativa, sugiro que as propriedades holísticas, auto-organizativas de sistemas existentes em todos os níveis de complexidade, desde as moléculas às sociedades, dependem desses campos. Os campos mórficos não são fixos: evoluem. Têm uma espécie de memória incorporada. Essa memória depende do progresso da ressonância mórfica, a influência do igual sobre o igual através do espaço e do tempo.[51]

314 O mistério das coincidências

Jaworski explicava o que conseguira compreender a respeito dos "campos" depois de seu encontro com Sheldrake, mas a partir de um enfoque um pouco diferente:

> Os campos, disse Sheldrake, são regiões não materializadas de influência, forças invisíveis que estruturam espaços de comportamento. O campo gravitacional terrestre, por exemplo, nos cerca por todos os lados. Não podemos vê-lo, não é um objeto material, no entanto é real. Faz com que as coisas tenham peso e lhes dá plenitude. Também há trocas eletromagnéticas que subjazem ao funcionamento de nossos corpos e cérebros. Nesses campos ocorrem inúmeros padrões vibratórios de atividade, e embora não possamos detectá-los com nossos sentidos, podem ser sintonizados por receptores de rádio ou televisão. "Embora a natureza dos campos seja inevitavelmente misteriosa, todos os consideramos presumidos", disse-me. Existem também, acrescentou, campos fundamentais de matéria quântica reconhecidos pelos físicos: campos de elétrons, campos de nêutrons e outros. São "invisíveis, intangíveis, inaudíveis, insípidos e inodoros", e, no entanto, são a substância do universo. Os campos são estados do espaço, mas o espaço está cheio de energia e estruturas invisíveis interconectadas.[32]

Combs e Holland, como a maioria dos autores, também davam grande importância aos campos mórficos descritos por Sheldrake, associando tal conceito ao que haviam dito outros grandes pensadores da nossa história:

Apêndice **315**

A ideia central de Sheldrake é a de que o desenvolvimento de um organismo vivente está controlado por uma espécie de campo ou força holística. Tal noção não é nova. A ideia de um princípio de formação pode ser rastreada para trás até chegar a Platão e suas "formas ideais", que existem em uma realidade superior, servindo de modelos às formas menos perfeitas deste mundo. Os primeiros vitalistas do século XX, especialmente Hans Driesch e Henry Bergson, também argumentaram que um organismo vivente é mais do que uma junção física de moléculas. Um princípio holístico (como o famoso elã vital de Bergson) dá ao seu desenvolvimento uma completa direção e integração.

Uma dificuldade com as ideias dos vitalistas, assim como com as formas ideais de Platão, é que os princípios têm uma qualidade rígida ou estática inconsistente com o câmbio evolutivo que forma grande parte da natureza. A proposta de Sheldrake de um campo formativo, o campo mórfico, provê, por sua vez, um padrão completo de formação, que por sua vez está sujeito a mudanças.

Um campo mórfico e uma espécie de hábito da natureza. Sempre que ocorre uma forma particular, ela é mais propensa a acontecer novamente (...) A experiência de uma pessoa pode influenciar outras. De fato, uma coisa que foi aprendida uma vez será mais facilmente aprendida outra vez, mais tarde, por outra pessoa.[16]

Acreditava que já tinha uma ideia básica do que representava um campo. Mas esse conceito de "campo" produzia-me uma desmaterialização instantânea de qualquer imagem que pudesse ter em minha mente sobre o Criador. Desprovia-o de qualquer forma humana que pudesse lhe ter atribuído. Poderia dizer que o "desantropomorfizava". Era óbvio que, como seres humanos, tínhamos dificuldade de produzir imagens sobre algo, razão pela qual o melhor que podíamos fazer era ver aquilo como algo parecido a uma grande mente. A mente que gerava a ideia e a informação contida no campo.

Outro famoso físico, sir James Jeans, dera uma contribuição a essa questão:

> *Existe, hoje em dia, um amplo acordo — que no campo físico se aproxima quase da unanimidade — no sentido de que o discurso geral do conhecimento se dirige à realidade não mecânica. O universo começa a se assemelhar mais a um grande pensamento do que a uma grande máquina.*[34]

Outro físico famoso, Eddington, corroborava o que fora dito por Jeans com uma frase contundente. Que a matéria do universo era matéria mental.[34]

Vê-lo como uma grande mente facilitava-me imaginá-lo atrás do que percebíamos como matéria. Um magnífico exemplo da vida cotidiana, a "parábola das duas escrivaninhas", de sir Arthur Eddington, permitia-me visualizar que havia algo além da matéria que nossos olhos viam, como Arthur Koestler explicava com clareza em seu livro.[34] Por um lado, era a escrivaninha que podia ser vista como um móvel antigo no qual repousamos confortavelmente nossos cotovelos quando escrevemos. E, por outro, a escrivaninha como a concebia o físico. Consistia quase exclusivamente de espaço vazio, nada puro, salpicado de objetos inimaginavelmente pequenos. Os elétrons que zumbiam em torno de seus núcleos, mas separados deles por distâncias que equivaliam a centenas de milhares de vezes seu próprio tamanho. E, no meio, nada. Além daqueles objetos, o interior do átomo estava vazio.

Recordava o exemplo dado por Douglas Baker em seu livro *La apertura del tercer ojo* (A Abertura do Terceiro Olho)[2] sobre uma imagem associativa para conseguir imaginar o que acontecia dentro de um átomo. Dizia que, com fins ilustrativos, devíamos imaginar um átomo de hidrogênio que tivesse seu tamanho real, menos de um milionésimo de polegada, ampliado ao tamanho de uma catedral.

O próton, situado no núcleo de tal átomo, não seria maior que um sacerdote perdido na imensidão de dito templo. Por outro lado, o elétron não superaria o tamanho de uma moeda. O resto da catedral estaria vazio. Esse vazio era, pois, a essência ou composição do átomo no qual o homem de ideias materialistas depositava toda sua fé.

Combs e Holland agregavam a imagem que a relatividade não via o espaço como uma região vazia entre átomos também vazios, mas fazia-nos voltar a uma visão do universo como se fosse uma fábrica em continuidade. O espaço não estava vazio, mas era composto de uma única peça e recheado de si mesmo.[16]

Ian Marshall e Danah Zohar escreveram, com a colaboração de David Peat, uma maravilhosa enciclopédia de atualização dos novos conceitos da ciência intitulada *Who's Afraid of Schrödinger's Cat?* Nela, referiam-se a como se descreve cientificamente o campo em questão:

318 O mistério das coincidências

Na Teoria do Campo Quântico as coisas existentes no universo são concebidas como padrões de energia dinâmica. O estado base de energia no universo, o nível mais baixo possível, é conhecido como vacuum *quântico. Chama-se* vacuum *porque não pode ser percebido ou medido diretamente, está vazio de "coisas". Quando tentamos perceber o* vacuum *diretamente, nos confrontamos com uma vacuidade, um transfundo sem características que, portanto, parece vazio. Na realidade, o* vacuum *está cheio de cada potencialidade de todas as coisas existentes no universo.*

(...) A altas energias, uma partícula pode se transmutar em outra. No âmbito da existência percebida, tudo tem alguma forma de impermanência. Para dar sentido a essa dança cósmica de realidades temporais, os físicos tiveram que entender o que jazia sob ela (...) Podemos ver partículas e podemos ver ondas, mas sabemos que nenhuma delas é primária ou permanente. A realidade quântica consiste em um inacessível dualismo "onda-partícula", e as ondas e as partículas podem se transmutar entre elas.

Se as partículas e as ondas são apenas manifestações, são manifestações de quê? A procura de uma resposta a esta pergunta deu origem à teoria do campo quântico, segundo a qual tudo o que existe, enfim, todas as partículas e ondas que podemos ver e medir, "emerge", literalmente, de um mar subjacente de potencial que os físicos chamaram de vacuum. *As partículas, as ondas (e as pessoas!) "saem", ou "ondulam", desse* vacuum *subjacente, tal como as ondas ondulam no mar.*

(...) O universo não está "recheado" de vacuum. *Na verdade, está "escrito" nele ou emerge dele. Assim como a*

*Vacuidade Budista ou o conceito de Sunyata, aos quais é fre-
quentemente comparado, o* vacuum *não está "vazio"; está
repleto de potencialidade.*[35]

Tudo o que foi dito, concebendo o universo como uma grande mente na qual estamos imersos, não diferia muito de um
dos princípios herméticos, atribuídos a Hermes Trismegisto
no antigo Egito, que dizia: "Tudo é mente."

O que observava com grande surpresa era que aquilo,
encontrado e definido recentemente pela ciência, estava
escrito há milênios, como o haviam exemplificado ao mencionar a Vacuidade e o Sunyata. Tinha entendido que também
algumas sociedades ocultistas, como os rosa-cruzes e até
mesmo os vedas hindus, já conheciam conceitos semelhantes.
Umberto Eco, em *O pêndulo de Foucault*, relata por intermédio
de um dos personagens uma história relacionada a Christian
Rosencreutz, fundador dos rosa-cruzes. Vivera entre 1378 e
1484. Em sua tumba, descoberta em 1604, havia uma inscrição
que dizia: "*Nequaquam Vacuum*": o vazio não existe.[23]

Eco demonstrava que, talvez, os antigos conhecimentos
esotéricos já sabiam o que hoje estava sendo descoberto pela
ciência.

Encontrei nos escritos de Swami Prabhavananda o que os
milenares Vedas diziam a respeito do Campo:

*A filosofia Vedanta explica claramente qual é sua concepção
da estrutura do universo. Como lembrete, Vedanta é a filosofia
baseada nos ensinamentos dos Vedas, os mais antigos escritos
hindus.*

Consideremos, primeiro, a Realidade básica. A Realidade, entendida como o eu mais interno de qualquer criatura ou objeto, é chamada de Atman. Quando se fala da Realidade em seu aspecto universal, ela é conhecida como Brahman.

Isso pode parecer a princípio confuso aos estudantes ocidentais, mas não será assim se for comparado à terminologia cristã que usa os conceitos do Deus imanente e do Deus transcendente.

Como na literatura hindu, na cristã também encontramos o mesmo paradoxo: Deus está tanto dentro como fora de nós, instantaneamente presente e infinitamente em todos os outros lugares. Não implica nenhum tipo de dualidade. Atman e Brahman são uno.

De tudo isso surgem algumas perguntas: o que é o cosmos? De que é feito? O ensinamento Vedanta diz que o cosmo é feito de Prakriti, a substância elementar e indiferenciada de mente e matéria. Prakriti é definido como o poder ou efeito de Brahman, no mesmo sentido que o calor é um poder ou efeito do fogo. Assim como o calor não pode existir separado do fogo que o causou, da mesma maneira Prakriti não poderia existir afastado de Brahman. Os dois são eternamente inseparáveis.

Por que Brahman causou Prakriti? Esta é uma pergunta impossível de ser respondida nos termos de uma filosofia elaborada pelo ser humano. Isso se deve ao fato de o próprio intelecto humano estar dentro de Prakriti e, portanto, não poder compreender sua natureza.

Prakriti é a Realidade como é percebida por nossos sentidos humanos, uma Realidade distorcida, limitada e mal lida.

Prakriti não é a Realidade, e apesar disso não é nada além de Realidade.

Diz-se que Prakriti é composto de três forças: **sattwa, rajas** e **tamas**. Essas forças são conhecidas como **as três gunas**. Essas gunas passam por fases de equilíbrio e fases de desequilíbrio. A inter-relação entre elas é tal que está sujeita a mudanças perceptivas. Quando as gunas mantêm seu equilíbrio, Prakriti permanece indiferenciado e o universo só existe em estado potencial. No momento em que o equilíbrio é perturbado, tem início uma recriação do universo. A filosofia hindu vê a criação e a dissolução como um interminável processo que se repete.

As gunas entram em uma enorme variedade de combinações, todas elas irregulares, com uma ou outra guna predominando sobre o resto. Temos, assim, a variedade de fenômenos físicos e psíquicos que constituem nosso mundo aparente.

Às vezes, as gunas são descritas como "energias", e outras, como "qualidades", mas não há uma palavra única que possa definir a totalidade da natureza e função. No processo de evolução, podem ser pensadas como um triângulo de forças, opostas, mas complementares.

No processo de evolução, sattwa é a essência da forma que tem que ser realizada. Tamas é o obstáculo inerente à sua realização. Finalmente, rajas é o poder pelo qual o obstáculo é removido, e a forma essencial se manifesta.

A força de rajas é a que vem para ajudar. Se uma quantidade suficiente de rajas é gerada, o obstáculo de tamas pode ser superado, e a forma ideal de sattwa pode adquirir corpo em um objeto tangível.

322 O mistério das coincidências

As ondas do pensamento são, logicamente, projeções das forças das gunas.[57]

Extraordinário! Dessa maravilhosa filosofia cosmológica milenar depreendia-se que a guna denominada rajas era similar à força que parece produzir as manifestações da sincronicidade.

Por outro lado, ouvira Chopra descrever uma visão muito pessoal do mencionado "Campo" e de como ele interagia conosco dando-lhe, também, uma conotação espiritual:

Vemos apenas um aspecto muito seletivo da realidade. Mais além do universo físico manifesto existe um campo de energia, informação e inteligência que orquestra e governa o meio ambiente material. Esse terreno de criação poderia ser chamado de "Campo de Energia Consciente".

O Campo de Energia Consciente não existe independentemente de como o percebemos. Somos, ao mesmo tempo, transmissores e receptores de informação. Somos, ao mesmo tempo, a criação e os criadores que darão continuidade ao Campo de Energia Consciente. Somos participantes de um universo criado pela consciência.

(...) Isso não significa que não exista a realidade externa, ou que o universo inteiro tenha lugar em nossas cabeças. Significa que o universo físico não tem qualidades nem atributos na ausência de um observador consciente.[18]

Nesse ponto se via novamente o que Peter Russell dissera: a consciência, existindo para atribuir significado ao universo, estava limitada a decodificar apenas parte do espectro total da realidade. Por quê? Porque dependia da informação que os sentidos lhe davam.

Chopra explicava essa limitação tomando a cor como exemplo. Víamos a cor como um atributo da realidade física; quando olhávamos o gramado, víamos o verde. Mas, mais além dessa realidade, o fenômeno da cor era apenas uma resposta dada pelo sistema nervoso humano aos estímulos do meio ambiente — não era inerente à realidade.

Experimentávamos a cor como se proviesse de fora de nós, mas na realidade estávamos projetando-a a partir do nosso interior. A cor, como um atributo da realidade, não existia na ausência de nossas observações. Criávamos o fenômeno da cor no Campo da Energia Consciente. E também criamos outros fenômenos, inclusive as coincidências com significado.[18]

Não parecia ilógico, pois se começássemos a pensar o que veríamos como cor seria simplesmente o que as coisas refletiam. E elas refletiam a única cor que na realidade não eram. Suas verdadeiras cores eram todo o resto das cores, as que absorviam.

Como serão, então, as cores da realidade?

Para finalizar esta parte do Apêndice, descreverei as sete qualidades específicas que Chopra via no que denominava Campo de Energia Consciente.

1. O Campo está em todos os lugares e manifesta a si mesmo, em tudo.
2. O Campo é holográfico. Todo ele está contido em cada parte.

324   O mistério das coincidências

3. O Campo é feito de atenção e intenção. Mudar a qualidade da atenção permite marcar encontro com um novo tipo de resposta do Campo de Energia Consciente.

4. O Campo se manifesta em diferentes vibrações. Todas essas vibrações podem ocupar o mesmo lugar no tempo e espaço, mas nenhuma delas distorce ou interfere nas outras.

5. O Campo de Energia Consciente expressa-se por meio de energias opostas. E é apenas pelo fato de contermos essas oposições que nossas vidas têm algum sentido. Toda a experiência humana é criada por contraste. Não podemos sentir calor sem que exista o frio. Não podemos ter prazer sem dor. As energias opostas criam uma realidade inteligível.

6. O Campo de Energia Consciente é sexual. Não deve se considerar isso dentro da estreita definição do nosso mundo, mas sim no sentido de que a energia sexual é a energia criativa do universo. Quando nos sentimos inspirados, passionais ou entusiasmados, estamos experimentando a energia sexual em seu sentido mais amplo.

7. O Campo de Energia Consciente está se transformando constantemente e evoluindo para um estado mais elevado, assim como a nossa, a dos humanos, evolução e transformação. Não há regressão no campo. Ele se desenvolve continuamente.[18]

Tudo o que encontrei me permitira unir os conhecimentos e as intuições de vários ramos, o que me aproximara de um "campo subjacente a todas as coisas". Parecia ser um "mar inteligente e criativo que continha toda a informação passada e futura" sobre o qual tudo "flutua e vive". Cheguei a concluir que tudo o que acontecia no universo, inclusive as "coincidências" de nossas vidas, provinha de um "campo inteligente" sobre o qual tudo flutuava. Um campo que parecia ser criativo e consciente e fazia tudo com um propósito

Por outro lado, imaginava que nossas histórias aconteciam dentro de um jogo maravilhoso.

No começo do jogo, um letreiro dizia: "Procure-se. Procure-me."

Quem chegava ao final do percurso encontrava outro, onde se lia:

"Você se encontrou. Encontrou-me. Agora tenho mais alguem com quem posso conversar."

Bibliografia

e leitura recomendada..

1. Bache, Christopher M.: "What is Transformational Learning?", *IONS, Noetic Sciences Review*, agosto/novembro de 1999, número 49 (Citação).

2. Baker, Douglas Dr. *La apertura del tercer ojo*. EDAF, Madri, Espanha, 1997.

3. Bohm, D. e Peat, F. D. *Ciencia, orden y creatividad*. Kairós, Barcelona, Espanha, 1998.

4. Bohm, David. *Totalidade e a ordem implicada*. Cultrix, Brasil 1992.

5. Briggs, John e Peat, F. David. *A sabedoria do caos — Sete lições que vão mudar sua vida*. Campus, Brasil, 2000.

6. _____. *Espejo y reflejo*. Gedisa, Barcelona, Espanha, 1994.

7. _____. *A través del maravilloso espejo del universo*. Gedisa, Barcelona, Espanha, 1989.

328 O mistério das coincidências

8. Campbell, Joseph. *Reflexiones sobre la vida*. Emecé, Buenos Aires, Argentina, 1995.

9. _____. *Los mitos*. Kairós, Barcelona, Espanha, 1997.

10. _____. *O herói de mil faces*. Pensamento, Brasil, 1995.

11. Capra, Fritjof. *O tao da física*. Cultrix, Brasil, 2000.

12. *The Web of Life*. *An Anchor Book*. Doubleday: uma divisão da Bantam Doubleday Dell Publishing Group, Nova York, EUA, 1996.

13. _____. Capra, F., Bohm, D., Davies P., Lovelock, J., Sheldrake, R., Dossey, L., Griffiths. B., *et al.* Edição de David Lorimer. *El espíritu de la ciencia*. Kairós, Barcelona, Espanha, 2000.

14. Castaneda, Carlos. *O lado ativo do infinito*. Nova Era, Brasil, 2001.

15. _____. *El conocimiento silencioso*. Emecé. Buenos Aires, Argentina, 1988.

16. Combs, Allan e Holland, Mark. *Synchronicity*. Marlow & Company, Nova York, EUA, 1996.

17. Chopra, Deepak. *Como conhecer Deus*. Rocco, Brasil, 2001

Bibliografia   329

18. Chopra, Deepak. "SynchroDestiny Woorkbook", no Seminário de La Jolla, Califórnia, EUA, 1999.

19. _____. "Seduction of The Spirit", no Seminário de La Jolla, Califórnia, EUA, 1998.

20. _____. Comunicação pessoal.

21. Davis, Paul. *About Time: Einstein's Unfinished Revolution.* Touchstone, Nova York, EUA, 1996.

22. Dowman, Keith. *The Power-Places of Central Tibet.* Timeless Books, Nova Deli, Índia, 1998.

23. Eco, Umberto. *O pêndulo de Foucault.* Record, Brasil, 1977.

24. Ende, Michael. *Carpeta de apuntes.* Aguilar, Altea, Taurus, Alfaguara. Buenos Aires, Argentina, 1996.

25. Grof, Stanislav & Christina. *A tempestuosa busca do ser.* Cultrix, Brasil, S.d.

26. Hamer, Dean e Copeland, Peter. *El misterio de los genes.* Javier Vergara Editor, Buenos Aires, Argentina, 1998.

27. Hawking, Stephen W. *Uma breve história do tempo.* Rocco, Brasil, 2002.

330   O mistério das coincidências

28. _____. *Quest for a Theory of Everything*. Bantam Books, Nova York, EUA, 1992.

29. Heisenberg, Schödinger, Einstein, Jeans, Planck, Pauli, Eddington. *Cuestiones cuánticas*, editado por Ken Wilber. Kairós, Barcelona, Espanha, 1991.

30. Herbig, Jost. *La evolución del conocimiento*. Herder, Barcelona, Espanha, 1996.

31. Hopcke, Robert H. *El azar no existe*. Ediciones B. (Grupo Zeta), Barcelona, Espanha, 1998.

32. Jeworski, Joseph. *Sincronicidade*. Best Seller, Brasil, 2000

33. Kauffman. *Eureka! Fleming: Luck only favours the prepare mind*. Internet.

34. Koestler, Arthur. *Las raíces del azar*. Kairós, Barcelona, Espanha, 1994.

35. Marshall, Ian e Zohar, Danah (com a contribuição de F. David Peat). *Who's Afraid of Schrödinger's cat?*. First Quill Edition (Quill, uma editora da William Morrow & Company Inc.). Nova York, EUA, 1998.

36. Mc Evoy, J. P. e Zárate, Oscar. *Teoria Cuántica para pricipiantes*. Era Naciente, Buenos Aires, Argentina, 1998.

Bibliografia 331

37. Mitchell, Edgard Dr. *The Way Of The Explorer*. G. P. Putnam's Sons. Nova York, EUA, 1996.

38. Motton, Patrick. "Mathematics & Dreaming" em *IONS, Noetic Sciences Rewiew*, agosto-novembro, número 49, p. 44-49.

39. Ortoli, S. e Pharabod, J. P. *El cántico de la Cuántica*. Gedisa, Barcelona, Espanha, 1997.

40. Peat, F. David: *Synchronicity. The Bridge Between Matter and Mind*. Bantam Books, Nova York, EUA, 1987.

41. Prigogine, Ilya. *O fim das certezas*. Unesp, Brasil, 1996.

42. Quiles, Ismael. *Cómo ser si mismo*. De Palma, Buenos Aires, Argentina, 1990.

43. Rae, Alastair. *Quantum Physics: Illusion or Reality?* Cambridge University Press, Cambridge, Grã-Bretanha, 1996.

44. Redfield, James. *La novena revelación*. Atlántida, Buenos Aires, Argentina, 1994.

45. _____. *La undécima revelación*. Atlántida, Buenos Aires, Argentina, 1999.

46. _____. *La nueva visión espiritual*. Plaza & Janés Editores, Barcelona, Espanha, 1999

332   O mistério das coincidências

47. Reeves, H., Cazenave, M., Solié, P., Pribram, K., Etter, H. F., Von Franz, M. L. *La Sincronicidad. Existe un orden a-causal?* Gedisa, Barcelona, Espanha, 1993.

48. Revista *Caras*, menções, Perfil. Buenos Aires, Argentina.

49. Robin, Jean. *Hitler, el elegido del dragón.* Martínez Roca, Barcelona, Espanha, 1991.

50. Russell, Peter. *El agujero blanco en el tiempo.* GAIA, Madri, Espanha, 1994.

51. Sheldrake, Rupert. *Sete experimentos que podem mudar o mundo.* Cultrix, Brasil, 1999.

52. *La presencia del pasado.* Kairós, Barcelona, Espanha, 1990.

53. _____. *El renacimento de la natureza.* Paidos Ibérica, Barcelona, Espanha, 1994.

54. _____. Informe pessoal. Buenos Aires, Argentina, 2000.

55. Sogyal, Rimpoché. *O livro tibetano do viver e do morrer.* Palas Athena: São Paulo: 1999.

56. Somerset Maughan, William. *O fio da navalha.* Editora Globo: Rio de Janeiro: 2002.

57. Swami Prabhavananda e Isherwood, Christopher. *How to Know God.* Vedanta Press, Vedanta Society of Southern California, EUA, 1953-1981.

Bibliografia **333**

58. Talbot, Michael. *Mas allá de la Teoria Cuántica*. Gedisa, Barcelona, Espanha, 1995.

59. _____. *Mysticism and the New Physics*. Penguin Books Arkana, Londres, Inglaterra, 1981-1993.

60. *Três Iniciados: El Kybalion. Filosofía Hermética del Antiguo Egipto y Grecia.* Kier, Buenos Aires, Argentina, 1969-2001.

61. Von Franz, Marie-Louise. *Adivinhação e sincronicidade*. Cultrix, Brasil, 1992.

62. Wilber, K. *et al. El paradigma holográfico.* Kairós, Barcelona, Espanha, 1986.

63. Zohar, Danah. *O ser quântico.* Best Seller, Brasil, 2003.

64. La Berge, Stephen. "Exploring the World ou Lucid Dreaming", em *IONS, Noetic Sciences Review*, setembro-novembro, 2000, número 53: p. 14-19.

Este livro foi composto na tipologia Gill Sans,
em corpo 11/16, e impresso em papel off-white $80g/m^2$
no Sistema Cameron da Divisão Gráfica da Distribuidora Record.